현자의 돌을 찾아서 2

연금술의 탄생

나남
nanam

한국연구재단 학술명저번역총서
서양편 466

현자의 돌을 찾아서 2
연금술의 탄생

2025년 10월 25일 초판 발행
2025년 10월 25일 초판 1쇄

지은이　한스 베르너 쉬트
옮긴이　이필렬·박진희
발행자　趙相浩
발행처　(주)나남
주소　10881 경기도 파주시 회동길 193
대표전화　(031) 955-4601
FAX　(031) 955-4555
등록　제1-71호(1979.5.12.)
홈페이지　http://www.nanam.net
전자우편　post@nanam.net

ISBN　978-89-300-4214-7
　　　　978-89-300-8215-0 (세트)

책값은 뒤표지에 있습니다.

이 책은 2005년 대한민국 교육부와 한국연구재단이 우리 시대 기초학문의 부흥을 위해 펼치는 학술명저번역사업의 지원을 받은 책입니다(2005-035-H00002).

한국연구재단
학술명저번역총서
466

현자의 돌을 찾아서 2
연금술의 탄생

한스 베르너 쉬트 지음
이필렬·박진희 옮김

AUF DER SUCHE NACH DEM STEIN DER WEISEN
ⓒ Verlag C.H.Beck oHG, München 2000
All rights reserved.

Korean translation copyright ⓒ 2025 by Nanam Publishing House, Paju
Korean translation rights arranged with Verlag C.H.Beck oHG
through EYA Co.,Ltd

이 책의 한국어판 저작권은 EYA Co.,Ltd를 통해 Verlag C.H.Beck oHG와 독점 계약한
한국연구재단 및 나남출판사가 소유합니다.
저작권법에 의하여 한국 내에서 보호를 받는 저작물이므로 무단 전재 및 복제를 금합니다.

현자의 돌을 찾아서 2
연금술의 탄생

차례

1장 피라미드의 그림자 속에서(계속)
  20. 데모크리토스 11
  21. 마리아 21
  22. 클레오파트라와 이시스 38
  23. 아가토다이몬 49
  24. 시네시오스 52
  25. 올림피오도로스 58
  26. 연금술의 언어패턴 68
  27. 연금술과 비잔티움 사람들 83

2장 낯선 세계에서
  1. 승리와 파탄: 이슬람과 정복전쟁 101
  2. 문화의 전달 106
  3. 시리아의 연금술 112
  4. 《카우사 카우사룸》과 황-수은 이론 117
  5. 번역의 영광과 빈궁 122
  6. 왕자와 수도승 124
  7. 칼리드와 아랍 연금술의 자아상 129
  8. 연금술에서 '알'(Al) 136
  9. 바그다드와 이스마일파의 꿈 141
  10. 자비르의 연금술 이론 148
  11. 콘스탄티노폴리스에서의 모험 167
  12. 자비르의 실험실 작업 173
  13. 자비르의 철학 177
  14. 두 개의 판 190
  15. 순수의 형제회 202
  16. 아르-라지 208
  17. 연금술의 그림자들 226
  18. 현자의 길 234
  19. 외적 연금술과 위백양(魏伯陽)의 개 240
  20. 금욕주의자와 연금술사 257
  21. 철학자들의 총회 269
  22. 신사들의 동업조합 278

원주 283
지은이·옮긴이 소개 299

현자의 돌을 찾아서 1
연금술의 탄생

옮긴이 머리말
머리말

1장 피라미드의 그림자 속에서
1. 찾아서
2. 궁전, 신전 그리고 박물관: 알렉산드리아
3. 연금술사의 실험실
4. 사원과 수공업
5. 두 개의 파피루스
6. 기둥 속의 금언
7. 표준제법
8. 테이온 히도르
9. 마지막 발걸음
10. 표준제법에서 표준이란 무엇인가?
11. 거장 아리스토텔레스
12. 스토아학파와 연금술
13. 조시모스의 편지
14. 조시모스의 꿈
15. 비교숭배
16. 창조의 신: 프타
17. 세 제국에 있는 신: 헤르메스
18. 그리스도교와 그노시스
19. 이집트의 연금술사들

옮긴이 해제
원주
지은이 · 옮긴이 소개

현자의 돌을 찾아서 3
연금술의 탄생

**3장 수도원 그리고
그 밖의 다른 곳에서**
1. 중세 초기: 비잔티움과 유럽
2. 화학적-기술적 문헌들
3. 중세 성기로 이어 주는 교량
4. 또다시 번역
5. 라틴 연금술의 분위기
6. 알베르투스 마그누스
7. 토마스 아퀴나스
8. 로저 베이컨
9. 아르날두스 데 빌라노바
10. 라이문두스 룰루스
11. 요한네스 데 루페스키사
12. 중세의 실험실
13. 화학 작업들
14. 새로운 연금술 물질들
15. 전문 문헌

16. 불편한 전통
17. 게베르
18. 플라멜
19. 연금술에서의 상징들
20. 돌
21. ⋯ 그리고 그의 기초
22. 연금술사의 성격묘사
23. 성 삼위일체
24. 아르스인가 스키엔티아인가?
25. 연금술사들과 사회의
    다른 적들
26. 연금술에서의 그림
27. 예술과 연금술

원주
지은이·옮긴이 소개

현자의 돌을 찾아서 4
연금술의 탄생

4장 유럽의 새로운 세계에서
1. 근대와 헤르메스주의
2. 카발라
3. 구원의 역사
4. 시간과 연금술
5. 파라셀수스
6. 장미십자회단
7. 연금술사와 의화학자
8. 연금술 대가이면서 비연금술 대가: 판 헬몬트
9. 경험과 실험
10. 천문학자: 티코 브라헤
11. … 그리고 천체물리학자: 뉴턴
12. 사기꾼들
13. … 그리고 화학자
14. 괴테와 숙녀 폰 클레텐베르크
15. 혼란에 빠진 학생
16. '자기'를 찾아서
17. 분석심리학에 던지는 세 가지 물음
18. 화학과 연금술
19. 수수께끼와 비밀
20. 낭만주의로서의 연금술, 연금술로서의 낭만주의

반드시 필요한 저자 후기
원주
참고문헌
찾아보기
지은이·옮긴이 소개

일러두기

1. 이 책은 한스 베르너 쉬트가 저술하고 독일 뮌헨의 벡(C. H. Beck)출판사에서 2000년에 출간한 *Auf der Suche nach dem Stein der Weisen: Die Geschichte der Alchemie*를 번역한 것이다.
2. 외래어 표기는 대체로 국립국어원의 외래어 표기법과 용례를 따랐다. 또한 독일식으로 표기된 고유 명사는 가능한 한 본래 명칭으로 바꾸었다. 그러나 원서에 라틴어 이름으로 표기되었고, 그것이 낫다고 여겨질 경우 그대로 표기했다(예: '라몬 유이' 대신 '라이문두스 룰루스').
3. 원주는 미주로, 옮긴이 주는 각주로 처리했다.

20. 데모크리토스

이제 다시 데모크리토스와 1세기에 나온 것으로 보이는 그의 주 저작 《피시카 카이 미스티카》(*Physika kai Mystika*, 물리학과 신비학) 첫 부분에 나오는 기둥 이야기부터 시작해 보자.

여기서 우리가 상기해야 할 점은, 데모크리토스가 그의 죽은 스승 오스타네스(Ostanes)와의 마술적 만남에서 "신전에서 책들을" 찾으라는 명을 받고, 그곳에서 기둥에 숨겨져 있는 매우 귀중한 경구, 즉 "자연은 자연에 관해서 기뻐하고, 자연은 자연에 대해서 승리하고, 자연은 자연 위에서 다스린다."[Berth. (2) Ⅱ, 43]라는 경구를 발견한다는 것이다. 그런데 이 경구는 의심할 것 없이 고대의 진짜 신탁(神託)의 간결함, 성스러운 어두움, 그리고 다양한 해석 가능성을 가지고 있다.

이 이야기에서 오스타네스가 사후 상태임에도 불구하고 아무렇지도 않게 말을 거는 것은, 이집트의 연금술이 처음부터 메소포타미아의 지혜와 접촉했음을 인격화를 통해서 보여 주는 것이다. 연금술의 역사에서 어떤 의심도 없이 셀 수 없을 만큼 많이 반복된, 오스타네스가 말했다는 이 핵심 문장은, 점성술적 의미를 가졌을 가능성도 아주 높다. 왜냐하면 오스타네스는 점성술(占星術)을 그리스로 가져온 사람으로 알려져 있기 때문이다.

나중에 나온 저자들에 따르면, 볼로스(데모크리토스)가 살아 있을 때, 즉 기원전 2세기 이집트에 《아스트롤로구메나》(*Astrologumena*, 별의 소식)라는 이름의 책이 있었다고 하는데, 이 책에 담긴 최고의 정수는 "하나의 자연은 다른 자연에 의해서, 하나의 신은 다른 신에 의해서 이

김을 당한다"(Lipp. I, 66f)는 문장이었다. 나는 그것이 스토아적 사고 세계에 잘 들어맞는다고 생각하지만, 그것은 또 페르시아-인도 쪽에서 유래했을 수도 있다.

　신전 기둥에 숨겨진 이 한 문장은, 오스타네스가 글을 통해서 했다고 하는 연금술에 관한 유일한 언급은 아니다. 그가 여성 연금술사 클레오파트라와 나누었다고 하는, 사라져 버린 대화에 관한 보고도 있는데, 여기서 오스타네스는 연금술사들을 금이나 현자의 돌로 인도하는 위대한 작업의 완수에 걸리는 시간을 1년이라고 말했다고 한다.

　더 나아가서 페테시스(Petesis)라는 사람에게 쓴 글에 대한 이야기도 전해 내려오는데, 그 단편들로부터 알아낼 수 있는 것은 오스타네스가 유리로 된 암빅스(*Ambix*)에서 7번 증류함으로써 신의 물을 만들어 냈다는 것이다. 확실히 7이란 숫자는 금속과 행성의 숫자와 유비 관계를 이루고, 확실히 오스타네스의 물은 황과 관계가 있다. 그리고 그것이 신적 본성을 지닌 존재라는 점은, 그것이 처음에 암빅스 속에서 위로 올라갔다가 저 아래 저승의 어두운 심연 속으로 떨어지고, 거기에서 '생명의 묘약'으로서 죽은 자들을 깨우고 부활시킨다는 것에서 잘 드러난다.

　마술적 주문을 통해서 질투에 찬 악마들을 쫓아냄으로써 신에게 일조한 사람이라면, 이 신의 물을 가지고 구리를 채색하여 금으로 만들 수 있을 뿐만 아니라, 이 물 몇 방울로 가난이라는 커다란 병을 비롯해서 모든 병을 치유할 수 있다. 그리고 더 나아가서, "이 신의 물은 죽은 자를 다시 살아나게 하고, 산 자를 죽게 만들고, 어둡고 불분명한 것들을 선명하게 만들고, 깨끗한 것을 어둡게 만들며, 또 바닷물을 복종시키고 불을 사라지게 한다. 이 물의 작은 몇 방울은, 보이지 않는 전능한 신의 도움으로 납이 금의 모습을 갖도록 한다."[Berth. (2) Ⅲ, 251]

그렇기는 하지만 오스타네스의 '신의 물'은 호프만(E. T. A. Hoffmann)의 《악마의 영약》(*Die Elixiere des Teufels*)까지는 도달하지 못했다. 그리고 그것은 모든 의사와 은행장에게 악몽 같은 존재도 될 수 없었던 것 같다. 그것은 아마 비교적 소박한 작용을 지닌, 우리의 잘 알려진 다황화물 용액이었을 것이다.

더 안타까운 일은, 아주 작은 텍스트 조각에 담긴 신의 물에 대한 찬양의 말이 전승되지 않았다는 것이다. 그리고 이는 오스타네스가 독자적 인물이 되기 어렵게 만든다. 희미한 교사적 인물인 그와 그의 수제자 데모크리토스 사이의 관계는, 마찬가지로 희미한 원자론자 레우키포스와 그의 제자인 원자론자 데모크리토스 사이의 관계와 같다. 그런데 원자론자 데모크리토스는 그의 연금술사 도플갱어와 융합되어서, 레우키포스에게 전해진 순전하게 연금술 내용만 담긴 편지의 필자로 여겨질 수도 있게 되었다. 그리고 사실 우리는 레우키포스에 관해서 아무것도 모르는 것과 마찬가지로, 오스타네스와 그의 독자적 업적에 관해서도 아무것도 아는 것이 없다. 우리의 환상을 만족시키기보다는 자극하는 '추측성 이력'을 지닌 다른 많은 연금술 대가의 경우와 마찬가지로, 우리 데모크리토스 주변도 혼란스러운 이야기로 가득하다.

이러한 사정은 우리가 데모크리토스 연금술의 내부로 눈을 돌릴 때에도 조금도 다르지 않다. 그로부터 제대로 된 연금술적 인물을 만들어 내는 것은 거의 불가능하다. 몇몇 화학적 언술을 한 것으로 인해서, 그는 파피루스 기록자들의 대열 안으로도 들어가는데, 파피루스 기록자들은 그의 이름을 언급하기까지 했다. 그렇지만 질료철학자로서의 데모크리토스도 존재하고, 파피루스 기록자들에 따르면 완전히 미지의 것이었던, 연금술 최대의 기술적 발명인 증류를 이미 당연한 것처럼 행했던 데모크리토스도 존재한다.

증류의 자연철학적 배경은 여성 연금술사 마리아(Maria)와의 관련 속에서 처음으로 이야기되어야 하기는 하지만, 그래도 여기서 강조되어야 할 점은, 연금술에 관한 데모크리토스의 지식이 기둥에서 그가 발견한 문장으로 완전히 소진되지는 않았다는 것이다. 《피시카 카이 미스티카》의 텍스트에는 오스타네스와 관련된 에피소드와 보라색 채색에 관한 짧은 이야기에 이어서, '아르기로포이아'(Argyropoia, 은 제조기술)와 '크리소포에이아'(Chrysopoeia, 금 제조기술)라는 두 개의 장이 등장한다. 이 두 장의 내용은 레이던과 스톡홀름의 파피루스를 많이 상기시키는데, 이것들은 표준제법과는 거의 연결 지을 수 없는 제조 방법들을 포함하고 있다.

예를 들어서 금 제조를 위해서는 다음과 같은 제안들이 나온다.

① 황철광과 안티몬을 볶은 것, 즉 철, 구리, 안티몬의 황화물로 구리와 은 표면을 노랗게 만들기, 그리고 또 황, 또는 비소나 황을 내놓는 약제 — 여기에는 신의 물도 속하는데 — 를 가지고 구리와 은 표면을 노랗게 만들기.

② 카드미아(*Kadmia*), 사프란(*Safran*), 달걀노른자, 송아지 쓸개 등 가능한 모든 무기물과 유기물로 만든 금빛 나는 니스 바르기.

③ 구리, 은, 납을 가지고, 예를 들면 일산화 납(*Bleiglätte*)과 금속 안티몬을 지닌 천연 황화 은을 가지고 금 비슷한 합금들을 제조하기. 구리는 납, 주석 또는 클라우디아노스(*Klaudianos*)와 함께 녹일 수 있는데, 클라우디아노스는 우리가 보기에 구리, 납, 주석 또는 아연을 포함한 합금일 가능성이 높다. 그것 말고도 수은, 진사(*Zinnober*) 및 아셈(*Asem*)을 사용할 수 있고, 그것에 이어서 또 다른 종류의 노랗게 만들기를 수행할 수 있다.

《피시카 카이 미스티카》에서 제시된 모든 냉정한 귀금속 제조 제법(製法)들을 놓고 우리는, 데모크리토스의 대표 저작이 도대체 두 개의 화학-기술 파피루스와 뭐가 다른가라는 물음을 던질 수 있을 것이다. 간단히 말해서, 그 저작에 나오는 제법들은 이론적이고 일반적인 자연철학적 방식의 고려라는 안감을 댄 제법이고, 텍스트의 화학 부분을 신비로 물들인 전통의 흐름 속에 집어넣은 것이다.

다시 한번 되풀이하면, 디아도코이 시대와 로마 황제 시대에 퍼져 있던 자연철학과 일반적 자연인식은 비천한 질료를 고귀한 금 내지 은으로 변환할 수 있다는 확신을 뒷받침했다. 그런데 아직 판가름 나지 않은 점은, 철학 교육을 받지 않은, 화학-기술 제법의 수집가들이 얼마나 이 확신의 마력에 사로잡혀 있었는가 하는 것이다. 그러나 우리 앞에 놓인 텍스트 중에서 어떤 것이 모든 자연철학적 고려를 뛰어넘어, 핵심 관심사는 금-은 제조가 **아니라** (또는 대체로 아니라), 거룩한 자연과의 만남이라고 말한다고 하면, 그것은 진짜 연금술 텍스트일 것이다. 그렇다면 핵심 관심사는 인간과 질료 사이의 만남인데, 이 만남은 앎이 가져다준 것이고, 지혜로 인도해 주는 것이다. 그런데 이 지혜는 아주 특별한 것으로, 글자 그대로 손으로 잡을 수 있는 지혜이다.

데모크리토스 논문의 이론적·자연철학적 내용과 관련해서는 몇 가지 논평을 하는 것으로 충분할 것이다. 데모크리토스에게 귀금속 제조를 위한 가장 중요한 원료 물질은 납인데, 그 이유는 경험적으로 뒷받침된다. 납은 쉽게 변환될 수 있고, 이때 카멜레온처럼 많은 색을 띨 수 있으며, 이 색들은 "그것은 희다, 그것은 노랗다, 그것은 검다" [Berth. (2) Ⅲ, 106]라는 문장이 보여 주듯이 모든 연금술사에게 잘 알려져 있었을지 모른다.

정말 그것은 케루시트(Cerussit, $PbCO_3$)일 때는 희고, 일산화 납일 때는 어떤 경우는 붉고 어떤 경우는 노랗다[이것은 마시코트(Massicot)로, 변환점은 거의 섭씨 500도이다]. 그것은 또 황단(黃丹, Mennige, Pb_3O_4)일 때는 붉은색이고, 황화 납(PbS)일 때는 검다. 연금술 대가들은 아마 짙은 갈색인 산화 납(PbO_2)도 알고 있었을 것이다. 그런데 납은 연성(延性)이고, 즉 형태를 만들기 쉽고, 녹는점이 낮다. 그리고 이는, 아리스토텔레스의 물질이론에 따르면 이 금속이 다른 모든 금속보다 더 많은 물을 포함하고 있어야 함을 의미한다. 그렇기 때문에, 그리고 물론 아주 쉽게 연소하기도 하기 때문에, 그것은 모든 금속 중에서 가장 천한 금속이다. 그런데 이는 다시, 그것이 모든 금속 중에서 가장 고귀한 — 용융성에도 상관없이 — 금으로부터 가장 멀리 떨어져 있다는 것을 말해 준다.

이러한 숙고를 통해, 그리고 납의 색이 검정에 가깝다는 사실로부터 데모크리토스는 납이 이미 일종의 제일질료라는 가정을 끌어낸다.

이는 "토 판(*To pan*, 모든 것), 그것은 납을 뛰어넘어 간다"[Berth. (2) Ⅲ, 104]는 말이나, 주석자 올림피오도로스(Olympiodoros)가 데모크리토스의 정신에 기초해서 기록한 다음 문장에서 드러난다.

"옛 사람들은 납이 검다는 것을 알고 있었다. 그러나 납은 유동성의 원리도 가지고 있다. 우리가 위에서 이야기한, 유동성의 원리에 의해서 끌어당겨지는 혼에 관한 이야기가 옳은지 논평하라. 왜냐하면 납은 자기 무게로 인해서 아래로 내려가는 성향이 있고, 모든 것을 끌어당기는 성향이 있기 때문이다. 이것으로써 너에게 모든 비밀이 알려졌다."[Berth. (2) Ⅲ, 100][77]

그렇지만 위의 말에 의해서, 우리가 보통의 납이 본래의 납, 우리의 납이라는 견해를 갖도록 유혹당하지 말자. 데모크리토스는 그 납을 아마 황화 안티몬과 황단으로부터 뽑아냈을 터인데,[78] 그러나 이때 그는 우리에게, 자기가 "진정한 의미에서" 이야기하는 것이 아님을 열정적으로 상기시킨다. 왜냐하면 "보통의 납은 처음부터 검정색이지만, 우리의 것은 제조를 통해서 검정이 되었지 처음에는 그렇지 않았기" 때문이다.[Berth. (2) Ⅲ, 102]

여성 연금술사 마리아도 이와 비슷한 이야기를 한다. 그리고 조시모스는 테트라소미에(*Tetrasomie*)에 속한 다른 3개의 금속이 납으로부터 유래하며, 따라서 우리의 납이 모든 금속의 바탕에 놓인 금속이라는 말을 덧붙인다. 그런데 그는 다른 곳에서는 우리의 수은 또한 그렇다고 언급한다.

화학적으로 사고하기를 배운 우리는, 데모크리토스의 사고과정에서 위에서 이야기한 문제들 외에 다른 문제들도 발견한다. 그런데 데모크리토스는 이 문제들이 어디까지 영향을 미칠 것인지 의식하지 못했을 것이 분명하다. 금과 마찬가지로 납도 말할 것도 없이 하나의 가족(Familie)[1]에 속해 있고, 원자번호 82인 우리의 납 내지 검은 납(Plumbum nigrum)은 이 가족의 하나의 구성원일 뿐이다. 그것 옆에는 마찬가지로 물을 아주 많이 포함한, 다시 말하면 쉽게 녹는 하얀 납(Plumbum candidum)이 있는데, 이것은 원자번호 50인 우리의 주석 이외의 다른 것이 아니다.

그 외에도 데모크리토스는 그 시대의 모든 화학자와 마찬가지로 원자번호 51인 안티몬을 검은 납 또는 적어도 검은 납의 한쪽 쌍둥이 형제로 보았다. 그러니까 그런 불특정의 납이 테트라소마, 즉 4고체(Vierkörper)의 바탕에 놓인 것이고, 이 4고체는 검은 납과 하얀 납 외에 구리와 철을 포함한다. 테트라소마에서 가장 중요한 잠재적 속성은 구리로부터 유래한다. 왜냐하면 그것은 다른 물질과 쉽게 결합하고, 오스타네스의 금언에 나오는 바와 같이 그것들에 대해 기뻐하고 그것들을 지배하기 때문이다.

데모크리토스는 구리를 따뜻한 공기와 좋은 물에서 왕성하게 자라나서 마지막에 꽃과 열매를 맺는 나무에 비유한다. 그런데 여기서 꽃과 열매는 은과 금이다. 따뜻한 공기와 적당한 물은 황으로부터 나온

---

[1] 주기율표에서는 족(Gruppe)으로 되어 있지만 여기서는 저자의 표현을 그대로 번역했다.

다. 황은 무엇보다 기화되고 용융되고 용액이 될 수 있는 성질, 그리고 모든 것을 채색하는 능력을 가지고 있다. 우리는 불을 이용해서 진사와 비소 황화물로부터 증기를 내쫓을 수 있는데, 이 증기는 혼 또는 영이라고 표현할 수도 있고, 원래 물질의 프네우마타(Pneumata)로 표현할 수도 있다. 그런데 실제 육체를 가지고 있지 않은 이 프네우마타는 색을 부여하는 속성을 중개해 준다. 왜냐하면 오직 성질들만이 직접적 자기전달능력이 있고, 새로운 육체 속에서 자기 힘을 발현할 수 있기 때문이다.

금채색의 신비함은, 그것이 하나의 진짜 창조, 하나의 데미우르기아(Demiurgia)[2]라는 데 있다. 그것은 플라톤적인 신의 창조와 마찬가지로 이미 현존하는 질료의 변환에 의한 창조이다. 즉, 녹이고 영을 부여하는 작용을 하는 프네우마의 영향은 육체의 흙적[3]이고 거친 속성들을 더 섬세하고 고귀한 것으로 변화시키는 것이다. 그리고 색은 어느 한 상태의 표현, 가시적 표시이기 때문에, 아니 상태 자체이기 때문에, 변환은 또한 색바꿈을 의미하기도 한다.

데모크리토스가 이 변환을 어떻게 생각했는지는, 그가 이미 이야기했듯이 변환 대상 물질에 금속 씨앗을 첨가하는 것을 중요하게 여겼다는 사실로부터 추측할 수 있을 것이다. 분명히 그는 금속 씨앗을 생물학적 기능의 담지자로 여겼는데, 이는 그의 촘촘한 유비관계의 세계에서는 충분히 가능성 있고 상당히 근거 있는 것처럼 보인다. 여

---

2 Demiurgia는 그리스어로 예술, 창조, 수공업을 의미한다.
3 4원소의 흙을 가리킨다.

기에서 언급되지 않은, 데모크리토스의 다른 모든 주장도 마찬가지로 항상 '**왜냐하면**'이라고 설명할 준비를 갖추고 있고, 그의 기본 견해의 틀 속에서 깊은 생각을 거친 것이라는 인상을 준다.

데모크리토스는 단순히 만드는 자(Technites)가 아니라 질료철학자라고 할 만한 사람이었고, 실제로 그는 종종 간단하게 철학자로 불리기도 했다. 그와 같은 사람들은 고대 후기 프네우마 철학의 도움을 받아 태고 시대 실천가의 표상을 — 그 속에 담겨 있는 참으로 놀랍고 성스러운 내용은 파괴하지 않으면서 — 이론의 빛 속으로 고양시켰다. 이것은 경탄할 만한 업적인데, 왜냐하면 깊이를 알 수 없는 어두움의 심연을 필요로 하는 사물을 만져 보기 위해서 빛 속으로 끌어내는 것은, 거의 항상 죽음으로 끝나기 때문이다.

21. 마리아

데모크리토스의 저작들과 함께, 그리고 그 저작이 나온 후 이론 — 그것이 어떤 식의 논증에 의해서 뒷받침되었는가에 상관없이 — 이 실천의 발달을 규정하기 시작했다는 것은 제대로 된 증류 기구와 승화 기구의 발명에서 드러난다. 그런데 이 기구는 보통 데모크리토스가 아니라, 그의 정신적 누이의 하나였고 그와 마찬가지로 오스타네스의 제자였다고 하는 유대 여성 마리아가 발명한 것으로 되어 있다. 조시모스에 따르면, 그녀는 적어도 화로에 관한 설명서를 내놓았고, '전통에 따라' 트리비코스(Tribikos)가 어떤 것인지도 기술했다.

연금술사 서클에 마리아 같은 여성들이 등장했다는 사실은, 당시의 유대 문화 영역에서만 특이했던 것 같지는 않다. 이는 남매 결혼이 행해졌고, 여러 명의 베레니케(Berenike)[4]와 클레오파트라(Kleopatra) 같이 상당히 능동적인 — 흉포한 면에서도 능동적이었던 — 여왕들을 배출했으며, 히파티아(Hypathia)라는 신플라톤주의 여성 철학자를 보유했던 문화 속에서도 이상하게 보이지 않는다. 유감스럽게도, 다른 여성 연금술사나 남성 연금술사의 경우와 마찬가지로 마리아가 만약 직업을 가지고 있었다고 해도 그녀의 직업적 배경에 대해서는 어떤 것도 알려져 있지 않다.

우리는 마리아가 직접 쓴, 좀 더 긴 단편은 하나도 모른다. 우리가 아는 내용은 다른 사람, 대부분 조시모스를 통해서 전해진 것이다. 그

---

4   고대 이집트의 프톨레마이오스 왕들의 부인이나 딸의 이름.

리고 조시모스가 이미 역사적 진실로부터 멀리 떨어져 있었다는 사실은, 그가 마리아를 위대한 여성 마술사였다고 하는 모세의 누이 미리암으로 생각했다는 점에서 잘 드러난다. 그렇기 때문에 마리아는 연금술 문헌에서 종종 마리아 프로페티사(Maria Prophetissa, 예언자 마리아)로 표기되기도 했다.

우리가 색채 부여에 관한 연금술 이론과 관련해서 이미 마주친 적이 있는 '갈대바구니에서 나온 모세'도 원시 연금술적 지혜의 대스승으로 여겨졌다. 그러나 성서의 증거에 따르면, 그는 마실 수 있는 금, 즉 아우룸 포타빌레(Aurum potabile)의 영액을 발명했고, " … 그는 그들이 만든 송아지를 불로 녹이고, 갈아서 가루로 만들어 물에 탄 후, 이스라엘의 자녀들에게 마시도록 주었다"(⟨출애굽기⟩ 32장 20절)[5]는 것이다. 그러나 또 그가 저자로 되어 있는 문서도 유통되었는데, 이것들은 여성 연금술사 마리아의 시대에 나왔을 것이다.

거기에는 또한, 그의 이름이 붙기는 했지만 그가 주장하듯이 전능자가 그에게 개인적으로 내려 준 규칙에 따라 정리했다고 하는 '모세스의 디플로시스(Diplosis)'라는 제법(製法)도 다른 것과 함께 포함되어 있다. 이 제법에서는 칼라인(kalain) 구리 — 시나이에 면한 칼라이스(Kalais)에서 생산된 구리? — 와 납-구리 합금을 구리, 비소, 무 기름 — 달걀 증류물? — 및 약간의 금으로 처리하는데, 이렇게 하면 그것은 고갈되지 않는 물질덩이가 된다.

---

5 개역성경에는 "모세가 그들의 만든 송아지를 가져 불살라 부수어 가루를 만들어 물에 뿌려 이스라엘 자손에게 마시우니라"로 되어 있다.

마리아는, 금을 두 배로 만드는 성경의 모세, 금을 재사용하는 성경의 모세로부터 어떤 기본적인 것도 배우지 않게 될 것이었고, 그러므로 그와는 인척관계가 분명히 없다고 볼 수 있다. 그러나 마리아가 이스라엘의 가장 오래된 최고 가문 출신은 아니라고 하더라도, 어느 전승된 문장으로부터 분명하게 알 수 있는 것은 그녀가 여전히 유대인이었다는 점이다. 이는 특히 알렉산드리아 연금술이 이집트 말고도, 또는 그것보다 먼저 유대 문화에 원천을 두고 있었음을 암시하기 때문에 언급할 가치가 있다.(79)

유대인 봉기가 일어나기 전에 알렉산드리아에 수십만 명의 유대인이 살았고, 그중에는 필론(Philon)과 같이 그리스 문화에 정통한 학자도 있었으며, 그 후 이집트의 유대 문화가 사실상 멸망했다는 사실을 생각해 보면, 우리는 마리아의 주장을 그녀가 이미 기원후 70년 이전에 살았음을 가리키는 것으로 받아들일 수 있다.(80)

마리아의 화학은 한편으로는 데모크리토스의 화학과 크게 구별되지 않는 것처럼 보인다. 그러나 다른 한편으로 마리아는 암빅스와 케로타키스(Kerotakis)를 발명함으로써 연금술이 상당한 정당성을 얻도록 하는 데 기여했다. 그런데 이 두 연금술사는 오스타네스의 제자로 여겨졌고, 사람들은 또한 두 사람을 조시모스 ─ 증류를 화학적 행위로만 생각한 ─ 의 안경을 통해서 바라보았다. 다른 그리스 필사본도, 증류 과정과 승화 과정이 연금술 작업에서 아주 일찍부터 불가결한 역할을 했다는 것에 대해 어떤 의심도 하지 않는다. 이는, 프네우마 개념이 질료에 대한 연금술적 사고의 틀 안에서도 마찬가지로 중심

역할을 했다는 것을 암시하며, 데모크리토스와 마리아를 그러한 사고의 대표자가 되게 한다고 나는 생각한다.

다시 한번 강조되어야 할 점은, 일차적 관심사가 합리적-형이상학적 세계 해석이 아니라 구원이었던 연금술사들은, "무엇이 세계를 / 가장 깊은 속으로부터 지탱해 주는가"라는 문제를 — 파우스트 박사를 제외하면 — 한 번도 정말로, 다시 말하면 체계적-자연철학적으로 다루려는 노력을 하지 않았으며, 그들이 다른 곳에서 온 세계 해석의 요소들을 넘겨받았음에 대해 어디에서도 언급하지 않는다는 것이다. 그러나 연금술적 작업 같은 목표 지향적 과정은 적어도 암묵적 이론 없이는 생각할 수 없다.

연금술사들은 낯선 관념들을 넘겨받았는데, 이 관념들은 아마 그들이나 그들의 주위 환경과 전혀 충돌하지 않았기 때문에 조금도 눈에 띄지 않고 동화될 수 있었을 것이다. 바로 이 강요되지 않은 동화가 이루어지도록 하는 데 있어서는, 특히 스토아철학자들의 질료이론적 사고, 즉 프네우마타라는 가는 숨 같은 영에 의해서 거친 질료가 현재의 존재로 거듭난다는 사고가 적당한 역할을 했다. 그러나 연금술 대가가 이 영을 그 바탕으로부터 분리하고 정화한 다음, 다시 거친 질료와 결합시킬 줄 안다면, 그가 본체 자체를 본질적으로 고귀하게 만드는 데 성공하는 것이 아닐까? 그렇다면 그는 변환에 성공하는 것이 아닐까?

그리고 거듭된 환류증류(還流蒸溜)6 내지 환류추출도 스토아적으

---

6 수직의 증류탑을 세워서 증류할 때 생기는 증기가 이 증기탑의 위로 올라가서 액

로 해석될 수 있다. 즉, 증류물은 '아노 카이 카토'(*Ano kai kato*) — 위로 그리고 아래로 — , 다시 말하면 계속해서 큰 우주와 작은 우주, 위 우주와 아래 우주를 돌아다니며, 그러는 가운데 위와 아래의 비밀과 그것들의 관계의 비밀을 흡수하는 것이다. 이는 또 하늘에 속한 '남성적' 증류 장치 윗부분의 영역으로 올라갔다가 땅에 속한 '여성적' 증류 플라스크의 영역으로 내려오는 것을 의미한다. 이 전체 과정은 영의 부여로도 해석되었던 것 같다. 즉, 증류물이 점점 더 프네우마적인 것이 되었다는 것이고, 이는 그것이 진정한 육신이 되기 위해서는 최종적으로 육체적인 것과 합일되어야만 했다는 것을 의미한다.

앞에서 이미 이야기한 조시모스와 다른 연금술사들의 실험방법, 즉 크산토시스 단계까지 간 물질을 이오시스 전에 두 부분으로 분리한 다음, 이 분리된 것들을 반드시 따로따로 처리한 후 다시 결합시키는 방법도 그런 식으로 설명할 수 있을 것이다. 그러므로 연금술사들의 기술적 실험방법은 스토아철학자들의 형이상학과 윤리학으로부터 아무것도 빌려오지 않고도, 전적으로 스토아 물리학의 기본원리에 의해서 뒷받침될 수 있는 것이다.

한편, 연금술사에게도 신-및-세계 없는 지혜는 불가능하다. 그는 이 지혜로 들어가야만 했고, 이 지혜로 들어갔던 것이다. 내가 보기에 스토아 질료이론 — 그 원래의 상부 구조로부터 분리되고 어느 정도

체가 되어 내려왔다가, 다시 끓어서 증기가 되어 위로 올라갔다 또다시 내려오는 일을 반복하는 가운데 증류가 이루어지는 증류 방식을 말한다. 증류 대상에 섞인 물질들의 끓는점 차이가 크지 않은 경우, 순도 높은 증류물을 얻으려고 할 때 사용한다.

는 보호받지 못하고 노출된 — 은, 이때 고대 후기 사상 속의 거의 제대로 이해되지 못한 일반적 혼합주의(Synkretismus)를 통해서 다른 상부 구조와 결합할 기회를 풍부하게 제공받았다. 그리고 이 일은 아주 드러나지 않게 일어났기 때문에 혼합주의 자체도 이를 의식할 필요조차 없었다. 여기 상부구조, 칼 마르크스보다 훨씬 전에 스콜라철학자들이 이야기했던 이 수페라이디피카티오(Superaedificatio)에는, 신플라톤주의, 정통 기독교, 물론 '연금술화된' 그노시스, 그리고 스토아 자신을 위한 자리가 있었다. 이는 그들의 세계관의 상들이 다른 세계관의 상들과 혼합되었기 때문에 가능했다.(81)

물론 마리아와 그녀의 동료 중 어느 누구도, 당시의 교육받은 사람들에게는 아주 잘 알려져 있었을 것이 분명한 그 모든 스토아철학자, 신플라톤주의 철학자 그리고 그 밖의 고대 후기 철학자 중 한 사람도 언급하지 않는다. 연금술 전통에서, 그러니까 조시모스 등의 연금술사들에 있어 아리스토텔레스는 — 데모크리토스와 플라톤 외에 — 연금술 대가로 여겨지기는 했지만, 스토아학파의 창시자인 키티온 출신의 제논(Zenon)과 크리시포스[7]나 포세이도니오스[8] 같은 다른 대표자들은 어디에도 등장하지 않는다. 그들의 이름은, 최초의 위대한 신플라톤주의자인 플로티노스(Plotinos, 204~269년)나 그의 가장 중

---

7 Chrysippos(기원전 280~206년 무렵), 고대 그리스의 철학자. 스토아철학을 체계화한 인물 중 한 사람이다.
8 Poseidonios(기원전 135~51년 무렵), 그리스의 철학자. 스토아철학자 중에서 가장 학식 있는 사람으로 알려졌다.

요한 제자인 포르피리오스(Porphyrios, 232~305년 무렵)의 이름과 마찬가지로 전혀 언급되지 않는다. 연금술사들에게, 모든 스토아철학자와 신플라톤주의자, 그리고 또 모든 교부들과 그노시스 학파의 수장들은 태고 예술의 신화 속에서 한 자리를 차지할 수 있기에는 시간적으로 너무 가까이 있었던 것이다.

마리아도 특정한 철학을 이용한 것이 아니라 그녀의 신적 예술의 전통 지식으로 되돌아갔고, 그럼으로써 당시의 화학적-기술적 지식을 끌어와서 사용했다. 그녀는 케로타키스와 트리비코스(Tribikos)의 발명자로서 이 지식의 수준을 기술적 면에서 결정적으로 높였다. 이로써 그녀는 보통의 자연과학에서도 전형적으로 수행되는 경험과 이론의 상호작용을 통해서 이론으로부터 오는 발명의 압력에 대해 답한 것이다.

여기서 '전형적 상호작용'이란, 연금술의 일반적 가르침이 마리아의 발명을 어떻게 이용할 것인지 결정했다는 것을 의미한다. 그래서 그녀는 케로타키스의 도움으로 완전한 멜라노시스를 수행하는 데 성공했다. 게다가 그녀는 납과 구리 사이의 중간금속으로 납-구리 합금인 몰리브도칼코스(*Molybdochalkos*) ― 글자 그대로는 '납-구리' ― 를 만들어 냈는데, 이것은 본래 어두운 색이고, 그렇기 때문에 이미 '토판'(*to pan*, 모든 것)으로 표기될 수 있는 것이다. 그녀는 몰리브도칼코스를 가루로 만들고, 황의 증기를 쐬게 했는데, 이는 그것으로부터 대단히 검은 생성물 ― 두 금속의 황화물은 모두 검다 ― 을 얻기 위해서였다.

같은 의도로 마리아는 케로타키스 속에서 황의 증기를 작은 구리

조각에 작용시켰다. 그녀가 연금술 과정의 첫 단계에 구리를 투입한 것은 분명히 대충 생각해서 한 것이 아니다. 왜냐하면 구리는 납과 마찬가지로 색의 저장고이고, 이미 고대에 붉은 것(Cu_2O)과 검은 것(CuO) 두 개의 산화물의 형태로 알려져 있었으며, 청색과 녹색의 광석 및 염으로도 알려져 있었기 때문이다. 게다가 그것은 금에 가깝고, 또한 이른바 구리침전반응(*Kupferzementation*)9 과정에서 철을 청색의 구리용액 속에 담갔을 때 나타나듯이, 다른 소마타(*Somata*)를 변환시키는 탁월한 능력을 보여 준다.10

마리아가 멜라노시스(*Melanosis*)를 통해서 제일질료로 대단히 검은 물질을 만들었다는 이야기가 나온다면, 이 말이 의미하는 것은 그 물질이 속성도 없고 죽었다는 것이 아니다. 프네우마를 받아들일 수 있는 것은 죽은 것처럼 보일지 모르지만 그 속에 부활의 가능성을 지니고 있다. 마그네시아 내지 몰리브도칼코스 속에는 은과 금이 '가능태적으로'(*dynamei*)11 이미 존재한다. 바로 그렇기 때문에 '토 판'이라는 표기는 최종생성물인 돌 자신뿐만 아니라, 초기물질, 즉 헨 토 판(*Hen to pan*) — '모든 것인 하나' — 과도 관련되는 것이다. 그리고 사람들은

---

9 영어로는 copper cementation. 구리용액에 다른 금속을 넣어 치환함으로써 구리를 침전시키는 것을 말한다. 보통 구리치환반응이라고 한다.
10 예를 들어서 황산 구리 용액 속에 철 조각을 넣으면 철은 용액에 녹아 들어가고, 철 조각 표면에는 구리가 석출되어 달라붙는 치환반응이 일어난다. 이것을 연금술사들은 철이 구리로 변환되는 것으로 보았다는 것이다.
11 아리스토텔레스의 변화론에 나오는 주요 개념 — 현실태, 잠재태, 가능태 — 중 하나이다.

'토판'이라는 말에서 시간을 느끼는 가운데 위대한 자연의 신이 부는 피리 소리도 분명히 들을 수 있었다.(82)

마리아가 말했다고 하는 두 개의 경구는, 마리아가 실행한 연금술에 포함된 사상적 내용에 어떤 특정한 빛을 던져 준다. 이 경구 하나는 다음과 같다.

"하나가 둘이 되고, 둘은 셋이 되고, 세 번째 것의 도움으로 네 번째 것이 하나 됨을 완성하며, 그러므로 둘은 단지 하나일 뿐이다."[Berth. (2) II, 404; III, 389]

이 문장은 분명히 이미 이오니아의 자연철학자, 그리고 스토아철학자 및 신플라톤주의자가 언급한, 다양성이 단일성이라는 깊은 확신을 반영하고 있다. 그러나 그것은 또한, 다음과 같은 조시모스의 확실한 설명에서 알아낼 수 있듯이 실질적-교육적 의미도 가지고 있는 것처럼 보인다. "둘이 하나가 되지 않으면, 다시 말하면 휘발성 물질들이 고정된 [비휘발성] 물질들과 결합하지 않으면, 기대했던 것 중에서 어떤 일도 일어나지 않을 것이다. 흰색으로 채색하지 않으면, 그리고 흰색으로 채색하는 흰 황에 의해서 둘이 셋이 되지 않으면, [기대했던 일 중에서 어떤 일도 일어나지 않을 것이다]. 그렇지만 노랗게 만들면, 셋이 넷이 된다. 왜냐하면 노란 황을 가지고 노랗게 만들기 때문이다. 마지막으로, 자색으로 만들면, 모든 [물질들은 함께] 단일성에 도달한다."[Berth. (2) III, 192]

이렇게 보면, 연금술 전체 역사에서 엄청난 영향을 미쳤던 마리아의 문장 속에는 연금술 과정 전체가 요약되어 있다. '둘을 가지고 하나를 만들라'는 것은 황 증기와 구리의 반응 또는 황 증기와 몰리브도칼코스의 반응을 통한 멜라노시스(Melanosis)일지도 모른다. 그 후 '두 물체'는 '흰 황'을 사용하는 레우코시스(Leukosis)에서 셋이 될 것인데, 여기서 골치 아픈 문제는 물론 '흰 황' 속에 숨어 있다. 이 '흰 황'은 무엇인가, 그것은 아르세니크(Arsenik)인가, 수은인가, 주석인가, 그렇지 않으면 연금술사들을 절망에 이르게까지 만드는 그것은 도대체 무엇인가라는 문제가 남는 것이다. 다음 단계에서는 신의 물에 의한 처리를 통해서 셋으로부터 넷이 나온다. 마지막으로 이오시스(Iosis)에 의해서 원이 닫히고 순환과정이 종결되는데, 이는 이오시스가 '리톤 톤 필로소폰'(Lithon ton philosophon), 즉 현자의 돌 — 제일질료처럼 하나 속에 모든 것을 포함하는 — 을 내놓고, 그럼으로써 더 높은 층위에서 단일성을 보임으로써 이루어진다.

나는, 지금까지는 확실치 않지만, 마리아의 문장이 1, 2, 3, 4라는 숫자로 이루어진 피타고라스의 테트락티스(Tetraktys)[12] 콘셉트에 깊이 뿌리박고 있다고 생각한다. 그런데 세계가 '실체의 점들'과 실체를 만들어 내는 조화의 힘으로 이루어져 있다고 믿은 피타고라스주의자들은, 테트락티스가 세계의 비밀을 가지고 있다고 보았다. 왜냐하면 그것은 자기 안에 2 : 1(옥타브), 3 : 2(5도), 4 : 3(4도)이라는 근본적인 음악적-화성적 비율을 포함하고 있기 때문이고, 그 밖에도 그것의 10개의 실체점을 배열해서 하나의 정삼각형, 즉 완전한 삼각형을 만들면, 그것은 실체를 만들어 내는 가장 적은 숫자의 점이 되기 때문이다. 그런데 이 실체는, 삼각형 중앙의 빈 곳을 채우는 점 때문에 최초

---

12 1부터 10까지 10개의 숫자로 이루어진 정삼각형을 말한다.

의 가장 작은 면을 만들어 낸다. 그리고 이 면으로부터는 면체(面體)들이 생겨날 수 있다. 테트락티스로 인해서 피타고라스주의의 우주는 10개의 천체로 이루어지는데, 이 천체들은 어마어마한 우주적 조화를 만들어 내면서 동심원적으로 회전하며, 이를 통해서 잘 알려진 천구 음악을 만들어 낸다. 이 음악을 우리는 들을 수 없다. 왜냐하면 항상 듣기 때문이다. 이런 식으로 테트락티스는 무엇보다도 단일성, 즉 세계의 헨 토 판을 나타낸다.

마리아의 두 번째 경구는 다음과 같다. "남성적인 것과 여성적인 것을 결합하라, 그러면 너는 네가 찾는 것을 발견할 것이다." 그리고 그녀는 계속해서 다음과 같이 말한다. "이 합일의 과정 없이는 실제로 아무것도 실현되지 않을 것이다. 왜냐하면 자연은 자연을 기뻐하기 때문이다 …."[Berth. (2) Ⅱ, 201; Ⅲ, 111, 196]

우리가 '이렇게 해서 둘이 단 하나로 된다'는 말을 기억한다면, 마리아의 요구가 아주 의미 없는 것으로 들리지는 않을 것이다. 그리고 우리는, '찾는 것'이 어떤 것이든 상관없이 '현자의 돌' 같은 것이라고 가정할 수 있다.

그런데 '남성적'이란 무엇을 의미하고, '여성적'이란 무엇을 의미하는가? 금은 남성적이고 은은 여성적인가? 자연과학자로서 그런 질문을 받으면, 우리는 아마 이 물음이 난센스라고 생각할 것이다. 왜냐하면 두 개념 모두 무엇보다도 생식기관의 구조 및 기능 방식과 관련된 것이고, 은과 금은 그런 것을 갖고 있지 않은 것으로 알려져 있기 때문이다. 은은 알을 낳는 여성적인 암컷 거미 같은 것이 아니다. 그리고 금은 꽃가루를 만들어 내는 남성적인 수컷 대추야자나무 같은 것이 아니다.(83) 그러므로 마리아가 뜻하는 것은 생식 과정의 기능 결정과는 명백하게 다른 것이다. 그녀는 모든 연금술사와 마찬가지로 인간이라는 존재와의 유비(類比)를 암시하는 것이다.

이 약간 복잡한 언급을 가지고도 우리는 물론 문제를 만족스럽게 풀지 못했다. 왜냐하면 인간의 언어는 각각의 서로 다른 성에도 속할 수 없는 인간의 속성을 이야기해 주지는 못하기 때문이다.(84) 남성적, 여성적이라는 말로써 우리가 의미하는 것은 고도로 복합적인 것, 그 세부 특성에 대해서 양적으로 접근하는 것이 불가능한 그 무엇이다. 그러므로 이것들에 대해서는 결국 이성적 분석을 하는 것이 불가능하고, 기껏해야 어느 정도 확실한 감정에 따른 판단이 가능할 뿐이다. 우리는 여성적인 것에 대한 선이해, 남성적인 것에 대한 선이해를 가지고 있는데, 사고할 때 우리는 이것을 거의 넘어설 수 없다. 그럼에도 불구하고 그것은, 우리가 가진 인간으로서의 자아상의 기초를 이룬다. 우리는 또 결함 있는 ― 성과 관련해서도 ― 존재로서의 우리 현존재에 대한 선이해도 가지고 있다. 각각의 다른 쪽 성이 없다면 우리 현존재는 비밀로 가득한 방식으로 미완성이다. 우리는 열망으로 가득한 모험의 바다로 우리를 인도하는 한쪽 성 각각에 가득하게 들어 있는 뉘앙스를 느낀다.

그러나 우리는, 인간의 두 개의 다른 한쪽, 즉 서로 대립되는 것들이 더 높은 존재 형식으로 합일되는 것(Coincidentia oppositorum)도 완전함에 속한다는 것을 '안다'. 연금술사들의 눈으로 보기에도 여성적인 것과 남성적인 것은 코인키덴티아(Coincidentia), 즉 상보적 코인키덴티아를 요구한다. 그런데 이것은, 가령 미지근한 것이 뜨거운 것과 차

CONIVNCTIO SIVE
Coitus.

O Luna durch meyn vmbgeben/vnd suffe mynne/
Wirstu schön/starck/vnd gewaltig als ich byn.
O Sol/ du bist vber alle liecht zu erkennen/
So bedarffstu doch mein als der han der hennen.

ARISLEVS IN VISIONE.

Coniunge ergo filium tuum Gabricum dile-
ctiorem tibi in omnibus filijs tuis cum sua sorore
Beya

그림은 완전한 용해, 즉 공통 용액 속에서의 태양(황)과 달(은)의 합일을 상징한다.
〈철학자의 묵주〉, 16세기, 바디아나시립도서관, Ms. 394a, f. 34

가운 것의 혼합인 것과 같은 혼합일 수는 없다.

우리가 고대 후기 인간의 사고와 연금술사의 사고를 이해하려고 한다면, 물론 남성-여성 이원론을 고립시켜 놓고 보아서는 안 되고, 그것이 일반적 양극성의 기본적 표현이기는 하지만 하나의 표현일 뿐이라는 점을 알아야 한다. 그런데 이 양극성은, 이집트-그리스인 등의 견해에 따르면 사고나 사고 운동을 의미하기 때문에, 코스모스 — 바로 그렇기 때문에 제대로 질서 잡힌 — 를 가득 채운다. 사고의 구조를 형성하는 첫 번째 요소가 있다면 그것은 대립이다. 구약 성서의 신도 세계를 빛과 어둠, 땅과 물을 나눔으로써 세계를 창조하지 않았던가.(85)

그런데 우리가 개념을 넓혀서 생각하면, 변증법적으로 해체할 수 있는 양극성에서부터, 되돌릴 수 있는 양극성과 연속되는 양극성을 거쳐서 지속적 이원론으로 고착된 양극성에 이르기까지 모두 '자연적 이중성(Zweiheit)'으로 이해할 수 있는 다양한 형태의 양극성이 존재한다. 이때 '이중성'은, 예를 들어서 인간 같은 개별자가 여러 개의 양극적 관계를 동시에 가질 수 없다고 말하지는 않는다. 그리고 각각의 개별 관계를 살펴보면, 우리는 이 관계들이 극의 세기가 동일하다는 의미에서 동급일 필요도 전혀 없다는 것도 알아차리게 된다. 게다가 극들은 항상 동일한 거리를 가질 필요도 없다. 감정적으로 나-그 거리는 나-너 거리보다 더 멀다.

그런데 우리가 연금술적 질료 관념의 세계로 주의를 돌릴 때 확인하게 되는 점은, 연금술사가 이 세계를 하나의 공동의 존재로부터 유래한 양극성들에 따라서 배열했다는 것이다. 이때 어떤 경우에는 공통의 것이 전면에 등장하고, 또 어떤 경우에는 양극적인 것과 서로 끌어당기는 것이 전면에 등장하는데, 이때 공동의 존재는 단순히 전제되기만 한다. 그래서 연금술사들은 서로 합일될 수 있는 남성적 황과 여성적 수은에 대해서 이야기했고, 그렇지만 또 남성적 황과 여성적 황, 남성적 수은과 여성적 수은, 남성적 스티미[Stimmi, 휘안티몬광, 안티몬 산화물 또는 황화 안티몬(Sb_2S_3)]와 여성적 스티미, 남성적 홍옥수(Karneol)와 여성적 홍옥수에 대해서도 이야기했다.

"이때 더 크고, 더 단단하고, 더 어둡고, 더 빛나는 것들이 남성적인 것이다."(Lipp. I, 201f) 크리소콜라(Chrysokolla)와 귀감람석(Chrysolith) 같이 우리가 화학적으로 다르다고 생각하는 화합물도, 비록 그것들이 서로 인력을 행사하지 못한다고 해도, 다시 말하면 서로 결합하지 못한다고 해도 쌍으로 여겨졌다.

그러나 이 모든 물질은 이중성뿐 아니라 단일성을 대표하기도 한다. 즉, 하나의 극은 다른 극을 포함하는데, 이는 반대쪽 극 없는 극은 생각할 수 없다는 의미만으로도 그렇다. 이것은 중세 연금술의 이성 간 싸움에 관해서 아주 아름답게 묘사한 이야기에 잘 나와 있다. 이 이야기는 사자를 타고 달리는 솔(Sol)[13]이 운동경기에서 그라이프[14]를 타고 달리는 루나(Luna)[15]와 싸움을 하는데, 솔은 싸움 상대의 문

---

13 태양을 의미한다.
14 그리스 신화의 독수리 머리와 날개를 달고, 사자 몸을 한 괴수.
15 달을 의미한다.

장(紋章), 즉 3개의 은으로 된 반달을 붙인 보호방패를 가지고 있고, 루나는 해의 그림을 가지고 자기를 방어한다는 것이다. 솔과 루나의 합일은 죽음을 의미하기도 한다. 하나는 이미 다른 하나 속에서 살고 있기 때문에, 그리고 그것은 우주적 힘으로서 우주적 힘인 자기를 파괴할 수 없기 때문에, 솔과 루나가 서로 죽이는 것이 아니라 함께 죽는 것은 변증법적 상호 파괴가 아니다.

죽음은 절대적인 것이 아니다. 그것은 동시에 다른 존재양식으로 부활함을 의미한다. 그러나 부활은, 두 우주적 힘의 동등한 대칭적 합일이 관련되어 있을 때에는, 모순적인 것만을 가지고 있다. 이를 상징하는 것은 헤르마프로디토스[16]인데, 이것에 대해서는 물론 가장 오래된 연금술에서도 아주 주변적으로만 언급될 뿐이다. 거기에서 그것은 '신의 물'의 동의어로 사용되는데, 이는 분명히 흰색-채색과 금빛-채색 또는 붉은색-채색을 할 때 신의 물이 '자웅동체적' 역할을 하기 때문이다. 헤르마프로디토스가 만들어 내는 최고의 드라마는 유럽 연금술에 와서야 전개된다.

---

16 그리스 신화의 한 몸에 양성을 가진 인물.

태양과 달, 남성과 여성, 단단한 것과 날아가는 것, 황과 수은은 서로 싸운다.
이 원리들은 각각 그 반대되는 것도 포함하고 있다.
그렇기에 방패에 반대편의 상징이 그려져 있다.

《떠오르는 여명》, 14세기 후기, 필사본, 취리히 중앙도서관, Cod. rhenovacensis 172, f. 10

22. 클레오파트라와 이시스

마리아가 불러낸 남성적인 것과 여성적인 것의 양극성을 좀 더 자세히 들여다보면, 우리는 그것이 결국은 아리스토텔레스의 '정보 부여된 질료'라는 개념에 기초함을 발견하게 된다. 이때 모든 질료의 기본 성질이 배분되는 방식은, 남성적인 것에는 건조하고 뜨거운 성질이, 여성적인 것에는 그것에 상응하는 습하고 차가운 성질이 나타나는 식으로 이루어진다. 이는, 마리아의 몇 개 안 되는 단편 속에 숨겨진 상태로 들어 있기는 하지만, 연금술 전통과 완전히 부합하고, 근대까지의 인간의 자아상에도 어느 정도는 분명하게 부합된다.

그래서 — 아리스토텔레스의 생물학적 관념의 영향을 받아 — 의사들 집단에서는 여성적인 것의 차가움과 습함으로부터 여성에 대한 생리학적 결과가 나온다고 믿는 것이 일반적이었다. 예를 들어서 여성의 차가움은 그녀의 '씨앗' — 그러한 것이 있음이 인정되고, 자궁이 태아를 위한 물질적 기초를 제공하는 것만이 아니었다고 하면 — 이 최고 단계까지는 삶아지지 않고, 생리에서 볼 수 있듯이 피 비슷한 것으로 남도록 해 준다는 것이다. 또한 그들은 여성의 생식기도 뜨거움의 결핍으로 인해 안쪽으로 젖는다고 보았고, 이는 반대로 여성적인 것의 차가움을 뒷받침하는 것으로 활용될 수 있었다.

그러나 차가움은 달의 차가운 은빛과 결합되어 있다. 거의 모든 언어에서 여성적인 것으로 나타나는 달과 그에 상응하는 금속인 은이 여성과 관계가 있다는 사실은, 또한 달도 하나의 주기를 통과하고 그럼으로써 모든 여성적인 것과 마찬가지로 변화가 많다는 것에서도 증명된다. 그러므로 우로보로스처럼 자기 자신에게로 되돌아오는 증거의 사슬 ― 17세기 말까지 인간의 사고를 사로잡고 있던 ― 속에는, '여성적인 것의 이론'을 위한 지지물과 족쇄가 동시에 들어 있다. 우리는 단일-성 이론에 대해서 이야기할 수 있는데, 이것은 당연히 남성과 여성이란 양극으로 펼쳐진 단일성의 변형일 뿐이라는 것으로부터 출발한다.

우리는, 우리도 일반적 세계상의 틀, 우리가 '자명'하고 그러므로 '자연적'이라고 여기는 ― 왜냐하면 그 틀이 아마 어두움 속에 머물러 있기 때문에 ― 세계상의 틀 속에서 사고하고 느낀다는 것을 인정해도 될 것이다. 그리고 우리는, ― 당시의 일반적 세계상이라는 틀 안에서 ― 무엇이 위에서 이야기된 사고결과에서 논리적으로 적절하지 않은지, 지금식으로 말하면 과학적이 아닌지 물어야 할 것이다.

문제는 하나의 세계상 내부의 사고 과정에 있는 것이 아니라, 하나의 세계상에서 다른 세계상으로 옮겨 가는 것이 어렵다는 데 있다. 이는 나중에, 가령 사회경제적 영역 같은 곳에서 옮겨 가는 것이 어떻게 이루어지는지 그 작동방식을 보여 줄 수 있게 된다고 해도 그렇다.

우리는 클레오파트라(Kleopatra)라는 이름의 여성 연금술사에게서도 남성적인 것과 여성적인 것이라는 주제를 발견할 수 있는데, 클레오파트라는 많은 측면에서 마리아와 닮았다. 그녀도 위대한 마술사로 여겨졌고, 그녀 또한 수백 년이 지나는 동안 동화 같은 이력을 쌓았다. 마리아가 여성 예언자이자 모세의 누이라는 지위를 얻게 된 데 반해, 클레오파트라는 우리 모두에게 잘 알려진, 로마의 몇몇 권력자들을 매혹하거나 마술로 사로잡을 줄 아는 여왕이 되었다. 이때 그녀가 사용한 마술의 수단은 물론 우리에게 꽤 낯익은 것이다. 그것은 세심하게 제조된 화장품인데, 이에 대해서 우리의 클레오파트라는 책을 한 권 쓴 것으로 알려졌다.

게다가 그녀는 증류 기구를 발명한 것으로도 여겨지는데, 이것도 마리아를 상기시킨다. 이런 점에서 두 여성 연금술사는 그들 자신의 특허권 주장이 서로 구분될 수 없을 정도로 아주 비슷하다. 바로 이러한 이유에서 그녀는 연금술 저작자들(서기 987년)의 이름이 담긴 매우 중요한 자료 중 하나인 아랍 도서목록 피흐리스트(Fihrist)에 마리아의 동시대인으로 기술되어 있다.

이 여성 연금술 대가를 율리우스 카이사르의 애인과 동일시하고, 또한 거의 동시에 예언자 마리아와 동시대인으로 보는 것은, 연금술 전통이 어떤 역사서술학적 문제로 고심하지는 않았음을 보여 줄 뿐이다. 그런데 금 제조기술에 관한 클레오파트라의 저작 중 극히 일부를 가지고 판단하자면 우리는 마리아가 클레오파트라보다 500년 전에 살 수도 없었고, 그녀와 같은 시대에 살 수도 없었다는 사실을 알 수 있다. 클레오파트라는 마리아보다 조금 나중에 살았고, 그녀가 마리아의 생각을 계속 풀어나간다는 점에서만 마리아와 가까울 뿐이다.(86)

클레오파트라의 경우에도 질료는 성적인 것이 된다. 금 제조기술에 관한 그녀의 저작《크리소포에이아》(Chrysopoeia)에서 그녀 역시 연금술의 주된 목표를 풍성한 열매를 낳는 양성 간 결합에 있다고 본다. 이때 그녀는 그것을 그냥 일반적인 경우로 놔두지 않고, 자신이 믿는 바를 실제 응용을 통해서도 보여 준다. 그녀도 표준제법을 지킬 것을 서약한다. 그러나 그녀는 '수수께끼 형식'을 취하기는 하지만, 배아의 잉태 및 성장과 비교하는 식의 의미 있는 생각을 새로 들여온다.

그녀의 약간은 암호 같은 단어들로부터 우리는, 산의 "가장 높은 봉우리의" 붉은 계관석(As_4S_4)은 예를 들어 조심스럽게 볶음으로써, 일부는 삼산화 비소(As_2O_3)로, 그리고 일부는 산다라크(Sandarache, sandarac, 이황화 비소 ― 옮긴이)로 변화시킬 수 있다는 문장을 읽어 낼 수 있을 것이다. 클레오파트라는 이 혼합된 화합물을, 그것이 계속 붉은 빛이 도는 색을 가지고 있음에도 불구하고 여성적이라고 보았는데, 이는 산다라크가 구리를 은빛 나는 구리-비소 합금으로 만듦으로써 흰색을 부여하기 때문이고, 달에 속한 은은 잘 알려져 있듯이 여성적이기 때문이다. 하얀 니트론(Nitron) ― 다소 불순물이 섞인 소다, 즉 Na_2CO_3로 볼 수 있는 ― 은 반면에 남성적인 것으로 여겨졌다. 그런데 여기서 그것이 남성으로 여겨졌던 이유는, 소다를 태양에 속한 남성적 불 속에 뿌리면, 나트륨의 황색 불꽃이 아주 밝게 빛나기 때문일 것이다. 그러므로 여기에서는 '감추어진'(okkult) 색이 드러난(manifest) 색보다 물질의 '성'에 대해서 더 중요하고 결정적인 것이다.

산다라크와 니트론의 결합으로 탄생한 아기는 아르세니콘(Arsenikon)이다. 오늘날 우리는 이것을 웅황[雄黃, Auripigment (Orpiment), As_2S_3]이라고 부르는데, 그것은 황금빛이고, 그렇기 때문에 남성적인 것이다.(87) 이 아르세니콘의 영, 그러니까 프네우마는 케로타키스 속에서 육체로부터 벗어날 수 있고, 그럼으로써 다른 물질에게 남성적 원리로 작용할 수 있다. 그런데 아르세니콘이란 단어는 다중적 의미를 지니고 있다. 그것은 비소나 아르세니크(Arsenik)나 웅황을 나타낼 수 있고, 동시에 남성적인 것을 의미할 수 있다. 이에 대해서는 오스타네스의 또 다른 제자인 페테시스(Petesis)가 처음으로 지적한 것으로 알려져 있다. 그의 주석자들을 믿는다면, 이 페테시스 또는 이소도로스(Isodoros)는 부업이 아르메니아 왕이었는데, "업적은 심사숙고를 통해서 완성된다"(Lipp. I, 68)는 그의 모토에 의해서 널리 알려졌다. 이 모토는 오늘날의 정치인에게도 아주 잘 들어맞을 만한 말이다.

클레오파트라는 이 위대한 작업을 이집트 사자숭배의 미라 만드는 행위 및 여러 종류의 무덤과 분명한 유비관계로 만들었다. 그런데 이 행위와 무덤에서는 "4원소로 구성된 날개 달린 대상"이 정해진 시간에 다양한 처치를 받는다. 여덟 개의 무덤 속에서는 연속적으로 변환이 일어난다. 그러나 이들 무덤은 죽음의 표시가 아니다. 그것들은 재탄생의 표시, 죽은 자로부터의 부활의 표시이고, 동시에 그것들은 결혼, 잉태, 그리고 최종적으로는 진정한 생명으로 가는 무한한 탄생의 표시이다. 그러므로 클레오파트라는 그 작업을 양성이 벌이는 행위로 한정해 두지 않는다. 그녀에게 그것은 좀 더 광범위한 드라마의 일부, 잉태와 탄생 외에 죽음과 재탄생까지 포함하는 삶 자체의 일부인 것이다.

이로써 생명의 중심사건은 말할 것도 없이 당연히 성스러운 단일체의 일부를 이루게 되는데, 이러한 것을 느낄 만한 감정은 우리와 같이 해방된 현대인에게서는 모두 사라져 버린 것처럼 보인다. 그렇지 않다면, 우리는 이 드라마의 기분 좋은 장면들을 웃음거리로 삼지는 않을 것이다.

그 밖에도 클레오파트라의 저작 속에는 연금술의 우로보로스를 형상화한 가장 오래되었을 것 같은 그림이 들어 있다. 우로보로스의 이름은 헤 우라(he oura) — 꼬리 — 와 헤 보라(he bora) — 집어삼킴 — 로부터 유래했는데, 이는 아주 적절한 것이다. 왜냐하면 그는 자기 자신의 꼬리를 삼켜버리기 때문이다. 우로보로스는 이미 〈레이던 파피루스〉에서 질료의 화학적 상징으로 언급되고 있다. 그러나 그는 훨씬 더, 정말 오래되었다. 뱀은 제어되지 않는 자의 상징이고, 질서와 혼란 사이의 경계 영역의 상징이며, 우로보로스로 나타난 뱀은 자기 자신을 파멸시키고 임신하는 자의 상징이다.

메소포타미아인은 우로보로스를 티아마트(Tiamat)[17]로 알고 있었는데, 이것은 동시에 거주 가능한, 질서 잡힌 지구를 감싸고 있는 원시바다를 나타낸다. 페니키아인들에게 그것은 태양뱀이었다. 고대 이집트 신화도 우로보로스를 세계를 감고 있는 존재로 보았다. 이러한 존재로서의 그는 아주 다양한 의미를 지녔다.

뱀으로서의 그는 항상 비존재(Nichtsein) 가까이에 있는데, 이집트인들은 이 비존재를 아주 구체적으로 그들의 비옥한 계곡 양쪽의 사막으로 보았고, 신들과 왕들의 작용의 한계를 어둡고 흉측하게 드러내 주는 모든 것으로 보았다. 이 비존재는 적수(敵手)로 나설 때에만 밤의 아포피스(Apophis)[18]의 형체를 얻는데, 이 뱀은 매일 아침 태양신에 의해서 자신의 비존재로 다시 쫓겨날 수밖에 없다. 그러나 비존재 또

---

17 메소포타미아 신화에 나오는 바다의 여신.
18 고대 이집트의 신. 거대한 뱀으로 그려졌다.

한 다산성인데, 이는 광산에서뿐만 아니라 사막의 채석장에서도 그렇다. 창조는, 우리가 그것을 시간과 연결된 실제의 사건으로 보든 가상의 사건으로 보든 상관없이, 비존재 속에서 질서 잡힌 공간의 분할과 형성을 통해서 이루어졌기 때문이다. 그런데 비존재는 계속해서 이 공간을 둘러싼다.

이제 우로보로스는 — 양극성들 안에서 — 질서 잡힌 것, 즉 코스모스를 둘러싼다. 그러므로 그것은 존재와, 그리고 가장 바깥쪽 비존재와 맞닿아 있는 것이다. 이집트인은 이 가장 바깥의 비존재를 원시바다로 보기도 했다.[88] 우리가 팔레스티나를 향해 눈을 돌리면, 거기에서 우리는 바다의 괴물인 레비아탄(Leviathan)만을 보는 것이 아니라 낙원의 뱀도 본다.

이 뱀, 이 미심쩍은 존재는, 극단적으로 나쁜 것뿐만 아니라 그 정반대의 것, 말하자면 지혜를 통해서 나쁜 것을 극복함 — 그노시스 — 도 의미한다. 가령 그노시스 오피스 종파는, 이 낙원의 뱀을 인간에게 "무엇이 선한 것이고, 무엇이 악한 것인가"(〈창세기〉 3장 5절)에 관한 지식을 가져다주고, 이로써 그들 자신의 상태에 관한 지식을 가져다준 선한 신의 사자로 여겼다.

그러나 다른 시각에서 보면, 우로보로스는 질료와 위대한 작업[19]의 순환과 단일성을 나타내기도 하고, 또한 그럼으로써 죽음과 재탄생을 나타내기도 한다. 이는 특히 뱀의 허물벗기를 회춘의 표시로 여

---

[19] 저자는 연금술 작업 또는 현자의 돌을 찾는 작업 행위를 종종 '위대한 작업'이라고 표현한다.

길 수 있었기 때문이다. 또한 활력을 주는 것으로서의 우로보로스는 태양까지도 상징하는 것일 수 있었고, 그럼으로써 금의 상징일 수도 있었다.

여기에 덧붙여야 할 말은, 연금술 문헌에는 종종 서로 꼬리를 물고 있는 두 마리의 뱀이 등장했다는 것이다. 둘 중에서 하나는 흔히 날개를 달고 있었는데, 질료의 휘발성과 남성적인 부분을 나타냈으며, 반면에 다른 하나는 날개가 없었는데, 질료의 고정성과 여성적인 부분을 나타냈다.

우로보로스는 10세기에 나온 코덱스 마르키아누스(*Codex Marcianus*)에서 처음으로 자기 자신을 집어삼키는 용의 그림으로 등장했다. 우리는 그 자신으로 되돌아오는 고리 모양의 몸 한가운데에서 '헨 토 판'이라는 말을 발견한다. 이 말은 다양성 속의 단일성을 주문처럼 강조하고 그럼으로써 모든 것 ― 영원히 자기 속으로 되돌아오는 ― 속의 단일성을 주문처럼 강조하는 연금술 사상의 고백이다.

물론 사람들은 항상 우로보로스를 염두에 두고 있어야만 한다. 왜냐하면 단일자의 붕괴, 즉 시간성과 다양성으로의 추락은 바로 그노시스 창조신화의 악한 것과 상응하는 것이기 때문이다. 그런데 '헨 토 판'이라는 표어는 키메스(Chimes)라는 연금술사로부터 유래했고, 올림피오도로스에 따르면 그는 헨 카이 판(*Hen kai pan*) ― 하나와 모든 것 ― 이라는 말을 존재의 철학자 파르메니데스로부터 빌려 와서 연금술에 도입했다고 한다.[89] 실제로 우로보로스는 모든 것이면서 하나이고, 하나이면서 모든 것이다. 이는 그것이 아주 다양한 형태로 나타나는 가운데에서도 그렇다.

클레오파트라의 경우 그것은 뱀으로 그려졌는데, 그 몸 위에는 4개의 색이 암시되어 있다. 이 색은 분명히 4원소를 나타낸다. 다른 어떤 연금술 필기본에서 우로보로스의 그림은 대단히 세밀하게 그려지고 있다. 여기서 그것은 3개의 동심원으로 이루어져 있고, 3개의 귀와 4개의 앞발을 가지고 있다. 그것의 머리, 귀, 그리고 바깥 고리는 붉은색으로 칠해져 있고, 눈알은 흰색이고 눈동자는 검정색이다. 우로보로스의 중간 동심 고리는 노란색이고, 안쪽 고리는 앞발과 마찬가지로 녹색이다. 물론 이런 색들이 규범적인 것은 아니다. 7세기의 스테파노스(Stephanos)의 그림에 나오는 우로보로스는 꼬리가 흰색이고, 배와 등은 사프란색이며, 머리는 짙은 녹색이다.

이오시스의 상징으로서의 용에 대한 묘사에서 이미 암시되어 있듯이, 3개의 귀는 증류물 — 또는 어쩌면 3개의 응집 상태 — 이고 4개의 앞발은 4원소만이 아니라 테트라소미에를 나타낼 수도 있을 것이다. 그러면 우로보로스는 작업의 처음뿐만 아니라 그 끝인 이오시스 — 끊임없이 자기 자신으로 되돌아오는 괴물의 짙은 녹색 머리로 묘사되는 — 를 나타내는 것이 된다. 이러한 해석의 불특정성은 우로보로스가 진정한 상징이라는 것을 증명한다. 그러나 우로보로스는 많은 것, 무한히 많은 것을 자기 자신에게로 끌어당기는 연금술의 자석 같은 것이고, 자기 자신을 집어삼킴으로써 만들어 내는 원 — 무한히 많은 접선을 사용하는 — 과 같은 것이다. 그러나 그렇다고 해도 이 접선들은 자의적인 것이 아니라 오직 원과 관련해서만, 원의 중심과 관련해서만 생각될 수 있는 것이다.[90]

연금술의 핵심개념인 '리토스 톤 필로소폰'(*Lithos ton philosophon*)은 이미 클레오파트라에게서도 발견된다. 그녀의 스승인 사제장 코마리오스(Komarios)가 그녀에게 쓴 "성스러운 예술과 철학적 돌에 관하여"라는 글에는, 변환작용을 하는 물질을 '현자의 돌'(*Lithos tes philosophias*)이라고 표기한 것이 나온다.

코마리오스는 그의 논문의 헌정 대상보다도 역사적으로 파악하기가 더 어렵다. 그의 이름은 아마 코마리스(Komaris)라는 이름의 물질로부터 유래하는 것처럼 보이는데, 이 이름이 가리키는 것은 특별히 효력 있는 약제인 활석(滑石), 석고, 운모, 다시 말하면 투명석고(*Selenit*), 비소, 산다라크, 아니면 또 다른 것일 수 있으며, 어쩌면 황 약제들의 증류와도 연결된 돌 자체를 가리킬 수도 있다.

중요한 여성 연금술사 집단의 세 번째 여성으로는 이시스가 거명된다. 그녀도 스승이 있었는데, 그렇지만 그녀의 스승은 살짝 압박을 받아야만 가르침을 주었다. 그런데 이름 덕분에 그녀는 다른 두 여성보다 사회적으로 더 높은 위치까지 도달했다. 진짜 신으로 숭상받는 데까지 다다른 것이다. 바로 그런 면에서, 그녀는 원시 연금술에 대해서뿐만 아니라 연금술이 상당히 에로틱하게 시작된 것에 책임이 있다. 매의 신의 어머니인 여신 호루스(Horus)는 "이시스가 호루스에게"라는 글에서, 그녀가 최고 하늘의 제사장이자 천사인 암나엘(Amnael)에게 자기 자신을 바쳤고, 그 대가로 은과 금의 제조 비밀 — 그런데 그녀에게는 이것을 그녀의 아들에게 알려 주는 것만이 허용되었다 — 을 얻었다고 말한다.(91)

이시스의 행동은, 우리가 조시모스의 글이나 성서에서 보는 특정한 '인간 여자'의 행동 같은 것을 상기시킨다. 죄악의 대가인 '하늘의 비밀'은 물론 우리 호기심을 자극하지만, 권한 없는 자인 우리에게 전승된 것은 보잘것없다. 왜냐하면 그것은 수은을 마그네시아, 황철광, 비소, 황 등과의 화합물로 만들어서 고정하는 것에 관한 몇 개의 보고, 그리고 모두 데모크리토스의 가르침 영역 속에 속하는 몇 개의 다른 보고뿐이기 때문이다.

23. 아가토다이몬

이시스의 동료 아가토다이몬(Agathodaimon)도 약간 불특정한 신이기는 하지만 신의 이름을 지니고 있다. 이 이름은 문자 그대로는 '선한 영'을 뜻하는데, 그는 아무튼 《비블로스 케메우티케》(*Biblos Chemeutike*)라는 화학책을 쓴 것으로 알려져 있다.(92) 그러나 그는 연금술사가 아닌 선한 영으로서 그리스인의 심포지온(*Symposion*)에 불려 왔다. 알렉산드리아에서 그는 뱀처럼 생긴 지상세계와 지하세계의 신으로 여겨졌고, 또한 매년 자기 껍질을 벗어버리고 새 껍질을 얻는, 늙었으면서도 영원히 젊은 나일강으로도 여겨졌다. 그런데 이에 대해서 연금술은 뭐라고 이야기할까? 올림피오도로스는 이렇게 말한다.

"아가토다이몬이 누구인지 유의해 보라. 몇몇 사람은 그가 이집트에서 철학을 했던 자들 중에서 가장 나이 들었던 사람이라고 이야기한다. 어떤 사람들은 그가 비밀로 가득한 천사 또는 이집트의 선한 영이라고 말한다. 또 어떤 사람들은 그를 하늘이라고 불렀는데, 그렇게 말한 이유는 아마 뱀이 세계의 모상(模像)이기 때문일 것이다."[Berth. (2) Ⅲ, 87]

조시모스의 꿈속에서 아가토다이몬은 눈부시게 흰, 아주 늙은 노인 모습의 사제로 나타난다.

화학자로서의 아가토다이몬은 종종 연금술사 헤르메스의 옆자리에 놓인다. 두 연금술 대가는 데모크리토스와 마리아가 연금술을 행했던 시기 또는 그 조금 이후 시기에 살았을 것이다. 아가토다이몬은 질료를 "우리의 납"을 이용해서 고귀하게 만들었다. "납은 매운 액체

와 금 액체를 이용해서 가공한다."[Berth. (2) Ⅲ, 260]

여기서 "우리의 납"은 아마, 정화되어야 하고 최종적으로 더 높은 상태로 올려져야 하는 보통의 금을 가리킬 것이다.

그 밖에도 아가토다이몬은 '오르페우스의 신탁'에 따라 테트라소미에를 제조하는데, 이것은 주로 구리를 포함했고, 그렇기 때문에 '구리뼈'라고 불렸다. 그런데 부러울 정도로 운이 좋은 이 뼈는, 후속 텍스트에서 흔히 그렇듯이 불분명한 방식으로 그리고 무엇보다 화학적으로는 결국 이해할 수 없는 방식으로 기술되고 있다.

철학적 돌에 관한 다음 수수께끼는 헤르메스의 이름뿐만 아니라 아가토다이몬의 이름과도 결합되어 있다.

나는 글자 넷을 센다; 나는 음절이 넷이다. 이제 맞춰 보거라! /
명심하라: 처음의 세 음절은 각각 글자가 둘이다. /
그렇지만 네 번째 것은 셋이다. 다섯 개의 철자는 자음이다. /
숫자의 합을 만들어라: 너는 800을 두 번 발견한다, /
거기에다 30을 세 번 더하고, 그것과 함께 7도. 네가 나의 존재를
이제 깨달았다면, 너는 신의 지혜에도 참여하는 것이다.
[Berth. (2) Ⅱ, 267f., 번역 Lipp. I, 62]

나는 가슴속에 연금술적 갈망을 품거나 품지 않은 수없이 많은 연금술사들이 이 수수께끼를 풀려고 머리를 싸매고 생각에 생각을 거듭했을 것이라고 상상한다. 그러나 아무런 성과 없이! 연금술 역사가 에드문트 오스카 폰 리프만(Edmund Oskar von Lippmann)은, 이 수수께끼

가 의미하는 것은 원래 신의 감추어진 이름 — 마술에서 오용(誤用)하는 — 일 것이라고 추측한다.

나는 이 이름을 연금술적으로 해석하고, 킨나바리스(*Cinnabaris*), 즉 진사(HgS)와 연결하는 것이 별로 성공적이 아닐 것이라고 본다. 단순한 광산 생산물은, 그것이 아무리 주목할 만한 구성 성분을 가지고 있다고 하더라도, 철학자의 돌의 역할을 하기에는 분명히 좀 무리인 면이 있다. 물론 진사가 '흰자' — 이것은 수은이다 — 와 '노른자' — 이것은 황이다 — 로 이루어져 있기 때문에, 클레오파트라의 《크리소포이아》(*Chrysopoeia*)에서 알로 상징되기는 하지만 말이다.

24. 시네시오스

수은과 황이라는 두 프네우마는 연금술의 전체 전개과정에서 중요한 의미를 유지하게 될 것이다. 그러나 수은은 이미 몇몇 이집트 저자들의 저작에서 위대한 작업과정의 바탕을 형성하는데, 그렇게 되는 데는 그것이 똑같이 '습한' 금속인 납 및 주석과 약하기는 하지만 친연(親緣) 관계라는 사실도 기여를 했다.

수은의 역할이 이미 4세기의 연금술에서 얼마나 대단했는지는, 그 세기에 살았던 키레네(Kyrene)의 학식 있는 주교 시네시오스(Synesios)가 쓴 것으로 잘못 알려진 대화에서 잘 나타난다. 대화 참여자는 시네시오스와 그의 친구 디오스코로스(Dioskoros)이다.(93)

디오스코로스는 "수은이 여러 종류가 있지 않은가?"라고 묻는다. 이 여러 종류의 수은은 진사, 아르세니크, 그리고 산다라크를 의미한다는 것이 나머지 텍스트로부터 밝혀진다.

시네시오스는, "그렇다. 그것은 여러 종류로 이루어졌고, 그래도 하나다"라고 대답한다.

—"그렇지만 그것이 하나라면, 어떻게 여러 종류로 이루어져 있는 것인가?"

—"그렇다, 그것은 여러 종류로 이루어져 있고, 그것은 큰 힘을 가지고 있다. 너는 헤르메스가 말하는 것, 즉 꿀선(Honigstrahl)[20][수은]

---

20 Honigstrahl은 꿀을 숟가락이나 나무 막대로 떴을 때 흘러내리며 만들어 내는 줄(선)을 말한다. 햇빛이 비치면 금색이나 은색으로 보인다. 여기서는 직역하여 꿀

이 흰색[은]이고 꿀선이 노란색[금]이라고 말하는 것을 듣지 못하는가?"

— "그렇다, 나는 그가 말하는 것을 들었다. 그렇지만 시네시오스여, 내가 배우고 싶은 것, 즉 당신이 알고 있는 작업을 나에게 가르쳐 달라. 그러니까 수은은 모든 식으로 모든 물체의 모습을 갖는 것인가?"

— "디오스코로스여, 당신은 이해했다. 실제로 왁스가 그것이 갖게 되는 색에 대한 편애를 보여 주듯이[색의 형태를 띠듯이], 오 철학자여, 바로 그와 똑같이 수은도 각 물체를 희게 만들고, 그것의 혼들(psychai)을 끌어당기고, 끓임으로써 그것을 자기 속으로 받아들이고 굴복시킨다. 그런데 그것은 그런 일에 적당하고, 자기 자신 속에 모든 흐르는 것의 원리를 포함하고 있다. 그것이 [광물들을 가지고] 분해를 완수하면, 그것은 도처에서 색 변화를 일으킨다. 그것은 단단한 바탕을 형성하지만, 반면에 색은 독자적 바탕을 가지고 있지 않다. 또는 더 나아가서, 수은은 그 자신의 바탕을 상실함으로써 변화능력을 지닌 그 무엇이 된다. 금속 물체와 그 질료에 대한 처리를 통해서 그것들에 대해 변화능력을 지니는 것이다."[Berth. (2) Ⅱ, 66; Ⅲ, 66f]

19세기의 가장 중요한 화학자 중 한 사람이자 이차적으로는 연금술 역사가로 알려진 마르셀랭 베르텔로(Marcellin Berthelot)는 마지막 문장에 다음과 같은 주를 덧붙인다.

"수은은 한편으로는 물질변환의 바탕을 형성하는 일반적 질료이자

(Honig)선(Strahl)이라고 했다.

최초의 질료이고, 다른 한편으로는 [물질변환] 수행 시에 그 자신의 개별 특성을 상실한다."[Berth. (2) Ⅱ, 67]

연금술적 수은이 항상 수은인 것은 아니고 비소 같은 것들일 수도 있다는 점과 상관없이, 이 대화는 연금술과 우리에게 낯익은 화학 사이의 주된 차이가 중립적, 외형적 관찰이 수행되고 기술되는 방식에 있다는 것을 보여 준다. 이 차이는 틀리거나 맞다고 외칠 수 없는 곳, 그러니까 각각의 견해가 정말 견해의 문제인 바로 그곳에서 드러난다. 그래서 아말감의 형성이 시네시오스의 눈에는 우리에게 낯익은 것과는 아주 다른 빛을 띠고 나타나는 것이다. 그런데 우리는, 우리의 빛이 사태를 더 정확하게 밝혀 준다고 주장할 수 없다. 우리는 통상적으로 "수은은 구리 같은 금속과 아말감을 만들고, 그것의 속성을 구리 아말감의 속성으로 바꾼다"라고 말한다.

반면에 시네시오스는 이렇게 말한다.

"수은은 성질들, 즉 '모르페'(Morphe), 다시 말해 구리의 색을 자기 자신에게로 끌어당기며, 이를 통해서 구리의 속성을 사라지게 만들고, 동시에 자기 스스로 자기 속성들을 변화시킨다."

그러므로 여기서 아말감화의 주인공, 즉 수은은 변환을 수용하는 바탕, 변환을 받아들이는 바탕이다. 이때 우리는, 대화의 마지막 문장들이 뒷받침하듯이, 시네시오스가 수은을 진짜 금속으로 여기지 않았다는 사실에 대해서 놀랄 필요는 없다. 수은은 상당히 특이한, 비밀로 가득 찬 화학적 행동을 보여 주는데, 그것은 신화 속의 해신(海神) 프로테우스(Proteus)와 같이 변화능력을 가지고 있다. 프로테우스에게는 예언의 재능이 주어지기는 했지만, 그는 이것을 보여 주기 싫어

하며, 그렇기 때문에 사람들이 그를 굴복시키고 쓰러뜨리려고 하면, 천 개의 서로 다른 형상으로 이 공격을 막아 내려 한다.

우리는 형성 가능한 많은 아말감 중에서 어떤 것이, 그리고 어떤 염들이 연금술사들에게 **수은화합물**로 알려져 있었는지 모른다. 그러나 우리는, 그래도 그들이 그들 자신에게 충분히 신비적으로 보였을 것이 분명한 하나의 효과에 대해서는 알고 있었으리라고 가정할 수 있다. 이 효과는, 황을 수은 속에서 갈아 으깨면 검은 황화 수은을 얻고, 이것을 승화시키면 붉은 진사가 생성되며, 이 붉은 물질을 가열하면 검게 변하고, 식히면 다시 그것의 붉은색으로 되돌아오는 것이다. 수은 자체도 충분히 경탄을 자아낼 만한 것이다. 그런데 그것은 당시에 알려져 있던 모든 금속들의 고전적 속성을 자신에게 부여하는 것을 허용하지 않는다. 즉 그것은 질긴 고체가 아니고, 그것은 가단성(可鍛性)이 아니다. 그러므로 수은을 진짜 금속으로 보아야 하는가라는 물음에 대해, 연금술의 전체 역사를 통해서 일반적 구속력을 지닌 판정이 이루어지지 않은 것도 놀랄 일은 아니다.

그 밖에 수은은 특히 분명하게 성별 분류를 허용하지 않는다. 그런데 그것은 아말감화의 반응제임과 동시에 반응물이다. 그것은 뚫고 들어가고 뚫고 들어옴을 당한다. 어떤 측면에서 그것은 남성적이고, 다른 측면에서는 여성적인데, 이때 '남성적 수은'은 보통 남성적 정자와 동일시된다. 수은이 연금술사들의 미심쩍은 신 헤르메스, 기본적으로 모든 것이면서 모든 것에 작용할 수 있는 그 헤르메스 신에게 속한 것은 우연이 아니다.[94] 그래서 토 판, 즉 모든 것은 수은에 의해서 해체될 뿐만 아니라 다시 생성된다. 그런데 이 생성과정에는, 금색의 귀금속인 귀감람석[Chrysolith, $(Mg,Fe)_2SiO_4$]과는 반대로 여성으로 여겨졌던 크리소콜라(Chrysokolla) — 시네시오스가 녹색이라고 표기한 — 의 도움이 개입된다.

그런데 이때 크리소콜라 또는 크리소콜로 표기되었던 물질이 아주 의미 있게 투입될 — 수은이 첨가되기도 하고 첨가되지 않기도 하는 가운데 — 수 있었다는 사실은, 우리의 시각에서 볼 때 꽤 주목할 만한 것이고, 또 실제적 작업이 수행되고 있었음을 시사한다.

크리소콜라는 붕사(Borax, $Na_2B_4O_7 \cdot 10H_2O$)일 수도 있는데, 이 둘은 아랍 시대 이래 때때로 동일한 것을 의미하기도 했다. 붕사의 유리 같은 용융물은 많은 금속산화물을 녹여 내서 특징적 색을 띤 붕산염을 형성하는 능력이 있다. 그런데 이는 얼핏 아말감 형성과 아주 유사한 것처럼 보인다. 아마 '베네치아 붕사'라고 불린 것이 비슷한 기능을 가지고 있었던 것처럼 보이는데, 이것은 우유, 꿀, 크로커스꽃, 초석(Salpeter, 질산 칼륨) 그리고 잿물을 섞은 다음에 끓이고, 건조하여, 세척제로 사용한 모험적 혼합물이었다.

시네시오스가 말하는 녹색의 크리소콜라는 아마 공작석(Malachit, 규산 구리), 그러니까 염기성 탄산 구리[$CuCO_3Cu(OH)_2$], 또는 녹옥 같은 녹색빛깔의 비교적 무른 규산 구리[$Cu_2H_2Si_2O_5(OH)_4$]일 것이다. 공작석은 그것과 아주 가까운 녹청(Grünspan), 즉 염기성 아세트산 구리와 마찬가지로 금 합금[21]의 제조에 이용되었는데, 그 생산에 관해서는 디오스코리데스(Dioskorides)와(Mat. Med. V92) 플리니우스

---

21 금-구리 또는 금-니켈 합금을 말한다.

(Plinius)가 다음과 같이 자세하게 설명하고 있다. 즉, 녹청을 남자아이의 오줌과 함께 구리로 제작된 모르타르 속에서 혼합한 후, 소다를 첨가한다. 이 금 합금의 작용은, 녹청 내지 공작석이 열의 영향을 받으면 분해되고, 이를 통해서 최종적으로 순수한 용융 구리가 생성된다는 데 기초한 것이다. 그런데 여기서 구리는 원래의 금 접착물, 즉 '크리소-콜라'[Chryso(s)-Kolla]로 작용하는데, 그 이유는 땜질 중에 금속 표면을 산화로부터 보호하는 탄산과 일산화 탄소가 형성되기 때문이다. 붕사도 산화로부터 보호하는 이 기능을 똑같이 가지고 있는데, 그것은 열이 가해지면 땜질될 금속들의 산화막을 제거하고 그럼으로써 더 깨끗한 표면을 만들어 낸다.

시네시오스가 수은에 관한 그의 신비적 언술뿐만 아니라 크리소콜라에 관한 언급을 통해서 그가 화학적 지식을 틀림없이 보유하고 있었음을 보여 주고, 그리고 대화에서 우월한 대화상대로 등장한다고 해서, 이를 통해 자기 자신을 독자적 — 실험실에서 실험하는 — 연금술사로 드러내려는 것은 아니다. 왜냐하면 우리 앞에 놓인 필사본에 들어 있는 그의 저작은 《데모크리토스에 관한 주석》이라는 놀랍고도 겸손한 제목을 가지고 있기 때문이다.

이러한 점 때문에 시네시오스는 특수한 타입의 연금술 저자, 즉 최초의 주석자를 나타내는 사례가 된다. 주석자를 대표하는 가장 위대한 그리스-이집트의 저자는 올림피오도로스(Olympiodoros)라는 이름의 남성이었다.

25. 올림피오도로스

물론 올림피오도로스의 정체를 확정하는 데는 어려움이 있다. 이 연금술사가, 425년 무렵의 아주 생생한 역사 — 유감스럽게도 아주 작은 단편으로만 남아 있는 — 를 쓴 같은 이름의 역사가와 동일 인물이라는 것은 증명할 수 없다. 이는 또한 그가 6세기의 어떤 플라톤 주석자와 동일하다는 견해에도 해당한다. 우리는 단지, 우리의 남성이 우리에게 알려져 있는 모든 연금술 대가들을 인용하고 있고, 따라서 이들보다 나중에 살았음이 분명하다는 사실만 알고 있다. 텍스트들이 왜곡된 것이 아니라면, 풍부한 인용뿐만 아니라 주석 속에서 전달된 일반적 지식수준이 암시하는 것은《올림피오도로스, 알렉산드리아의 철학자. 조시모스의 행위 및 헤르메스와 철학자들의 경구들에 관한 책에 관한 주석》이라는 바로크적 제목을 지닌 저작이 5세기에 쓰였다는 것이다. 비교적 손상되지 않고 시간을 견뎌 낸 것처럼 보이는 이 주석은 자세히 고찰할 가치가 있다. 이 주석은 몇 가지 주목할 만한 견해를 제시한다.

올림피오도로스가 거듭 강조하듯이 모든 것은 비교(秘敎)적으로 이해해야 한다. 그러나 의도적으로 오해를 불러일으키도록 사용된 말들 가운데에서 우리는 이따금 구체적 화학적 언술을 발견한다. 그는 시네시오스보다 더 명확하게 크리소콜라를 가지고 수행하는 땜질에 관해서 이야기하는데, 이야기의 배경에는 금과 합금으로 이루어진 금속 박편(薄片)을 크리소콜라를 이용해서 함께 녹이면, 덩어리 전체가 금이 된다는 생각이 숨어 있다. 그러므로 여기서 이야기되는 것은 일종의 디플로시스이다. 그리고 이것은 프네우마가 빠져나가지 않도록 적당한 불 속에서 수행되어야 한다. 다른 부분에서 올림피오도로스는 조시모스로 하여금 "수은을 마그네시아의 몸을 이용해서 고정하라"[Berth. (2) Ⅲ, 80, 84]고 말하게 한다. 그런데 이때 고정 및 그것과 동시에 이루어지는 팅크투르(*Tinktur*)는 고갈(枯渴)[22]이 진전된 것으로 여겨진다.

그는 회분법(*Kuppellation*),[23] 즉 납으로 금을 정화하는 것도 "납 속에 존재하는 예술"이라고 말한다.[Berth. (2) Ⅲ, 107]

이로써 우리는 화학-기술적인 올림피오도로스뿐만 아니라 신비적인 올림피오도로스의 중심 주제, 즉 납에 도달하게 된다. 일반적으로 그는 납을 우리에게 이미 잘 알려진 범위 안에서 다루고 있다. 즉, 그의 경우에도 작업[24] — 어떤 특정한 달에만 수행되어야 하는 — 의 목표는 남성적인 것과 여성적인 것의 합일이다. 그러나 올림피오도로스는 이것을 다음 주장을 가지고 뒷받침한다. 즉, 원소들은, 그것들 중 둘 — 물과 흙 — 은 여성적이고, 나머지 둘 — 불과 공기 — 은 남성적이라는 것을 통해서 이미 성이 부여된 반면, 수은은 그 양성적 본성에 따라 내려갈 때는 여성으로 되려고 했다가 올라갈 때는 남성으로 되려고 한다는 것이다. 그리고 그는 거기에다 다음과 같은, 변증법적이 아닌 모든 진정한 양극성의 본질을 건드리는 근본적 의견을 덧

---

22 Austrocknung. 프네우마가 줄어드는 것을 의미하는 것으로 보인다.
23 귀금속과 납을 함께 녹여서 귀금속을 순수하게 분리하는 방법을 말한다.
24 연금술 작업을 의미한다.

붙인다.

이 의견은 변환의 근본적 가능성은 오직 다음과 같은 사실, 말하자면 존재하는 모든 것의 바탕에는 4원소보다 더 일반적이고, 그렇기 때문에 모든 물질로 넘어갈 수 있으며, 그것들로부터 다시 형성될 수 있는 공통적 존재가 있다는 사실에 기초한다는 것이다. 물론 여기서 올림피오도로스가 의미하는 공통적 존재는 제일질료인데, 아가토다이몬과 키메스(Chimes)는 그것을 헨 토 판을 나타내는 것으로서의 우로보로스 및 철학자의 알과 동일한 것으로 보았다. 도처에 존재하는, 이 모든 것, 이 판(pan), 자연의 신 판(Pan)과 같이 어디에서나 나타날 수 있는 이것은, 헤르메스, 마리아 그리고 조시모스가 말한 것처럼 우리의 납 속에 주어져 있는데, 이 납에는 4원소가 하나의 단일체로 결합된 상태로 들어 있다. 즉, 모든 것(Topan)이 쏟아져 나와 납 속에서 종결되는 것이다.

천연의 납은 이미 검은색이다. 그러나 우리의 납, 조시모스가 테트라소마와 동일시한 이 불운한 것은, 먼저 특별한 처치들을 통해서 고통을 받은 후에야 검어질 수 있고, 또한 그렇게 되어야 한다. 그다음에 그것은 일종의 검은 국물이 된다. 올림피오도로스는 이 국물을 고정하는 작업도 멜라노시스의 일부를 구성한다고 생각하는 것 같다. 그러므로 단단함과 유동적임이라는 두 개의 성질을 지닌 우리의 납은 모든 것을 받아들이고, 모든 것으로 넘어가는 기본물질이다. 그것은 검정색일 뿐만 아니라, 흰색과 노란색으로 채색될 수도 있고, 표준 제법의 여러 단계들을 거쳐서 이오시스까지 나아갈 수도 있다.

이때 자명한 것은, 과정이 전개될 때 '순환도구 속에서' 이루어지는 증류가 중요한 역할을 한다는 것이다. 그리고 모든 것의 물질적 기초인 이 대단히 중요한 물질은, 가치 없는 찌꺼기, 즉 '마리아의 재'로 나타나는데, 이것은 금을 용융할 때 남게 되는 것과도 비슷한 것이다. 그런데 이 용융은 회분법을 의미하는 것 같고, 이때 산화 납(PbO)이 생성된다. 동시에 납은, 올림피오도로스가 심리학적으로 흥미로운 어떤 사고의 도약 속에서 주장하듯이 불손하고 악마에 사로잡혀 있기 때문에, 그것을 이해하려고 시도하는 사람은 미쳐 버린다.

'우리의 납', '토 판'(To pan)은 또한 '에테스의 돌'(etesischer Stein) 내지 '에테스의 금속'이기도 한데, 이것은 다시 '우리의 수은' 그리고 몰리브도칼코스(Molybdochalkos)와 동일시되었다. 마리아에 의하면, 마그네시아의 몸은 '에테스의 돌'인 납과 구리로부터 생성된다. 에테스란 북풍(北風)을 의미하는데, 이것은 7~8월에 나일강 홍수가 시작될 때 안개와 이슬내림을 통해서 찬 기운과 풍요로움을 퍼뜨린다. 이 정기적으로 반복되는 풍요로움의 재탄생은 오시리스 숭배(Osiris-Kult)를 암시한다.

실제로 올림피오도로스는 조시모스의 말에 의지해서 우리의 납을 오시리스의 신화 속으로 끌고 들어간다. 그러나 여기서 우리의 납은 살아 있는 신 자신이 아니라, 오시리스의 미라 내지 그의 납관, 그의 무덤이다. 왜냐하면 "여기서도 아폴론의 신탁은 진실을 이야기하는데, 그것이 오시리스의 무덤에 관한 이야기이기" 때문이다. 그런데 오시리스의 무덤이란 무엇일까? 그것은 얼굴만 드러내 놓고, 나머지는 붕대로 묶인 채 감겨 있는 죽은 자이다. 신탁은 오시리스를 대상으로 이렇게 말한다.

"오시리스, 그것은 오시리스의 모든 지체들을 감추어 놓은, 줄로 촘촘하게 묶인 무덤이며, 죽을 자들에게만 그의 얼굴을 보여 주는 무덤이다."[Berth. (2) III, 103]

오시리스는 종종 납일 뿐만 아니라, '납과 황'이기도 하다. 이때 두 물질을 묶어주는 것은 황화 납이 검은색이라는 사실만이 아니라, 두 물질이 유동성의 원리를 가지고 있다는 사실이다. 이 둘은 저절로 흐르는, 경계가 불분명한 것이다.

'오시리스의 무덤'에 관한 언급은 물론 신의 죽음 및 부활과 관련된 것이다. 신화는 샤머니즘적으로 갈기갈기 찢기는 신에 대해서, 즉 이집트 전역과 나일강의 홍수 속으로 흩뜨려진 그의 사지의 분해에 대해서 이야기한다. 이는 연금술사들이 자기 혼의 분해에 위협당하는, 즉 멜랑콜리아 알케미카(Melancholia alchemica, 연금술적 멜랑콜리) 속의 광기에 의해서 위협받는 그 순간이다. 그렇지만 신화는 사지의 수거와 미라화를 통한 육신의 재생성에 관해서도 이야기한다.(95) 그리고 신화는, 신의 누이인 이시스가 죽은 신을 입문의식의 방식으로 소생시키는 것에 대해서 이야기한다.

그런데 연금술 작업에서 이시스로 등장하는 것은 역사적 여성 연금술사가 아니라, 그때그때 실제 실험을 하는 연금술사들이다. 요컨대, 신화는 신의 죽음과 부활의 드라마를 이야기하고, 그럼으로써 연금술 작업의 기초를 대강 그려 보이는 것이다. 그런데 이 작업에서는 최후[25]가 첫 번째 단계에서 이미 맹아(萌芽)의 형태로 자신을 드러내는데, 이 점은 신의 얼굴이 가려져 있지 않다는 것을 암시한다.

올림피오도로스는, 이로써 자연이 우리의 경탄을 자아내려 한다고 가르친다. 그것은 순전히 영적 신비에 관한 경탄이기도 하고, 화학적 경탄이기도 하다.

"왜냐하면 오시리스는 모든 액체 상태의 원리이기 때문이다. 그는 불의 영역에서 고정 작업을 수행하는 자인 것이다. 그럼으로써 그는 결합하고, 납의 모든 것(To pan)을 단단히 붙잡는다 … 그러나 그것은 불의 영역이라고 불리는 남성적 물이다."[Berth. (2) Ⅲ, 103, 104]

베르텔로는 이 말을 황 또는/과 아르세니크(Arsenik) 증기로 납을 노랗게 채색하는 것을 가리키는 것으로 해석한다.

올림피오도로스는 오시리스-납이라는 좁은 유비(類比) 영역을 넘어서, 전체 연금술 작업을 연금술사가 탐구해야 할 이시스 신전이라고 말한다. 이 신전 서편에는 노란 광물 한가운데 있는 땅속에 검은 흙으로 된 층이 있는데, 이것이 아마 우리의 납일 것이다. 그러나 서쪽, 즉 일몰(日沒)은 여성과 결합하고, 일출은 남성과 결합한다. 이에 대해서 올림피오도로스는 다음과 같이 설명한다.

"문제 되는 것은 아담이다. 왜냐하면 모든 인간의 시초인 그는 4원소로부터 생겨났기 때문이다. 사람들은 그를 처녀 흙, 불타오르는 흙, 육적인 흙, 피 흘리는 흙이라고도 부른다. 이런 것들은 프톨레마이오스의 도서관에서 볼 수 있다. 내가 이 이야기를 하는 이유는, 성스러운 것들과 관련된 물질들 중 어떤 것도 옛 사람들에 의해서 비합리적 방

---

25 현자의 돌을 의미하는 것으로 보인다.

식으로 설명되지 않았다는 것을 분명히 하기 위해서이다. 왜냐하면 일몰은 여성적 원소[원리]로 여겨지기 때문이다."[Berth. (2) Ⅲ, 95]

이 부분이 필사되는 가운데 변형되지 않았다면, 그것은 분명히 아담이 헤르마프로디토스적 특성을 가지고 있었음을 의미한다. 왜냐하면 '아담'은 그냥 '인간' — *ho anthropos* — 을 의미하고, 그의 이름은 '붉은빛의 흙으로 만들어진'을 의미하기 때문이다. 4원소의 최초의 혼합물, 즉 붉은 흙으로부터 나타난 자인 그를 옛 연금술사들은 제일 질료로 여겼고, 또한 최초의 연금술사로도 여겼다. 왜냐하면 그가 낙원에서 신의 창조 작업을 가장 가까이에서 경험했기 때문이다. 혹자는 물론, 그가 죄악을 저지름으로써, 그와 특히 그의 후손들이 이 지식을 잃어버렸다고 생각하지만 말이다.

조시모스의 어떤 문헌을 좇아가보면 우리는 아담이 이비스 머리를 가졌다는 것을 발견한다. 왜냐하면 연금술 문헌들의 무한한 관계망, 놀랍도록 횡적으로 연결된 이 관계망 속에서 '아담'이란 이름은 '토트'(Thot)의 히브리어 이름이기 때문이다. 조시모스는 그가 동시에 원(元)인간이라고도 보았다.

그런데 이때 그는 용기 있게 그리스의 안경을 통해서도 바라보았고, 이를 통해서 아담이라는 이름의 철자가 하늘의 네 방향 — *A-natole*, *D-ysis*, *A-rktos*, *M-esembria* — 을 가리키며, 이것들이 당연히 다시 4원소를 가리킨다는 것을 증명했다. 연금술사들의 세계에서는 바로 모든 것이 모든 것과 어떻게든 연관을 맺고 있고, 어떤 것도 의미 없는 것, 단순한 철자로 '분석되고 폄하되지' 않는다. 그러므로 올림피오도로스가 처녀 흙으로서의 아담에 관해서 언급한 후 곧 조시모스로 하여금

"바다는 헤르마프로디토스적 원소이다"[Berth. (2) Ⅲ, 96]라고 말하게 하는 것은 아주 적절하다.

바다는 모든 것을 구분되지 않도록 녹여 버리고, 모든 것을 자기 자신으로부터 내놓지 않는가?

그런데, 이제 올림피오도로스가 헤르마프로디토스라는 주제와 아담과 이브라는 주제를 더 이상 끌고 나가지 않는다고 하더라도, 이브가 어떤 때는 검은 처녀로 불리고, 어떤 때는 흰 처녀로 불릴 수 있다는 결과가 나온다. 이 결과는, 어떤 것이 그것과 반대의 다른 것이기도 하다는 사고과정으로부터 나오는 것이다. 이것은 아주 근거 없는 것은 아니다. 그러나 여러 연금술사들은 이로 인해 절망적 상태에 빠졌을 수도 있다. 우리는 연금술에서, 어떤 특정한 표기나 설명이 다른 표기나 설명을 배제하지 않는 경우는 이들 표기가 항상 어떤 연상사슬로 연결될 수 있을 때라고 말할 수 있다. 그런데 이는, 다른 표기들이 원래의 주장과는 완전히 반대의 방향으로 나아가는 것처럼 보이는 경우에도 해당된다.

제일질료의 형상에서 검은색은 잠재적 다산성으로 여겨지지만, 반면에 흰색은 순결한 처녀의 표시로 여겨진다. 그렇지만 제일질료도 마찬가지로 순결하기 때문에, 즉 성질이 없기 때문에, 우리는 그것도 마찬가지로 원래의 처녀로 보아야만 한다. 그렇지만 이 원래의 처녀는 누구인가? 이 처녀는, 보통은 흰색과 연관되긴 하지만, 잠재적 다산성의 상태, 즉 숨겨진 상태에서는 동시에 검은색이어야만 하는 이브이다.

그래서 올림피오도로스가 흰색을 색 아닌 것(*Nicht-Farbe*)으로, 검은색을 모든 색의 색으로 표현하게 되는 결과가 나온다.

"그러므로 검은색은 진짜 색이다. 왜냐하면 검은색의 다양한 변형이 존재하기 때문인데, 이는 검정이란 색이 다른 모든 색의 원천이라는 것에 기인한다. 그래서 입문하지 못한 자들의 영이 색에 관해서 이야기하면 혼란에 빠진다. 그러나 우리, 우리는 올바른 의미로부터 멀어지지 말자."[Berth (2) Ⅲ, 100]

이런 시각에서 보면, 검은 제일질료는 **잠재적으로** 모든 색을, 말하자면 모든 종류의 고귀한 질료를 지니고 있는 것이다.

올림피오도로스가 우리에게 짐 지우는 이런저런 많은 것들에 관해서 우리는 물론 좀 더 명확하게 알고 싶어 할지도 모른다. 그렇다면 우리는 항상, 그의 텍스트 속에다 그것이 감당할 수 있는 것보다 더 많은 경험의 광명과 논리적 일관성을 집어넣으려는 유혹에 빠져 있는 것이다. 예를 들어서 우리가 올림피오도로스는 많은 부분에서 상당히 불분명하게 말한다고 비판한다면, 우리는 또한 두 개의 역사적 상황이 조우할 때 오해 — 아주 역설적으로 작용하는 — 가 생겨날 가능성을 인정할 준비가 되어 있어야 한다. 우리는, 몇 세대에 걸친 필사자들이 분명히 번역의 오류와 조작을 텍스트에 끌고 들어왔으리라는 것을 인정해야 한다. 이는 올림피오도로스의 경우에도 해당된다. 그뿐 아니라 올림피오도로스가 우리에게, 우리가 단순하게 화학적으로 또는 적어도 자연철학적으로 그럴듯한 설명을 찾으려고 노력함으로써 그를 많은 면에서 그 자신이 의도했던 것보다 더 '명료하게' 만들었다고 비난하는 것도 감수해야 한다. 그는 또 분명하게, 연금술의 지혜는 프톨레마이오스의 도서관에 있는 수많은 책 속에 들어 있지만, 이 책들은 신비적인 말, 즉 알레고리로 이야기하며, 그럼으로써 연금술 대가만 해독할 수 있는 이중적인 의미 — 겉으로 분명하게 드러나는 그리고 감추어진 — 로 이야기한다고 말한다. 그러므로 연금술에서의 불명확성을 불분명한 사고나 정신착란의 표시로 볼 필요는 없다. 그것은 의식적으로, 교육을 위한 원리로서 도입되었을 수 있는 것이다.

올림피오도로스가 확인해 주듯이, 분명히 연금술 대가들의 저작에서는 대부분 일반적 가르침만 다루며, 암시되어 있는 것의 실제 **행함** — 실제적 의미에서만이 아니라 영적 의미에서의 — 은 숨겨져 있다. 그러나 사람들은 현자들의 정확한 행위와 마술적 말들을 알아야 한다. 왜냐하면 오직 그럼으로써만 시기에 찬 악마들의 영향을 극복하고, 자연의 도움을 얻을 수 있기 때문이다.

26. 연금술의 언어패턴

위대한 스승의 비밀주의에 대해서 그들의 주석자는 적어도 상세한 설명은 해 준다. 그는 데모크리토스와 옛 사람들이 지도적 사제였고, 사제로서 이집트 왕의 친구였다고 주장한다. 그런데 부연하면, 이는 그들이 살던 시기가 로마 점령 이전으로 거슬러 올라간다는 것을 보여 준다. 그는 또, 그들은 왕의 동반자로서 공적 이익을 위해서 침묵해야 했으며, 게다가 예술에 관한 그들의 지식을 드러내지 않으려 했다고 주장한다.

시리아어로 쓰인 조시모스-논문에서도 분명하게 나오는 이야기는, 옛 사람들이 질투심에서 그들의 심오한 비밀을 문자로 써 놓지 않고 단지 사제들에게 전해 주기만 했다는 것이다. 그러므로 연금술적 침묵은 완전히 정당하며, 정치적으로나 심리학적으로 모두 논거가 있는 것이다. 즉 그것은 전문인 — 이들이 연금술사든, 수공장인이든, 정치인이든 — 들의 침묵인 것이다.

그렇지만 이로써 다 끝난 것은 아니다. 연금술 텍스트를 어떤 시기의 것이든 아무거나 골라서 대충 훑어보면 우리는 연금술 텍스트가 통상적으로 언어패턴의 전체 그물망으로 이루어져 있으며, 또한 전문인들의 비밀언어는 이 패턴들 중 하나만을 보여 준다는 것을 알게 된다. 이 패턴들은 명확한 경계를 가지고 있지 않고, 부분적으로 서로 얽혀 있으며, 다른 관점에서 보면 다른 패턴이 들어올 수 있는 자리를 내주기도 하지만, 적어도 다섯 개의 패턴은 큰 어려움 없이 구분할 수 있다.

내용 없는 번호 매기기와 위계적 배열 — 가령 '차분한'에서 시작해서 '과장된'에 이르는 — 을 피하기 위해서, 이 연금술 언어의 그물망 속 패턴을 철학자들이 좋아하는 꽃인 '장미'라고 부르기로 하자.(96)

— 그러면 이 패턴 중 하나에는 거트루드 스타인(Gertrude Stein)의 "*A rose is a rose is a rose*"라는 유명한 경구를 가지고 특징 부여를 할 수 있다.

— 이에 반해서 두 번째 것은 선장(船長)의 언어패턴이라고 할 수 있다. 즉, "장미는 장미가 아니라"(*A rose is not a rose*), 마찬가지로 장미(*rose*)라고도 불리는 나침반의 방향판 같은 것이다.

— 세 번째 것은 하피즈-패턴(Hafiz-Muster)이다. "*A rose is not a rose is not a rose*", 즉 장미가 아니라, 그의 간신들의 가시와 함께 살아야만 하는 페르시아의 왕 같은 것이다.

— 네 번째 언어패턴에는 헤르메스라는 이름을 부여할 수 있다. 이것은 "*A rose is not a rose is not a rose* …"로 무한히 계속되는 것이다.

— 다섯 번째 패턴에는 마침내 움베르토 에코와 그의 첫 번째 소설의 이름이 붙을 수 있을 것이다. 즉, "*The name of the rose is not the name of the rose is not the name of the rose.*" 물론 진정한 연금술 대가들이 장미의 이름을 알고 있었지만, 그것을 어떤 이유에서든 가르쳐 주지 않으려 했다고 사람들이 주장하기는 하지만.

여기서 첫 번째의 거트루드 스타인식 언어패턴과 관련해서는, 연금술 텍스트 속에는 직접적으로 화학적 의미를 지닌 구절이 물론 계속해서 등장한다는 점만을 언급하도록 하자. 테트라소마가 4개의 금속으로 이루어져 있다는 것은 이미 그 이름에서 드러난다. 그것이 무엇인지, 그리고 합금이 검은색이라는 것도 텍스트에서 분명하게 이야기된다.

선장-패턴의 특징을 보이기 위해서는 단 하나의 예로도 충분하다. 데모크리토스는《피시카 카이 미스티케》에서 이렇게 말한다.

"수은을 취해서 그것을 마그네시아나 이탈리아족(Italisch) 스티미의 육체로 고정하라 … 등"[Berth. (2) Ⅱ, 43]

여기서는 텍스트가 명확한 지시를 내리는 것처럼 되어 있지만, 사실은 자기 자신을 베일 속에 감추는 것처럼 보인다. 실제로 그 말은 수공업자 길드의 전문언어와 비밀언어를 상기시키는 것 같은 느낌을 준다.(97) 도대체 여기서 '마그네시아'는 무얼 의미할까? 우리는 그 수수께끼를 풀려고 이미 많은 생각을 했다. 그런데 여기서 '스티미'는 무엇을 의미할까? 후속 텍스트가 시사하듯이, 그것은 일반적으로 의미하는 휘안광이 아니라, 테트라소마의 가명일 것이다. 왕의 동행자들, 즉 왕이 소유한 광산과 신전작업장의 운영자들에 관한 올림피오도로스의 언급이 분명하게 보여 주는 것은, 연금술 대가들이 그런 식의 언어 혼란을 깊은 어두움의 상징적 표현으로 본 것이 아니라, 오히려 작업 비밀의 암호화라는 실용적인 것으로 보고 그에 상응하는 해석을 했다는 것이다.

우리는 선장-패턴의 중심단어들을 오늘날 전문분야 시험 어디에나 등장하는 입문의식 수수께끼라고 표현할 수 있다. 수수께끼는 풀 수 있는 것이다. 그러나 그것을 풀 수 있는 자만 동업조합(Zunft)에 소속된다. 많은 야금술적 실행방법은 아주 오래전부터 비밀이었다. 이는 파라오의 청함을 받지 않은, 자기 이익을 위해서만 일했던 경쟁자와 적들을 가까이 오지 못하게 하기 위해서만이 아니라, 무엇보다도 신성모독자가 — 그가 무지로 인한 신성모독자라고 해도 상관없이 — 신과 광산작업자 사이의 위험하지만 정돈된 관계 속으로 끼어드는 것을 막기 위해서였다. 이 관계 속에는 신화와 신화에 관한 지식도 포함되어 있었는데, 이것들의 역할은 항상 질서를 부여하는 것이었다.

우리는 태고의 광산작업자와 야금쟁이가 종교적 형제단을 형성하고 있었으며, 거기에서는 광석, 인간, 신에 관한 비밀 지식의 구전이 큰 역할을 했다는 것을 확신할 수 있다. 연금술에서와 마찬가지로 스승-제자 관계는 야금술 전통의 바탕을 이루고 있었으며, 연금술에서와 마찬가지로 제자들은 이 개인적 관계 속에서, 숙련된 기술만이 아니라, 정당화의 신화, 비교(秘敎) 및 자기 동업조합의 생활태도까지도 배워 익혔다.

암호해독에서 핵심이 되는 것이 기업 비밀이라는 사실은, 아주 초기에 나온 연금술 사전들이 이미 뒷받침하고 있다. 그러나 이 사전들은 해독이 어려운 동의어들(98)을 추적하는 강한 성향을 드러내는데, 그러는 가운데 종종 도무지 풀 수 없는 혼란 — 사건들이 여러 가지 이름과 연결될 뿐만 아니라, 이름들도 서로 아주 다른 사건과 연결되어서 서로 구속력 없는 것이 되어 버리는 — 이 발생한다. 그런데 이 구속력 없는 것의 어깨 위에는 괴테의 사악한 사변의 영(靈)이 깔깔 웃으면서 앉아 있다. 그러나 사악하면서도 동시에 그토록 인간적이고 갈망으로 가득한, 그리고 그렇기 때문에 선하기도 한 연금술의 영은, 연금술의 상징들의 어마어마한 연상력을 바탕으로 살아간다. 이 영이 우리를 자극해서 연금술 제법에 따라 실험을 하게 할 수도 있다면, 우리도 속일 수도 있다. 왜냐하면 우리는 우리 일에 대해서 결코 확신을 가질 수 없기 때문이다. 우리가 연금술에서 말한 물질의 화학적 정의와 순도의 문제를 풀었다고 생각하는 그때에도.

그러나 이것으로도 충분하지 않다. 왜냐하면 그다음의 하피즈-패턴은 두 가지 문제를 유발하기 때문이다. 그중 하나는 또다시 상징의 문제이고, 다른 하나는 상징세계의 문화적 콘텍스트의 문제이다. 인간은 아리스토텔레스가 말했듯이 사회를 형성하는 생물(*Zoon politikon*)인 것만이 아니라, 상징을 만드는 생물(*Zoon symbolikon*)이기도 하다. 즉, 그는 자기 자신과 현재의 있는 그대로의 세계 사이에 상징들의 두 번째 세계 ─ 그가 꿀벌이 꽃가루로부터 왁스를 생산하고 그 속에서 사는 것과 똑같은 방식으로, 그의 주위 세계의 재료를 이용해서 만들어 내는 ─ 를 놓는 생명체이기도 한 것이다.(99)

그리고 ─ 우리가 이 비교를 이제 어쩌면 너무 과도하게 밀고 나가서 모든 곤충학자들이 '그만'이라고 소리치게 될지도 모르겠지만 ─ 어떤 종족에 속한 꿀벌이 그들의 바구니, 즉 그들의 왁스로 된 도시를 냄새로 알아차리는 것과 마찬가지로, 많은 상징들도 '냄새'를 가지고 있다. 이 냄새는 어떤 자에게는 "이 상징은 나의 민족, 나의 문화에 속한다"라고 이야기하고, 다른 어떤 자에게는 단지 "이 상징은 나에게 낯설다"라고 이야기한다.

하피즈가 14세기에 장미에 관한 시를 썼을 때 가정할 수 있었던 것은 페르시아 독자들이 그의 메타포, 즉 그의 장미-상징의 '냄새'를 알아차리고, 그럼으로써 그가 이 상징과 연결시켜 놓은 교육적인 의도도 깨닫게 되리라는 것이었다. 마찬가지로 올림피오도로스도, 그의 독자들이 연금술적으로 변형된 그의 오시리스 신화를—아직은—올바로 해석할 것이라고 가정해도 됐다.(100) 그런데 여기서 '올바로'가 의미하는 바는, 단어의 의미들 **혼자서만** 성스러운 텍스트의 의미를 형성하는 것이 아니고, 동일한 텍스트가 다양한 의미 층위에서 동시에 해석될 수 있다는 것을 알고 있으면서 읽거나 듣는 것이다.(101) 그런데 다시 하피즈를 가지고 이야기하면, 어떤 시는 그 시 자체를 위해서 있을 수 있고, 또한—이는 종종 일어나는 일인데—교육적 콘텍스트가 아닌 다른 콘텍스트 속에서 매력을 발산한다.

많은 연금술 모티프도 이와 똑같다. 그것들은 자기가 출생한 언어 환경으로부터 다른 언어 환경으로, 다른 문화적 콘텍스트로 옮겨 가며, 그곳에서는 이제 그 본래의 의미로 이해되지는 않지만 충실하게 구전된다. 그렇기 때문에 심리학적 측면을 무시하면, 서양 연금술에 나오는 늪지남자(Moormann)의 모티프는 아마 오시리스로부터 유래했다고 볼 수 있을 것이다. 또한 무덤 모티프도 대부분 연금술 행위에서 사용되는 그릇의 표시로서 거듭해서 출현한다.

나는 '상징'이라는 단어를 피하기 위해서 '모티프'라고 말했는데, 왜냐하면 여기 하피즈 층위에서는 상징과 알레고리와의 경계가 불분명하기 때문이다. 즉, 거기에서 사람들은 상징의 의미를 더 이상 느끼지 못하고, 의미하는 것이 무엇인지 귀로 들어야만 하는 것이다. 알레고리가 상징과 구별되는 이유는, 그것이 '자연적'이기 때문이 아니라, 표현된 것과 의도된 것 사이의 관념적 관계를 만들어 내고, 그럼으로

써 인공적 관계를 만들어 내기 때문이다.(102)

그런데 원래 의도했던 사건이 언어적 표현으로부터 멀리 미끄러져 가는 것은, 모든 언어패턴의 경우에도, 그리고 이들 패턴이 서로 바뀔 때도 항상 일어날 수 있는데, 이것은 해석상의 혼란을 가져올 수 있다. 왜냐하면 옛 텍스트에서 이루어진 잘못된 해석이 새로운 텍스트의 잘못된 해석 위에 쌓이고, 계속해서 이것이 더 새로운 텍스트의 잘못된 해석 위에 쌓이기 때문이다.

의식적인 그리고 피할 수 없는 잘못된 해석들과 함께 우리는 헤르메스 언어패턴에 도달했다. 그런데 여기에서 장미는 아주 요괴 같은 신과 마찬가지로 무한한 반사를 통해서 자신을 부정한다. 우리는, 우리가 꿈과 환영(幻影)에 관해서 읽을 때 이 패턴을 만나게 된다고 확신할 수 있다. 우리는 그것들을 근대에 이르기까지 읽었다. 그러나 우리를 의식적으로, 아주 의도적으로 이 언어패턴의 영역으로 데리고 들어가려고 하는 다른 텍스트들도 있다.

그런데 헤르메스 패턴은 종종 '라피스'(*Lapis*)라는 단 하나의 단어에 의해서 대표되기도 한다. 현자의 돌은 물질화된 모순이다. 그것은 단지 자체 모순의 형식으로만 기술될 수 있고, 그럼으로써 본래는 기술이 안 되는 것이다. 대스승 조시모스가 "돌이 아닌 돌"에 대해서 이야기하면, 그는 그것을 드러내 놓고 모순으로 만들고, 그럼으로써 종교적 신비를 암시한다. 그런데 이 신비는, 그것이 논리학의 이가원리 (*principle of bivalence*)[26]를 따르지 않는다는 점에서 모순과 같은 것이다.

"예언자들[사제들] 중 어느 누구도 구두로 퍼뜨리려고 하지 않고 이미 선택된 자들에게만 계시한 그것은 전달이 불가능한 비밀이다. 그들은 자기들의 상징적 글 속에서 돌을 영을 지닌 것이라고 불렀다. 이 돌은 그런데 돌이 아닌 돌, 모든 자에게 알려진 알려지지 않은 것, 아주 고귀한 비천한 것, 신에 의해서 주어졌을 뿐만 아니라 주어지지 않은 것이다."[Berth. (2) Ⅱ, 113f; Ⅲ, 122]

다른 곳에서 그는 종교적 신비, 즉 미트라스의 신비에 대해서 드러내 놓고 이야기하는데, 이것으로 그가 의미하는 것은 어떤 행위가 아니라 돌 자체이다. 그리고 마침내 조시모스가, 비밀은 단지 "이미 선택된 자들에게만" 계시되었다고 대담하게 공표한다면, 그는 우리에게, 나중에 태어난 자인 우리는 단지 선택받은 자들이 아닐 뿐이기 때문에 이 신비를 알 수 없다고 아주 분명하게 말하는 것이다. 그는 다음과 같이 말함으로써 — 종교의 세계에서 자주 그렇듯이 — 우리 코앞에서 모순의 문을 닫아 버리고 마는 것이다.

"너희가 얻어야 할 것을 너희가 이미 가지고 있지 않기 때문에 너희는 아니다. 너희 선택받지 못한 자들은 바로 **그렇기 때문에** 계시, 말하자면 입문에 참여하지 못한다."

500년쯤 후에 다른 사람이 똑같은 말을 할 것이고, 그 후 500년이 지난 다음에 또 다른 사람이 다시 똑같은 말을 하게 될 것이다.

아랍어로 된, 크레모나 출신의 레날두스(Renaldus v. Cremona, Renaldus Cremonensis)에 의해서 번역된 《70개의 책》이라는 텍스트에서 그것은 간략하게 다음과 같이 나온다.

---

26 고전논리학에서 모든 명제가 참이다, 아니다 둘 중의 하나를 갖는다는 원리.

"나는 돌의 이름이 존재한다는 것을 안다. 그러나 그것을 말할 수는 없다."[Berth. (4) I, 328]

그리고 중세 말에 어떤 연금술사는 우리에게 "철학자들의 돌을 만들 수 있는 자만이 돌에 관한 철학자들의 말을 이해한다"고 확언한다.[Jung (5) 309]

이 모든 것은 연금술의 '마태 효과' — '이미 가진 자가 더 받는다'는27 — 를 낳는다. 이미 낮은 입문을 거친 자만이 더 높은 것에 참여할 수 있다. 진지한 독자라면 누구라도 프톨레마이오스의 도서관에 있는 저작을 입문의 희망을 가지고 읽는다. 그러나 그는 이미 — 역할 모델을 통해서?, 또는 어떤 스승을 통해서? — 입문된 상태일 때에만 희망을 가질 수 있다.

위에서 인용된 구절처럼 너무 멀리 나간 것처럼 보이지 않는 연금술 텍스트의 구절도 존재한다. 이 구절들도 물론 비밀에 찬 의미를 연상시키기는 하지만, 이 의미들은 그렇게 드러내 놓고 오만하게 굴지는 않는 것 같다. 우리는, 알레고리적 역사 — 화학적 사건 안에서 틀림없이 어떻게든 다시 발견될 수 있을 것 같은 — 를 뒤쫓아 갈 수 있다고 생각한다. 그러나 의미는 진동한다. 우리가 좀 더 정확하게 바라보면, 그것들은 언제나 우리 기억 속의 그림에 나오는 세부내용이 종종 그런 것처럼, 고정된 점 주위에서 왔다 갔다 하는 것처럼 보인다. 겉보기에는 냉철한 첫 번째 패턴에 속하는 언명들, 겉보기에는 단순

---

27 성서의 〈마태복음〉 25장 29절에 나오는 내용("무릇 있는 자는 받아 풍족하게 되고, 없는 자는 그 있는 것까지 빼앗기리라")을 말한다.

한 난센스 아닌 언어패턴(*No-nonsense-Muster*)의 언명들조차도 이제는 우리에게 의심스럽게 보인다.

연금술사가 끊임없이 응시한 연금술의 최종 의미는 우리로부터 멀리 미끄러져 간다. 그것은 도처에 있으면서, 어디에도 없다. 그것은 헤르메스 신과 같이 어디에나 존재한다. 이는 연금술사들이 어떤 시대에나 계속해서 강조하는 것이다. 그런데 우리가 이해 불가능의 상태, 의미가 혼란스러운 다층적 상태의 텍스트를 파악하지 못했는데도 이해 불가능한 텍스트를 해독한다는 것은 연금술사들이 보기에 공정하지 않다.

이 최종 의미들의 영역에서 우리는 지금까지 거명된 패턴들 — 첫 번째 것은 제외하고 — 로부터, 그것의 몇몇 선과 연결선 속에 존재하는 공통의 후속 패턴 — 독자적 의미를 지닌 — 하나를 알아챌 수 있다. 이 패턴은 우리에게, 말하는 것의 어려움이 단지 그리고 우선적으로 돌이나 다른 연금술 현상과 관련이 있는 것뿐만 아니라, 이미 날것의 연금술 담론과도 관련 있는 것이라는 점을 분명하게 보여 준다. 이에 대해서는 움베르토 에코가 어떤 에세이에서 인상 깊게 지적했다. 말하자면 서로 상호작용하는 의미관계의 촘촘한 그물망은 대우주-소우주, 초월성-내재성, 프네우마-힐레(*Pneuma-Hyle*)의 어느 정도 수직적 관계 속에서만 존재하는 것은 아니다. 그것은 구두언어와 시각언어의 수평적 차원에도 존재한다. 연금술사가 사용하는 하나하나의 단어와 하나하나의 그림은, 앞에서 이야기된 이유에서 다른 많은 단어나 그림의 의미를 가지고 있는 것이다. 우리는 종종, 원칙적으로 그것들이 도대체 무엇을 말하는지 알지 못한다. 우리가 아는 유일한 것은, 기록되고 있으며, 연금술 텍스트를 기록하는 자들은 누구나 기록된 것에 대해서 반응한다는 것이다. 이로써 우리는 책의 세계 속 깊은 곳에 빠지게 되며, 이 세계나 그 부분이 그것들 자신의 담론의 전개과정 중에 스스로를 나머지 세계로부터 완벽하게 차단해 버린 것이 아닌지 알 수도 없는 상태에 종종 빠지게 된다.

연금술의 서적 세계 속에 실험실은 어느 정도 포함되어 있다. 이 세계에서 실험실은 안정시키는 작용을 한다. 그리고 동시에 거듭해서 모든 연금술적 의미의 모호한 부분을 향해서 눈을 돌리게 만든다. 그런데 일어나는 것과 이야기되는 것은 모두 영적이면서 동시에 물질적이다.("*tam ethice quam physice*")[Jung (4) 20]이다.

이야기의 대상인 금은 정말 금일까? 우리 책의 다른 쪽에 그려져 있는 날개 신발을 신은 형상은 정말 헤르메스 신의 표현 형태일까? 그것은 우리의 수은일까, 아니면 그냥 보통의 수은일까? 우리는 그것을 알아서도 안 되고 알 수도 없다. 그리고 바로 그것이 비밀들의 비밀이다. 텍스트가 원칙적으로 불명확하다는 것과 이에 기인하는 불완전성 ― 완전성이 가정되고 있는 가운데에서의 ― 이 의미하는 바는, 그것이 그토록 말이 많음에도 불구하고 이야기되지 않거나 이야기될 수 없는, 그렇지만 끊임없이 암시되고 있는 표출, 즉 사건과 체험을 통해서 생명력을 얻게 된다는 것이다.

연금술 저자들이 자주 강조하듯이, 이 사건을 알고 있는 자에게 연금술 제법(製法)은 어린애 장난(*Ludus puerorum*)이다. 문제는 다만 누가 이 장난을 파악하고, 누가 그것을 실험실 속으로 번역해 들이느냐는 것이다. 위의 모든 말을 좀 더 악의적으로, 또는 좀 더 체념적으로 표현하면 이렇게 될 것이다. 즉, 비밀은 끊임없이 모든 것이 이야기되면서 **또한** 아무것도 이야기되지 않으며, 아무것도 이야기되지 않으면서 **또한** 모든 것이 이야기되는 데 있다고.

의미들은 모두 있고, 앎과 지혜들도 모두 있다. 관건은, 의미들, 앎, 그리고 지혜들의 정말 무한히 많은 가능한 연결 중에서 올바른 것들을 올바르게 엮어 내는 것이다.

실제로, 마리아가 우리를 믿게 하려는 것처럼 '신의 물'이 '그녀의 황'이고 마찬가지로 '그녀의 수은'이기도 하다면[Berth. (2) III, 124], 이러한 임의성은 오늘날의 화학자를 금방 체념으로 몰고 갈 수 있다. 그러나 연금술 대가가 보기에는 이 임의성도, 거명된 물질들이 지닌 프네우마-특성으로 인해서 최종의 깊은 이해 속에서는 조금도 임의적인 것이 아니기 때문에, 연금술사들은 헛된 희망의 모래함정 속으로 가라앉을 위험에 너무 쉽게 빠졌다.

이 거짓 임의성의 비밀에는 이 비밀을 해독하기 위해서 비밀이 또 덧붙여져야 했다. 그리고 이 비밀들은 프톨레마이오스의 도서관들 어디엔가 글로 쓰여 있어야만 했는데, 연금술사들은 모두 이를 굳게 믿었다. 그렇지 않다면, 그토록 신뢰할 만한 대스승 중 어느 누구도 질료의 구원이라는 목표에 도달하지 못했을 것이다. 사기(詐欺) — 그런데 무엇을 위해서? — 라는 것은 감추어져 있는 텍스트의 심오함 앞에서는 생각할 수도 없는 것이다.

그러므로 크리스티안 모르겐슈테른(Christian Morgenstern)의 말을 빌려서 이야기하면, 연금술적 갈망이 누구를 움직이든 상관없이, "있어서는 안 되는 것은 / 있을 수 없다"(Morg. 60)는[28] 것은 너무 분명했다. 올림피오도로스가 프톨레마이오스의 도서관을 가리킨다면, 이때 그가 의미하는 것은 바벨(Babel)의 끝없는 도서관 — 이에 대해서는 보르헤스(Jorge Luis Borges)가 그의 유명한 소설에서 이야기하고 있다 — 이거나, 인터넷이다. 모든 지혜는 거기에 있다. 다만, 그것을 발견한다면 이는 첫 번째 기적과 같고, 그것을 깨닫는다면 이는 두 번째 기적이나 다름없다. 그러나 전지(全知)의 기적이 존재한다면, 그것은 오직 수수께끼 같은 텍스트, 누구에게나 해독의 문이 열려 있는 것이 아닌 이 텍스트 속에만 존재한다. 이 주장을 뒷받침하는 냉정한 논거를 제시한다면, 만일 그렇지 않다면, 어느 누가 전지(全知)의 기적을 이미 오래전에 끌어내서 죽여 없앴을 것이기 때문이다.

연금술의 수수께끼 언어가 주장하는 것은 그것이 자연과 화학반응에 대해서 이야기한다는 것인데, 이는 맞는 말이다. 그리고 그럼으로써 그것은, 우리가 자연 자체에 의해 확인받는다고 믿는 사고에 또 하나의 특별한 문제를 제시한다. 이 문제는, 우리는 우리의 사고를 가지고 연금술적 사고를 어떻게 그리고 어느 정도나 '이성적'이라고 여길 수 있고, '이성적'이라고 '설명할' 수 있는가 — 설명함으로써 그것을 파괴하지 않으면서 — 라는 것이다.

그런데 이 문제는 다음과 같은 이유에서 우리를 당황하게 만든다. 왜냐하면 연금술의 언어는 똑같이 물질적 실제를 대상으로 삼는 사고, 이 실제에 의해서 확인받은 것처럼 보이면서도 다른 사고, 의식되는 것과 의식되지 않는 것 사이의 어둡고, 늪처럼 물렁거리고, 부글거

---

28 Morg.는 Morgenstern의 약어이다.

리는 경계 구역을 따라서 움직이는 사고, 깨어 있지만 또한 몽유하는 것 같기도 한 사고를 가리키고 있기 때문이다.

이 문제의 해결을 위한 첫 번째 열쇠는 우리가 처음에 신의 예술에 접근할 때 던졌던 물음, 즉 '연금술이란 무엇인가'라는 물음에 있다. 연금술 자신이 이 물음에 대해서 언제 우리에게 대답을 할 수 없게 될까? 다시 말하면 연금술 텍스트가 언제 암흑 속으로, 우리에게 연금술을 어느 정도라도 이해할 수 있게 해 주는 것이 더 이상 존재하지 않는 암흑 속으로 빠지게 될까? 그러면 이제, 위대한 화학사가이자 화학자인 리프만이 "내용 없고, 혼란스럽고, 허식으로 가득한 책"이라고 표현한, 올림피오도로스의 《주석》을 예로 삼아 한번 살펴보자.

우리는 그것이 단지 어느 하나의 시각에서만 혼란스럽고 허식에 차 있지, 다른 시각에서는 전혀 그렇지 않다는 것을 깨달아야 한다. 그래야만 우리는 바로 이《주석》 같은 책에서 ― 비록 완전히 '설명'될 수는 없다는 것이 분명하다고 하더라도 ― 우리가 진지하게 받아들일 수 있는 텍스트들이 어떤 것인지 분별하게 되리라는 기대를 품을 수 있다. 금방 드러나는 사실은, 이 책의 암흑 속에 본래 연금술에 대한 우리의 정의에 속하는 모든 것이 감추어져 있다는 것이다. 다시 말하면, 이 책은 당시의 화학 지식의 범위 안에서 질료를 고귀하게 만들려는 시도, 그리고 인간을 앎의 더 높은 존재상태, 즉 그노시스로 옮겨 놓으려는 시도와의 상호작용 속에서 최종적으로는 시도 자체마저 뛰어넘어 가려는 그럴듯하고 실천적인 시도에 관해서 다루고 있는 것이다.

《주석》에서는 연금술의 실천적 측면이 순전한 메타포의 장난이 되어 버리지도 않았고, 연금술의 영적 측면이 화학 제법의 순전한 장식처럼 작용하지도 않는다. 올림피오도로스의 연금술은, 우리가 다룬 다른 연금술 대가들의 연금술과 마찬가지로 혼합주의를 통해서 성립하기는 했지만 완전히 독자적인 정신적 구조물로 등장하는데, 이 구조물에서는 수공업적 지식, 태곳적-신화적 세계 표상, 그리고 동시대 구원종교의 비밀 등이 기술적 성격뿐만 아니라 예배의식적 성격을 지닌 희귀한 활동 속에 유의미하게 연결되어 있는 것이다.

27. 연금술과 비잔티움 사람들

그렇지만 그것은 그들 활동의 지리적 뿌리인 알렉산드리아를 떠나 제국의 수도로 이주한 연금술사들과 그들의 연금술에도 해당될 수 있을까?

이것은 아주 유명한 비잔티움의 연금술사 스테파노스의 예가 우리에게 분명하게 보여 주듯이 대답하기 어려운 물음이다. 스테파노스는 7세기에 살았고, 알렉산드리아에서 태어났으며 — 그러니까 그는 연금술의 나라 출신이다 —, 그의 삶의 가장 중요한 부분을 비잔티움[29]에서 보냈다. 스테파노스와 함께 우리는, 우리가 우리 자신의 정의에 따라 아직 진짜 연금술이라고 말할 수 있는 것의 가장 바깥쪽 가장자리에 도달했다. 4세기의 조시모스로부터 시네시오스와 올림피오도로스를 거쳐서 7세기의 스테파노스까지 이어진 전개과정은, 황폐화 과정이면서 동시에 분리 과정, 배제 과정으로 해석될 수 있다. 이 과정은 연금술을 구성하는 본질적 부분들 — 올림피오도로스에게서 아직 발견되는 — 을 옆으로 밀치고, 최종적으로는 완전히 쫓아내 버린다.

그러나 당연히 우리도 이 전개과정을 긍정적으로 평가할 권리를 가지고 있다. 영성적 연금술의 관점에서는, 근본적으로는 완전히 영성적 감정과정과 사고과정이 모든 물질적 찌꺼기로부터 해방된다는 이야기를 할 수도 있을 것이고, 반면에 실험실의 실천적 연금술의 관

---

29 나중에 콘스탄티노플이 된 동로마 제국의 수도.

점에서는 근본적으로 화학적 행위가 비장하고 어리석은 격정으로부터 발전적으로 정화되는 것이라고 이야기할 수 있을 것이다. 우리는 연금술의 성숙과정이 필연적으로 그 주요 구성요소들의 독립화를 가져왔다고 말할 수 있을 것이고, 자기 속에 숨어 있는 모든 가능성을 완전히 활용해 보려는 연금술의 서로 아주 다른 지향들이 해체를 가져올 수밖에 없었다고 말할 수도 있을 것이다.

그러나 우리는 또한 연금술이 결코 발전한 것이 아니라, 그것의 화학적 구성요소들이 금 조작이라는 미심쩍은 기술 때문에 사라졌으며, 아주 오래된 고전적 텍스트의 해석에 진력하는 가운데 고갈되었다고 주장할 수도 있을 것이다. 두 주장 모두 논란의 여지가 있으며, 주장들이 얼마나 미흡한지도 분명하지 않다. 우리 정의에 비추어볼 때 어느 정도는 훼손되지 않은 연금술로부터 출발한 우리로서는, 이 경우 아주 흥미롭고 아주 분명하게 관찰할 수 있는 혼합과정에 대해서 부정적 평가를 내리는 것을 선호할 것이다.

우리가 역사의 소용돌이 속에서 서서히 분리되어 가는 연금술 현탁액(Emulsion)의 주요 구성요소들을 들여다보면, 이때 이 현탁액의 실천적 성분도 영성적 성분과 똑같이 많은 주목을 받을 만한 것이었음을 알 수 있다. 그렇지만 실천적 금 조작기술이 문서로 기록된 연금술 전통의 바깥쪽 얼마만큼이나 먼 곳에 머물렀는지, 그리고 연금술적으로 치장된 실천행위가 얼마만큼이나 화학적 수공기술에서 실행되는 일반적 화학-기술 속으로 들어갔는지, 이는 항상 불분명하게 남을 것이다.

이러한 주제에 대한 연구는 또한 특별한 문제에 직면한다. 왜냐하면 금 조작자가 그들 자신이 하는 일의 성격을 잘 알고 있었다면, 그들은 자신의 행위에 대해서 공공연하게 글로 표현하려는 마음을 먹지 않았을 것이기 때문이다. 그리고 고고분석학을 이용해서 평가할 만한 연금술 작업장의 유적도 더 이상 존재하지 않는다. 그래도 주목할 만한 점은, 스테파노스가 금 조작자와 금 세공사들을 향해서 그들의 금은 철학적인 것이 아니기 때문에 진짜가 아니라고 아주 열정적으로 공격한다는 것이다.

"특출한 남자, 그가 담대함의 옹호자라면, 사물을 반대로 되돌림으로써 진리의 시야 속에다 갖다 놓는다. 그 이유는 내가 이미 말했듯이, 그렇게 함으로써 네가 벽돌로 쌓은 화로, 유리기구, 알렘비크, 여러 가지 플라스크, 케로타키스-도구 그리고 [그 외의] 승화(昇華) 도구에 대해서 너무 많이 주목하지 못하도록 하기 위해서이다. 왜냐하면 그것들에 매혹되는 자들에게는 피로라는 짐이 드리우게 되기 때문이다."[(Traktat II), Souk. (I) 22f][30]

나는, 황제의 주화(鑄貨) 검사관이 스테파노스의 '진짜' 금을 한 번이라도 진짜인지 검사할 기회가 없었으리라고 생각한다. 스테파노스는 이 금을 암빅스와 케로타키스보다는 아마 입과 떠들어 대는 펜으로 제조했을 것이다. 그럼에도 불구하고 스테파노스는 아직 연금술의 실천적 측면으로부터 멀리 떨어져 있지 않다. 그의 말, 그의 메타포, 그의 비유는 실험실로 돌아가는 길을 아직 어느 정도는 열어 놓기

---

30 Souk.는 Soukoup의 약어이다.

때문이다.

우리의 스테파노스는 언어 구사에 뛰어났고, 헤라클레이오스 황제의 황궁학교에 재직했다. 물론 헤라클레이오스가 다스리던 시기는 문예보다는 페르시아와의 전쟁이 더 깊은 자취를 남긴 시기이며, 622년부터는 승승장구하는 이슬람과 634년 이후의 동로마 제국의 부분적 와해에 의해서 깊게 각인된 시기이기도 하다. 제국은 이 위기의 시대에 내부 개혁의 시기를 통과하기도 했는데, 이때 동로마 제국에서 비잔티움 제국이 되었다 — 물론 '비잔티움'이라는 표현이 역사가에 의해서 처음으로 주어진 것이기는 하지만. 비잔티움 제국은 이후 800년 이상이나 더 존재했다.

이는 이 제국이 우리가 상상하는 것처럼 '비잔티움적'이었을 뿐만 아니라, 다시 말하면 장중한, 향불 연기로 가득한, 그리고 어둠침침한 금빛 호화로움 속에서 궁정음모, 퇴폐, 그리고 미신에 의해서 흔들렸을 뿐만 아니라, 무엇보다도 그리스-기독교적으로 각인된 독자적 문화로서 어려운 조건들 아래에서 경이로운 생명력을 증명해 보였다는 것을 시사한다.

헤라클레이오스 황제도 결코 퇴폐적 비잔티움적 군주가 아니라 비극적 상황 속에서도 유능했던 사람이다. 그는 특히 우리의 흥미를 끄는데, 이는 그가 자기 생애의 대부분을 군사적, 신학적, 정치적 싸움에 얽혀서 보내기는 했지만, 연금술의 비밀에 대한 애호 취미를 가지고 있었고 몇몇 연금술 논문을 쓴 것으로 전해지기 때문이다.

스테파노스 교수는 이러한 황제의 관심 때문에 펜을 들었던 것 같다. 그는 아리스토텔레스의 저작들, 더 나아가서 히포크라테스의 의

학저작, 그리고 프톨레마이오스의 천문학과 점성술에 관해서 신플라톤주의적-기독교적 시각이 뒤섞인 주석들을 썼고, 그 밖에 9개의 강의로 이루어진 연금술 논문도 남겼다. 그중에서 마지막 강의는 황제에게 바치는 것으로 되어 있는데, 이것은 직접적 호칭 방식으로 미루어 볼 때 황제 자신의 것이기도 했다.[31]

특기할 만한 점은, 스테파노스가 우리 세기에는 역사가들에 의해서 아주 상이한 평가를 받는다는 것이다. 리프만은, "학문은 모든 것을 할 줄 안다. 그것은 보이지 않는 것을 보고, 불가능한 것을 완수한다."(Lipp. I, 104)는 스테파노스 자신의 모토를 배경으로 놓고, 그를 극도로 비판적으로 평가했다. 리프만은 스테파노스의 노력을 통해서 나온 결과는 불가능이라는 말을 타고 달리는 것처럼 보이는 것은 아니지만, 오히려 어느 누구에게도 실험실로 돌아가는 데 도움을 주지 못할 것 같은 아주 현학적인 뒤죽박죽 같은 것으로 보았던 것이다.

그러나 1992년에 베르너 조우쿱(Werner Soukup)은 주해를 붙여서 번역한 처음 3개의 소논문과 토도로스(Thodoros)에게 보낸 1개의 편지, 그리고 나머지 소논문들의 요약본에서 "그러나 정확하게 문제 되는 것은 그게 아니다"라고 반박한다. 그에 의하면, 오히려 핵심적인 것은, 스테파노스에게 있어서 연금술이 아주 광범위한 의미에서 자연(*Physis*)의 상징(*Symbolon*) — 그 정당성이 질료의 변화 가능성

---

[31] 독일어에서 직접적 호칭 방식이란 단수일 때 '너'(Du)라고 부르는 것을 말한다. 그런데 모든 사람이 공식적으로 황제를 대할 때는 폐하라고 불러야 하는데, 이 강의에서는 너라고 칭했기 때문에 황제 자신이 황제를 대상으로 강의한 것이기도 한 것이다.

과 변환에서 나타나는 — 이 되었다는 것이다. 이 상징은 오직 물활론과 우주적 조화를 강조하는 신플라톤주의와 신피타고라스주의의 정신 속에서만 파악될 수 있다. 참고로, "가장 현명한 남성들이여, 합리적 설명으로 넘어가라. [예술]의 감추어진 물음은 비밀이고, 신비적 말하기와 응시하기이다."[(Traktat II) Souk. (1) 21]⁽¹⁰³⁾

연금술이라는 상징은 이 신비적 말하기를 통해서, 인간과 우주가 암흑과 밝음 사이, 비존재 — 마지막에는 풍성한 결실을 내는 — 와 존재 사이의 경계적 존재라는 것을 암시한다. 또한 그것은, 인간이 '완성되지 않은' 자연을 더 높은 존재 상태로 고양시키려고 씨름하는 동안에 일어날 수도 있는, 말하자면 인간의 능동적 명상을 통한 자기 구원을 나타내는 것이기도 하다.

연금술의 신비주의 영역에서는 불가능한 것이 실제로 가능해지는 것처럼 보인다. 왜냐하면 신비주의자가 보기에 대작업(*Opus magnum*)은 상징들의 후속물 — 이성적으로 완전히 해석해 낼 수 없는 — 이기 때문이다. 그런데 이 후속물은 물질적-화학적인 것을 넘어 인간의 정신적-도덕적-종교적 완성능력 및 완성과 관련 있는 것이다. 그리고 그러한 상징들은 불가능한 것과 가능한 것 모두와 관련을 맺고 있다. 그러나 모든 상징들의 상징은 돌 자체인데, 스테파노스는 이 돌에 대해서, 우리가 알고 있는 바와 똑같이, 화려하게 그리고 의식적으로 모순되게 다음과 같이 기술한다.

돌은 비밀스러우면서도 아주 잘 알려져 있다. 그것은 비천하면서도 비교될 수 없을 정도로 귀하며, 황도 12궁의 12개 기호의 영향을 받아 7개 행성의 성질과 색으로부터 생겨난다. 그것은, 남성적인 것과 여성적인 것을 결합하고, 그럼으로써 능동적인 것을 수동적인 것과, 뜨거운 것을 차가운 것과, 붉은 것을 흰 것과, 헤르메스를 아프로디테와 하나 되게 함으로써, 물질변환이라는 위대한 작업을 완수한다. "자연은 자연을 기뻐한다 …"는 잘 알려진 표어는 잉태를 가져오는데, 이때 잉태된 것은 그 후 40일 안에 금으로 성장한다.

스테파노스는 돌(Lapis)을 '에테스의 돌'(etesischer Stein) — 모든 것을 모든 것과 연결하고, 모든 것, 모든 색을 자기 속에 가지고 있으며, 그렇기 때문에 생명을 주는 영, 즉 생명을 주는 프네우마로서 모든 살아 있는 것 속에 존재하는 — 이라고 부를 때는, 올림피오도로스를 끌어온다. 그리고 광물성인 것까지 포함해서 모든 것은 프네우마적이기 때문에, 즉 살아 있기 때문에, 그 돌은 어디에나 있다. 편재(偏在)하는 것이다. 그러나 우리는 그것을 항상 가질 수 있게 되지 않는다. 우리는 오직, 그것이 자신을 잠재적 생명으로부터 현실적 생명으로 깨워내는 것을 허락할 준비가 되어 있을 때에만 그것을 갖게 된다.

그런데 우리가, '에테스의 돌'이라는 돌이 실제로 일종의 검은 현무암으로서 존재했다는 플리니우스의 말을 받아들이고, 또한 '검정'이란 형용사에 담겨 있는 모든 색의 색을 생각하면, 우리는 에테스의 돌을 잠재적인 철학자의 돌로서, 그러니까 그것을 우리 앞에 제일질료로서, 그것도 완전한 생명으로 깨워내기만 하면 되는 살아 있는 제일질료로서 가지고 있는 셈이 된다. 그리고 우리가 오시리스와 그의 부활에 대해서 생각한다면, 우리는 성장의 신들의 세계 깊숙이 있는 것이고, 그럼으로써 범신론의 신앙세계 속에 있게 된다 — 물론 우리의 스테파노스는 아마 깜짝 놀라며 이를 부인했겠지만.

그리고 거듭해서 '프네우마의 자연과 소마의 자연이 결합해야 한다'는 동일한 결론이 반복된다. 그다음에 오시리스가 새로운 생명으로 깨어난다. 그렇게 되면 '자연을 기뻐하는 자연'에 관한 오스타네스의 문장이 정말 모든 사고의 기초가 된다. 이와 관련해서 스테파노스는 이렇게 말한다.

"왜냐하면 자연적인 것은 필연적인 것이고, 모든 것을 지배하는 자연은, — 분명하게 말하면 — 자연이 자연을 기뻐하고, 자연이 자연을 지배하고, 자연이 자연을 이기는 그런 종류의 것이기 때문이다. 왜냐하면 그것은, 자기가 자기 자신과 혈연관계이기 때문에 기뻐하고, 자연 위에 위치한 그것은 과정[32]의 육체적인 것이 비교로 들어가는 입문을 완수하자마자 마침내 자연을 이기기 때문이다. 왜냐하면 파괴될 수 없는 육체가 사망으로부터 구원받고, 영적인 것이 되는 완성을 [위해서] 변환되면, 그것[자연]은 놀랍게도 영과 같이 자연 바로 위에 위치한 것처럼 행동하기 때문이다. 그렇게 되면 그것은 자신에 의해서 움직인 육체를 지배하고, 그렇게 되면 그것은 자신이 위치한 장소를 기뻐하고, 그렇게 되면 그것은 육체 없이 온 전체에 출몰하는 저것, 이 온 전체에 의해서 유발되었고 자연에서 정말 훌륭하게 등장하는 저것을 이긴다."[Traktat (I) Souk. 8]

그런데 스테파노스는 흥미롭게도 신화적 연금술과 비교(秘敎)적 연금술을 구분한다. 첫 번째 것은 태고의 예술로서, 자신의 실천적 지

---

32 연금술 과정을 가리킬 것이다.

식을 비밀로 유지하기 위해 이 지식을 말(신화)과 수많은 동의어 속에 숨겨 놓는다. 두 번째 것은 신의 천지창조 드라마와 성육화 드라마를 재현하는 것이다.

마리아 파파타나시우(Maria Papathanassiou)는 스테파노스의 연금술에 관한 그녀의 연구에서 다음과 같이 덧붙인다.

"신화적 화학은 많은 말에 의해서 혼란스러워지고, 비교적 화학은 세계를 자신의 방법 — 이것은 비유[즉, 상징]의 방법인데 — 에 따라서 다룬다. 이것의 결과는 다음과 같다. 즉, 화학의 두 양상은 비밀이면서 동시에 드러나 있는 것으로 여겨진다. 이는 선택받은 자들이 철학자의 예술을 알 수 있도록 해 주기 위해서이다 — 신화적 화학은 말 속에, 비교적 화학은 비유 속에 진리를 숨긴다."(Papath. 69)[33]

비교적 연금술에서는 우로보로스가 낳는, 4원소를 포함한 원시-알이 결정적 역할을 한다. 여기에서 그것의 많은 양상 가운데 제일질료를 나타내는 용(龍)은, 혼이 있고 영이 부여된 구리 내지 구리 인간과 동일시된다. 그런데 이 구리 인간은 고통, 죽음 그리고 부활을 통해서 은 인간으로 변하고, 그 후 금 인간으로 변화하며, 그럼으로써 완전함과 구원을 얻는다. 스테파노스는 구리 인간의 모티프를 조시모스의 꿈으로부터 빌려왔다.

그러나 연금술사들의 목표, 다시 말하면 **본래의 돌**은 물질적인 기적의 존재도 아니고, 금의 산호나 금 인간도 아니다. 목표는 우주적 조화에 대한 명상이다.

---

[33] Papath.는 Papathanassiou의 약어이다.

"그러면 어째서 우리는 금의 산호 같은 것에 경탄해야 하는가? 우리는 오히려 [그것을 통해서] 무한한 아름다움에 대해서 경탄해야 할 것이다… 오 지혜의 신의 말로 표현할 수 없는 신비여, 오 주를 사랑한 자들에 대한 넘치는 선물이여, 오 이 신비가 지닌 지혜와 지식의 가득함의 깊이여! [연금술 작업이 지금 만들어 내는] 사물들이 지금 벌써 비상한 고귀함을 나타낸다면, 어떤 영도 깨닫지 못하는 영원한 사물은 도대체 어떤 종류의 것이겠는가? 자연의 작품조차도 매개가 불가능한 것이라면, 어느 누구도 볼 수 없는 너의 흠 없는 재산과 변하지 않는 아름다움은 어떤 종류의 것이겠는가?"(Traktat I, II Souk. 9, 24)

그럼에도 불구하고 실험실의 냄새가 스테파노스의 화려한 말들로부터 완전히 사라진 것은 아니다. 그 또한 실제적 변화과정을 알고 있는데, 그 단계들에 대해서 그는, 죽음과 동일한 의미를 지닌 분해를 나타내는 '연마', '분쇄', 그다음의 '검게 하기', '희게 하기', '노랗게 하기' 등으로 표현한다. 여기에 이어서 황의 물로 '세척하기', 황으로 '볶기'가 이어지는데, 이것은 '물의 솟아오름'과 '구름'의 형성을 가져온다. 다른 연금술사들의 경우와 마찬가지로 '구름'은 프네우마의 암호명이며, 동시에 증류 과정에서는 증기 상태의 암호명으로 사용된다. 스테파노스는 또한 조시모스를 힘주어 가리키면서, 그가 검게 하기와 희게 하기 사이에 '절이기'와 '세척'을, 희게 하기와 노랗게 하기 사이에 '녹여 부을 수 있게 만들기'를, 그리고 노랗게 하기와 볶기 ― 여기서는 이오시스라고 생각된 ― 사이에 혼합물을 '절반으로 나누기'를 도입했으며, 볶기의 마지막 과정에서는 분리된 부분들의 재통일이 이루어진다고 말한다.

신화적 작업의 주된 상징으로 그 중심에 놓인 것은 행성 비너스[금성]와 연결된 구리다. 여기서 이 상징은 입문 과정 시작 전의 구원을 갈구하는 일상적 인간을 나타내는데, 스테파노스는 이 사람을 여성이 아니라 남성으로 생각했다. 여기서 핵심 관심사는 정화이고, 아름다움을 다시 밖으로 드러나게 하는 것이고, 또한 무엇보다도 아름다움을 황폐화로부터 해방하고 그럼으로써 진정으로 아름답게 만드는 것이다. 이를 위해서 구리는 네 번 불태워져야 하고, 장미기름 — 아마 진사일 것이다 — 에 의해서 변화되어야 하고, 꺼내 버려져야 한다. 연금술사 헤르메스와 마찬가지로, 스테파노스도 반응물로 사용되는 모든 물질들을 그 전에 재, 즉 아소마타(Asomata)로 변화시킬 것을 요구한다. 그는 그 이유를 스토아 학설을 연상시키는 이론을 가지고 설명하는데, 이에 따르면 4원소 중에서 가장 높이 있고 가장 프네우마적 원소인 불이 그의 프네우마 — 그러나 느슨하게 결합된 것처럼 보이는 — 를 소마타에게 전해 준다는 것이다.[34] 재는 이제 증류물과 마찬가지로 탈육체화되었고 프네우마로 포화되었으며 그럼으로써 구리를 채색할 수 있는 힘을 얻는다.

이때 스테파노스는, 채색 수단과 염료를 구분해야 한다고 언급한다.(104) 많은 이름과 색을 지니고 있는 돌을 만들기 위해서는, 구리를 볶은 다음 황의 물로 소멸시켜야 하는데, 이를 통해 그것은 와인처

---

[34] 불로 태울 때 불 속의 프네우마가 소마타로 전해지고, 이에 따라 재가 프네우마로 가득 차게 됨을 의미한다. 이때 저자는 의도적으로 연소라는 말을 사용하지 않았다.

럼 끈적거리게 된다. 이 일이 '메키르'(Mechir) 달35에 수행되면, 구리는 약한 불 속에서 41일 만에 하나의 물질을 만들어 낸다. 이 물질은, 사람들이 찾아다닌 순결한 황의 물의 비밀, 즉 돌인데, 이 돌이 본래의 그것으로 될 때까지는 여러 개의 후속 단계가 필요하다.(105)

서로 아주 다른 원천으로부터 나온 아이디어들을 어떤 일관성도 없이 뒤섞는 스테파노스의 성향을 고려하면, 그가 자신의 제법(製法)과는 전혀 걸맞지 않은, 돌의 실현을 위한 '설명'을 내놓는 것도 놀라운 일이 아니다. 그는, 라피스(Lapis, 돌)의 제조 과정 중에 남성적인 것과 여성적인 것의 결합행위로서의 싸움이 완결된다고 주장한다. 즉 붉은 남성적 구리는 여성적 수은과의 싸움에서 파괴되고, 여성적 수은은 싸우면서 응고된다는 것이다.

이렇게 심한 모순, 이 유혹적 어스름, 실천적·자연철학적 통찰에게 실천으로 나아갈 수 있는 길을 결코 가르쳐 주지 않는 도깨비불처럼 등장하는 이 모순과 어스름 앞에서는, 이런 물음이 솟아오를 수밖에 없다.

"왜 국내외적으로 많은 걱정거리를 가지고 있던 황제가 그런 이야기에 귀를 기울였을까?"

답은 이미 우리 물음이 도발한 것 속에 숨어 있을지 모른다. 연금술의 지혜가 계시되는 그곳은 특별한 종류의 어스름일까? 그렇다면 연금술사들의 이야기는, 영묘(靈廟, Kaaba)36를 넘고 또 넘어 일곱 번이

---

35 고대 이집트력의 달. 12월 또는 1월에 해당한다.
36 메카에 있는 이슬람교의 네모진 묘.

나 넘고, 그럼으로써 비로소 성소를 비밀로 만드는 신앙 깊은 이슬람교도처럼, 비밀의 장소 주위를 돌고 도는 어두움 속의 모색, 이것저것 이야기하는 것, 이것저것 음창(吟唱)하는 것일 것이다. 그런데 이 이슬람교도에게 영묘는 현현(Epiphanie), 즉 도처에서 감지되는 신이 나타나는 장소이다.

이 이것저것 이야기하는 것이 지닌 의미는 7세기 또는 그 뒤의 두 세기 중 한 세기에 살았던 두 사람의 비잔티움 저자의 저작에도 적용될 수 있을 것이다.(106) 그런데 여기서 그들의 저작을 소개하는 이유는 단지 비잔티움적-연금술 저술방식의 특정 형태를 나타내는 두 개의 사례를 보여 주기 위해서이다. 우리의 두 저자는 테오프라스트(Theophrast)와 히에로테오스(Hierotheos)인데, 이들을 예로 선택한 이유는 그들이 억양격(抑揚格, Jambus)으로 저술했다는 것, 즉 그들이 현학적 시작(詩作)의 형식을 대표하기 때문이다. 그런데 이 시작 형식은 문제가 있는데, 그것은 자신의 생각을 시작을 통해서 나타내려는 사람은, 이 생각을 자신이 다루는 대상뿐만 아니라 특정한 미학적 규정에도 종속시켜야 하기 때문에 이로 인해 흔히 명료성에 부담을 주는 결과가 발생한다는 것이다. 분명히 이것은, 왜 근대 자연과학에서 교육용 시가 없었는가 — 이것과 비슷한 형태의 것이 어쩌면 교육적으로 아주 유용할지 모르는데도 — 에 대한 하나의 설명이 될 것이다. 다른 한편으로 시작이야말로 다층적 주제에 특히 적합할 수 있는데, 시적 이야기, 비유, 메타포 등은 다의성, 즉 동시적인 것 속의 다층성을 표현하는 데 가장 알맞을 수 있는 것이다.

테오프라스트 시의 중심에는 우로보로스가 있다. 이 용은 그 스스로 돌이 아닌 돌, 또는 시인에게 그것과 동일한 것을 의미했던 돌로부터 태어난다. 용은 불과 물로부터, 즉 아주 정반대되는 것들로부터 태어난다. 그것은 나중에 속에 검은색을 지니고 있다는 것이 드러나기는 하지만 흰색이고, 금 고리와 금 반점이 있는 금 육체를 지니고 있다. 태초의 용으로서 그것은 심리학자들이 마사 콘푸사(Massa confusa)라고 부르는 것을 나타낸다. 그것은 형태를 갖지 않은, 위험한 혼돈을 나타내는데, 이 혼돈은 그것이 혼돈이기 때문에, 그리고 모든 것, 어떠한 형상, 어떠한 질서를 향해서도 열려 있기 때문에, 모든 발달 가능성을 지닌다. 그리고 그런 까닭에 혼돈은 어느 정도는 그 자체가 이미 완성이다.

이는 한편으로는 용이 돌, 다시 말하면 완성으로부터 태어났다는 것에서 드러나고, 다른 한편으로는 그것이 그 자신의 육체에 그의 변환목표의 표시들, 즉 흰색과 금을 지니고 있다는 것에서 드러난다. 그러나 그것은 혼돈 — 그것이 물질적 혼돈이든, 영적 혼돈이든, 도덕적-종교적 혼돈이든 — 과 마찬가지로 두려운 것이다. 그것은 나일강에서 헤엄쳐 다니고 — 이는 분명히 화학적 용해과정을 암시하며, 게다가 용이 두엄 속에 놓여 있다고도 이야기되는데, 이는 적당한 온도에서 발효하는 두엄의 분해과정이 일어나야 한다는 것 이외의 것을 의미하는 것이 아니다 — 또한 그것은 불을 내뿜으며, 이로써 주위에 놓인 땅을 몽땅 황폐화하고 불태운다. 그리고 마지막에는 분노에 차서 자기 자신을 삼키려고 시도하는데, 이는 꼬리 먹는 자[37]에게는 아주

---

[37] 그리스어의 우로보로스는 '꼬리 먹는 자'라는 뜻을 가지고 있다.

잘 어울리는 것이기도 하다.

그러나 이제 연금술사는, 불의 단검으로 용을 죽이고, 그의 육체로부터 검은 쓸개(He melaina chole, 즉 멜랑콜리, he melancholia)를 뜯어내도록 요구당한다. 담낭으로부터는 증기가 솟아오르고, 이 증기는 용의 몸 — 또는 그것의 부분 — 을 높은 곳으로 들어 올리는데, 이곳으로부터 그것은 차가운 공기 속에서 다시 무거워져서 형체를 갖게 되고, 신의 즙 — Theion nama — 이 되어 땅으로 다시 떨어진다. 이 즙은 흰색의 넥타(Nektar)로 변할 때까지 정화되며, 넥타는 죽은 용에게 흘려 넣어진다. 이에 의해서 우로보로스는 새로운 생명으로 깨어나고, 이때 순수한 '두 번째의' 흰색 빛을 발한다. 그럼에도 그는 아직 진정한 생명으로 구원받은 것은 아니다. 연금술사는 그것을 또 한 번 그의 불 단검으로 죽이고, 피를 쏟아 내도록 해야 한다. 용의 피부가 죽임을 당한 것의 붉은 피로 씻겨지면, 그것은 태양과 같이 황금빛으로 빛나게 된다.

이것은, 비록 왕자와 왕과 여왕이 등장하지는 않지만 정말 극적인 동화가 아닐까? 그런데 연금술 문헌 중에는 그런 동화도 있는 것이다. 비잔티움의 다른 연금술사-시인인 히에로테오스(Hierotheos)도 그러한 동화를 우리에게 선사한다. 그는 보라색과 금색 옷을 입고 붉은 육체를 가진, 그리고 물론 달처럼 흰 페르시아 여왕과 결합하는 어떤 로마 황제에 대해서 이야기한다. 두 사람의 아이는 검은 피부를 가지고 있지만 이 피부는 다채롭게 빛나는 은은한 색으로 가득 채워져 있다. 그것은 우리의 타르염료 산업의 타르와 같이, 이미 모든 생각할 수 있는 색들을 지니고 있는 것이다. 이 아이가 본래 무엇인지는 그의 옷, 화려한 겉옷, 이것들을 묶는 금띠, 그리고 발에 신은 은으로 된 신발에서 알아차릴 수 있다. 그런데 불과 물과 친족관계인 어떤 이집트인이 이 아이와 결합하여 하나의 형체를 만들고, 3번 함께 상승하고 하강한 후, 말하자면 3번의 증류 후에 완전함에 도달한다.

두 시인이 그들 자신의 텍스트에 숨겨져 있는 화학적 작업지침에 관해서 무엇을 이해했을까? 우리는 모른다. 그러나 그들이 이해한 것은 많지 않을 것이다. 그렇기는 하지만 서양 연금술, 즉 헬레니즘-비잔티움 연금술의 가장 위대한 시기의 마지막에 나온 이 창작물에서는, 초기 연금술의 아주 중요한 독자적 실험기술적 업적이 감추어진 형태로 다시 한번 언급되는데, 이 업적은 질료가 3개의 응집상태로 변환하는 것에 대한 매료의 결과로 발전한 증류 예술이다. 그리고 이렇게 해서 실험실로부터 아주 멀리 떨어진 것처럼 보이는 왕들과 용들과 신의 자식들의 동화가 고전 연금술에 관한 이 장을 기품 있게 마무리할 수 있게 해 준다.

2장

낯선
세계에서

토마스 베이크, 〈연금술사〉, 17세기 중반, 예르미타시미술관

1. 승리와 파탄: 이슬람과 정복전쟁

'태초에 말씀이 있었다'.(〈요한복음〉 1장 1절) 이것은 또한 코란의 모토도 될 수 있을지 모른다. 예언자 무함마드는 말하자면 내면에서 '약속'을 들었는데, 전통에 따르면 이 약속은 천사장 가브리엘의 입을 통해서 전달되었다고 한다. 따라서 '신의 남자'인 천사장의 음성은 새로운 세계종교를 탄생시키는 작용을 한 것이다.

   그리고 아주 부차적으로 새로운 연금술을 탄생시키는 작용도 했다. 다시 말하면, 이슬람은 깊은 강바닥을 만들어 낸 셈인데, 그곳으로는 다른 많은 것과 함께 느리게 움직이는 이집트-비잔티움 연금술의 흐름도 흘러들어 갈 수 있었던 것이다. 강바닥은 저절로 생겨나지 않았다. 그것은 곧 흘러들어 올 종교적 갈망과 몇몇 사막 부족의 열정뿐만 아니라, 아랍인이 굴복시킨 민족들의 문화적 흐름을 흡수하기 위해서도 힘차게 파내어졌다. 그 첫 삽은 무함마드 자신이 떴는데, 이는 그가 622년에 공부를 위해서 작은 추종자 무리와 함께 메카에서 메디나로 옮겨 갔을 때 이루어졌다. 왜냐하면 헤지라, 즉 메카로부터 거의 도망치듯이 떠난 후 수십 년 안에 무함마드와 그 직속 후계자들, 즉 최초의 칼리프들은 인도의 국경부터 스페인에 이르는 광대한 지역을 정복했고, 알렉산드로스 제국보다 더 큰 면적을 지닌 대제국을 건설했기 때문이다. 이 제국의 주도적 민족은 아랍인이었는데, 이들은 원래 소수의 부족 연합 구성원이었을 뿐이다. 이들은 아라비아 반도의 사막 지역과 사막 끝부분의 비교적 중요하지 않은 몇몇 무역도시에서 살았으며, 마치 역사적인 잠으로부터 깨어난 것처럼 그들 예언자의 녹색 깃발 아래 뭉쳐서 아라비아의 비옥한 가장자리 구역으로 침투하여 군대들을 차례차례 패배시키고, 도시들을 하나하나 정복하고, 민족들을 차례차례 굴복시켰다.

아랍인들이 그들의 말과 낙타를 타고 긁어모은, 그리고 그들의 카디(Kadi, Qadi)[1]와 칼리프의 접견실을 통해서 통치하고 유지한 대제국은 몇몇 주목할 만한 특이점이 있었고, 기본적으로는 형성되기가 대단히 어려운 것이었다. 가령 중앙아라비아의 경제 상황같이 어떤 급속한 발달을 추동하는 것에 의해서 그러한 대제국의 형성이 설명될 수 있는 것도 아닐 뿐더러, 동로마 제국의 위기 상태 — 그 영토의 상실로 인해서 새로운 제국의 형성이 비로소 가능해진 — 를 새 제국의 발생 원인으로 돌릴 수도 없는 것이다.

이미 우리에게 알려진 헤라클레이오스는 아랍의 팽창이 시작되기 조금 전에 동로마의 주적인 페르시아의 사산 제국을 크게 패퇴시켰고, 아주 오래전부터 항상 약간 불안하긴 했지만 하나로 뭉치는 적이 없던 아랍 부족들이 그에게 특별한 위험으로 다가올 수 있으리라는 예상은 거의 하지 않았을 것이다.

---

[1] 이슬람 세계에서 법관 역할을 하는 자를 가리킨다.

그러나 이제, 찬란하게 빛나는 동로마 제국이 거의 하룻밤 새에 아랍 기병부대의 공격으로 무너질 것처럼 보였다. 콘스탄티노폴리스는 그의 가장 중요한 지방인 메소포타미아, 시리아, 그리고 이집트와 함께 북아프리카 전체를 빼앗겼다.

일단 탄생하기는 했지만, 아랍의 대제국은 역사적 확률을 모두 동원해도 오래 존재할 수는 없었을 것 같았다. 그런데 여기서는 고전적인 상황, 즉 정복민족이 아주 짧은 시간 안에 문화적으로는 그들보다 우위인 굴복당한 민족의 바다 속에서 자신의 정체를 잃어버리는 상황 또는 자기보존을 위해서 일종의 카스트체제 속에 자신을 가두어 버리는 상황이 존재하지 않았던 걸까?

아랍인들은 디아도코이의 제국을 건설한 그리스인들과 같은 처지가 아니었다. 왜냐하면 그들의 문화는 굴복당한 자들의 문화와 수준이 같았기 때문이다. 간단히 말하면, 칼리프들의 제국은 **아랍적** 색채가 짙은 제국으로서는 본래 역사의 무대로부터 곧 사라질 수밖에 없었으리라는 것이다.

그러나 그와 같은 일은 전혀 일어나지 않았다. 문화의 고양이가 문화의 쥐를 잡아먹은 것이 아니라, 쥐가 고양이를 먹어치운 것이다. 우리는 오늘날 혈관 속에 아랍인의 피를 전혀 가지고 있지 않거나 아주 조금밖에 가지고 있지 않은 수많은 사람들을 아랍인에 속하는 것으로 본다. 이 아랍(Arabertum)의 자기주장은 주로 두 가지 힘, 즉 종교와 언어의 공동작용에 기초하고 있다. 아랍인들은 일반적 의미에서의 정복자가 아니었다. 다시 말하면, 그들의 행동은 권력욕과 두려움으로부터만 나온 것이 아니다. 그들은 초월적 목표, 말하자면 신의 명예라는 목표도 가지고 있었고, 이것은 그 신자들의 전투적 헌신에 의해서 도달될 수 있는 것으로 여겨졌다. 그러나 '신의 전사'는 아랍인이었고, 자신의 행동을 통해서 성스러워진 이 남자들은 가장 우월한 문화 앞에서도 주눅 들지 않았다. 그들은 어떤 것도 그리고 어느 누구도 그들의 정체를 소멸시킬 수 없다는 것을 알고 있었다. 더욱이, 공통의 종교는 정치적 분자화가 이미 시작된 다음에도 문화적 분자화를 막아 주었다.

그런데 이 공통의 종교가 지닌 통합 요소들은 무엇일까? 그것은 예언자 무함마드라는 사람이고, 무함마드가 그의 신자들에게 남겨 준 책이다. 코란은 일종의 신의 상징물이다. 다시 말하면 역사 속에서 비로소 생겨난 저작이 아니다. 그러므로 무함마드가 그의 환상 속에서 코란의 말들을 들었을 때, 자기 모국어가 아랍어였기 때문에 아랍어로 들은 것이 아니다. 이슬람 신학자들의 주장에 따르면 코란이 태초부터 아랍어로 생각되고 공표되도록 정해져 있었기 때문에, 그가 아랍어로 들었다는 것이다.

이러한 이유에서 이슬람에 굴복당한 전 지역에서, 적어도 종교 영역에서는 아랍어가 사용되었다. 또한 스페인에서 페르시아와의 경계에 이르기까지는 아랍어가 수백 년 이상에 걸쳐 일상 언어의 자리까지 차지했다. 그런데 이 모든 것은, 아랍인들이 옛 문화의 정신적 자산을 어떠한 주저함도 없이, 말하자면 이 문화의 독을 두려워할 필요 없이, 그리고 이 문화와의 접촉에서 그들의 내적 본질의 핵심이 녹아 사라지는 것을 두려워할 필요 없이 받아들일 수 있었다는 것을 의미했다. 이는 또한, 아랍인들이 세속의 영역에서는 그들이 배울 수 있었던 것은 무엇이든지 어떤 열등감도 가지지 않고 배워도 되었다는 것을 의미한다.

  이 전개과정은 또한, 페르시아의 학자, 시리아의 학자, 이집트와 스페인의 학자가 이슬람의 성스러운 언어와 이 언어가 가지고 온 생활양식 안에서 서로 소통할 수 있었다는 것에 의해서 더 촉진되었다. 그러나 이슬람이 여러 다른 문화권역들을 굴복시켰기 때문에, 이 학자들 또한 동시에 여러 다른 영향 아래 놓여 있었다.

2. 문화의 전달

낯선 문화자산을 넘겨받는 데 있어서는 이슬람의 또 다른 속성도 특별한 역할을 했다. 이것은 적어도 다른 경전 종교의 추종자에 대한 관용(寬容)이었다. 다른 신앙을 가진 자에 대한 관용은 어떤 종교에서는 아주 자연스러운 위치를 차지하는데, 이런 종교에서 오만은 그것이 만들어 내는 허풍 및 허영과 함께 최대의 죄악으로 여겨진다. 그런데 이는 종교 영역에서만 그런 것이 아니다. 경건한 무슬림에게는 구약성서의 신에게 순종하는 예언자들도 예수가 그에게 마지막 예언자 바로 앞의 예언자인 것과 똑같이 예언자이다. 그러나 유대인이나 기독교인은 신의 모든 예언자의 마지막이자 가장 큰 예언자를 인정하지 않기 때문에, 이슬람 추종자들은 그들을 어떤 면에서는 올바른 길로 가고 있지만 불완전한, 또는 조금 더 좋게 보면 완성되지 않은 종교를 가진 사람들로 여겼다.

무슬림들은 복잡한 신앙 원리 없이 거의 순수하게 율법만 있는 종교의 추종자로서, 다양한 기독교 분파들의 도그마적 깊이와 도그마적 복잡함을 매우 어둡고 혼란스럽게 느꼈다. 그러나 그들은, 종교적 열심의 몇몇 시기를 제외하면, 일반적으로 어떤 유대인이나 기독교인에게도 이슬람교로 개종하라고 강요하지 않았다. 다만 유대인과 기독교인에게는, 필요하면 신앙을 위해서 무기를 들어야만 했던 이슬람 신자들보다 더 심하게 세금을 매겼을 뿐이다. 그리고 이 괜찮은 수입원 때문에 선교 열의가 강화되지 않은 것도 분명하다.

그런데 동로마 제국의 동남쪽 지방에 수백만의 추종자를 가진 두 개의 기독교 공동체가 있었는데, 그것은 네스토리우스파와 단성론자(Monophysite)들이었다. 지금도 아랍 세계에서 개별적 교회의 상태로 존재하는 네스토리우스파는 그리스도의 두 본성, 즉 신적 본성과 인간적 본성이 예수 속에 분리되어 존재하며, 그렇기 때문에 마리아가 신의 어머니가 아니라 인간 예수의 어머니라고 믿는다. 단성론의 추종자로는 오늘날 북이집트의 콥트교도들, 에티오피아인들, 아르메니아인들이 있는데, 이들은 네스토리우스파와 반대로 그리스도 속에는 인간이 아니라 본질적으로 신만이 현현되고 있다고 믿는다. 이 두 흐름의 추종자들은 서로 싸우는 관계였을 뿐만 아니라, 모두 삼위일체 개념과 그리스도의 분리되지 않은 본성 — 인간이면서 그와 같은 정도로 신(神)인 — 이란 개념을 관철시키려고 시도한 콘스탄티노폴리스의 교부에 의해서 억압당한다고 느끼고 있었다.

이는 분명히 아랍의 침략을 받은 이집트와 시리아 국민이 놀랍도록 미미한 저항밖에 하지 않게 된 것에, 그리고 동로마 권력의 갑작스러운 붕괴에 일조했을 것이다.

동방정교회 총대주교(Patriarch)는 황제의 영적 목소리인 셈이었는데, 그의 말은 저 먼 콘스탄티노폴리스로부터 그리스어나 라틴어로 올려오는 세속의 목소리와 마찬가지로 환영받지 못했다. 근동의 민족들은 그들의 사제 계층과 학자 계층까지 모두, 헬레니즘화에도 불구하고 전통적 민족 언어를 상당한 정도로 간직했거나 민족 언어로 되돌아갔다. 이 언어는 '아람어'이다. 예수는 아람어 방언으로 이야기했고, 2세기에는 성서 전체가 동아람어 또는 시리아어라고 할 수 있는 언어로 번역되었다. 5세기부터는 학문적 텍스트도 시리아어로 옮겨졌다.

다양한 기독교 집단과 유대교 공동체 외에 이방 종교의 추종자 집단도 있었다. 이들 이방 종교 구성원들은 국가 그리스도교의 지배 영역에서 특히 힘든 삶을 살았다. 이들 집단 중에서 여기서 특히 주목할 만한 것은 북메소포타미아의 로마-사산 제국 경계 구역의 하란(Harran)이라는 도시에 살던 시리아 사비교도(Sabians)[1]이다.[2]

하란은 분명히 지적 분위기로 볼 때 고대 후기의 아주 흥미로운 도시 중 하나였기 때문에, 이곳에 잠시 머물러 보는 것도 좋다. 그러나 고고학자들조차도 아브라함이 중앙 신전을 지었다고 하는 하란이 어떤 모습이었는지는 정확하게 알지 못한다. 도시는 달을 경배하기 위해 낫 모양으로 설계되었다고 한다. 우리가 그나마 아는 것은 그 도시가 고대 히브리인의 예루살렘과 한 가지 면에서 유사했다는 것이다. 즉, 그곳은 문화의 중심 — 오리엔트 민족과 국가들 가운데에서 주변 위치와 중심 위치를 동시에 차지하고 있던 — 이었던 것이다. 유대인과 마찬가지로 사비교도도 그들의 독특한 실존 조건에 의해서 깊은 영향을 받았다. 그런 가운데 그들은 고대 메소포타미아 문화가 사라진 후 수 세기 동안 그들의 시리아 언어뿐만 아니라 물려받은 바빌로니아 별 신앙도 보존했다. 물론 이 신앙은 시간이 흐름에 따라, 헬레니즘 전승들과 그것들이 전형적 혼합주의적 방식으로 융합된 표현 형태들 — 그것이 스토아적이든, 신플라톤주의적이든, 헤르메스주의적-범신론적이든 또는 그노시스적이든 — 을 받아들였다. 이 중에서 주도적인 사상은 신플라톤주의였고, 신플라톤주의는 독자적인 학파도 형성했던 것 같다.[3]

별, 특히 행성은 신플라톤주의적으로 해석되어서 원시-단일자(Ur-Einen)의 발산(Emanation)으로 여겨졌다. 물론 그것들은 또한 일부는 남성이고 일부는 여성이었던 사람으로도 여겨졌고, 또는 사비교의 주신인 달과 같은 양성(androgen)의 사람으로도 여겨졌다. 이 혼령들은 부분적으로는 선하고 부분적으로는 악하며, 어떤 때는 행운을 가져오고 어떤 때는 불행을 가져오며, 오직 사제만 그것들을 불러올 수 있고 그것들에게 영향을 미칠 수 있다. 왜냐하면 사제만이 마술적 영향을 미치기 위해서 필요한 지식과 마술을 통해서 불러낼 때 사용하는 말의 정확한 사용방식에 관한 지식, 간단히 말해서 그노시스를 보유하고 있기 때문이다.

이렇게 해서 사비교도들은 옛 시대와 새 시대, 동방세계와 남방세계에 모두 문화적 상인, 다양한 문화의 강가를 오가는 사공 역할을 할 수 있었다. 게다가 또 이 사공들은 여기저기에서 운반한 것을 독자적 업적들 — 여기에는 9세기의 타비트 이븐 쿠라(Thabit ibn Qurra)와 위대한 알-바타니(Al-Battani)의 수학과 천문학 그리고 번역 활동이 속한다 — 로 풍성하게 만들었다. 후기 연금술의 점성술적이고 마술적인 요소들 중 상당한 부분은 사비교를 기원으로 하고 있다는 것이 확실하다. 그러나 유명한 그리스 철학자들과 신화적 연금술사들의 저작이라고 하는, 모든 종류의 신비적-마술적 문헌들은 하란에서 나왔다.

하란에서 우리는 정말 연금술적인 분위기를 체험한다. 7개의 행성은 특정한 색과 특정한 요일을 지닌 모습으로 등장하고, 행성신의 입상(立像)은 각각 하나의 특정한 금속으로 제작되었다. 이때 사비교도들은 행성이 금속, 보석, 색 등에 대해 가지고 있는 관계를 완전히 대우주-소우주 이론을 바탕으로 해석했다. 별은 그것의 위치, 운동, 힘을 통해서, 그러나 무엇보다도 그것의 색과 빛을 통해서, 모든 존재하는 것을 그들에게 알맞은 방식으로 만들어 내고 영향을 미친다.

사비교가 얼마나 혼합주의적이고 동시에 연금술적으로 채색되었는지는, 사비교도들이 그 창시자들과 예언자들 중에서 헤르메스와 아가토다이몬을 숭배했다는 데서 드러난다. 여기서 헤르메스는 아주 다양한 외형으로 등장하는데, 이는 우리가 사비교를 제대로 파악하기 어렵게 만든다. 영적 측면에서 볼 때 우리는 사비교적 세계이해의 '조밀함'을 연금술적이라고 부를 수 있는데, 이 세계이해에서는 겉보기에 아주 멀리 떨어진 것처럼 보이는 현상들도 상호영향에 따라 정돈된 연관관계를 가지고 있다. 그래서 신, 신전의 색, 옷, 금속 등은 내적 통일성을 지니는 것이다.

다시 말하면, 일종의 주기율표 속에서 현상들이 주기와 족으로 정리되어 들어가는데, 이는 한편으로는 그것들의 상징적 의미에 따라, 다른 한편으로는 그것들의 재료에 따라 이루어진다. 그러면 표는 다음과 같이 될 것이다.

- 행성: 태양, 달, 화성, 수성, 목성, 금성, 토성
- 소속된 신전의 색: 흰색, 붉은색, 다채로운 색, 녹색, 청색, 검은색, 노란색
- 신상들의 재료: 금, 은, 철, 혼합 금속, 주석, 구리, 납

- 경배의 날: 월요일, 화요일, 수요일, 목요일, 금요일, 토요일, 일요일(Lipp. I, 256)

그런데 이 목록은 완전하지 않다. 왜냐하면 귀금속, 옷의 색, 제단 계단, 희생 동물, 그리고 다른 것들이 여기에서 자기 자리를 찾아야 할 것이기 때문이다.

사비교도식 '주기율표'를 잘 들여다보면, 우리 앞에 놓여 있는 것이 이성적 인간에게는 무가치한 미신과 신비의 혼란덩어리라는 생각이 들지 모른다. 그렇지만 우리는 타비트 같은 사람, 알-바타니 같은 사람에게 이성이 없다고 판정을 내려야 할까? 우리가 '이성적 인간'과 '비이성적 인간'을 분리함으로써 인간 전체까지 갈기갈기 조각내어 버리는 것, 그것이 거듭되는 우리의 잘못은 아닐까? 갈망이 이성에 대해 승리할 때 착각이라는 도구가 사용될지는 모르지만, 어쨌든 우리는 우리 삶의 감정을 통해서 해석들, 암시들, 의미들의 촘촘한 직조물을 예감하는데, 이 직조물은 우리가 바로 지금 암시해 보였다고 믿는 것과는 어쩌면 다른 이름, 다른 형태, 다른 상을 가지고 있을 수도 있지만, 어떤 식으로든 존재한다. 그것은 우리를 포로로 만들지만, 또한 우리를 붙들어 주고, 장 폴 사르트르가 자신의 소설 《구토》에서 아주 훌륭하게 묘사한 것과 같은, 연결이 완전히 끊기고 분자화된 상태라는 의미 없음의 실존적 지옥에 가까이 가지 않게 만든다.

3. 시리아의 연금술

사비교도의 저작들은 7세기 이후 아랍 문헌들로부터 서서히 밀려난 시리아 문헌으로 간주할 수 있다. 우리가 판단할 때 그것들의 가치는 무엇보다도 그리스의 정신적 자산을 새로운 문화적 틀 속에 전달한 것이다. 물론 이 전달과정에서 강조점의 이동은 발생했지만, 시리아인들은 후기 헬레니즘의 지식에 근본적으로 어떤 새로운 것도 첨가하지 않은 것처럼 보인다.

그림에도 불구하고 우리는 연금술에 관한 가장 중요한 시리아의 필사본을 들여다볼 필요가 있고, 이를 위해서는 케임브리지대학 도서관과 큰 도서관이 딸린 런던의 대영박물관으로 가야 한다. 거기에서 우리는 시리아어나 아랍어로 쓰인 텍스트를 만나게 되는데, 이 텍스트 중에서 많은 것이 데모크리토스의 연금술에 관한 것이다.[4] 흥미로우면서도 사비교도와의 연관성을 상당히 보여 주는 것은, 시리아 텍스트에서는 행성 내지 금속이 바빌로니아식 이름으로도 표기된다는 사실이다. 그리고 문헌들 중 상당수는 주로 화학적-기술적 내용과 약학적-의학적 내용을 담고 있다.

런던 소장물의 아랍어로 쓰인 부분에서는 카드미아(*Kadmia*, 산화 아연), 이산화 납(PbO_2, *Bleiglätte*), 사산화 삼납(Pb_3O_4, *Mennige*), 백연[염기성 탄산 납, $2PbCO_3 \cdot Pb(OH)_2$, *Bleiweiß*], 알칼리, 유리 그리고 '동방의' 내지 '서방의' 수은 등이 연금술 작업의 출발 물질로 제시되고 있다. 이따금 에메사(Emesa)의 아세트산 구리(*Grünspan*, 초산동), 이집트와 페르시아의 비트리올, 공작석(*Malachit*)과 청금석(*Lasurstein*) 및 완전한 채색이나 표면의 광택 내기에 적합한 물질들도 언급된다. 변화를 위해서는 42일이 걸리는데, 그것이 실현되는 과정에 대해서는 아무 이야기도 나오지 않는다. 그것의 최종산물인 "붉은 가루"는 병든 자를 낫게 할 수 있는데, 천한 금속들에 대해서도 정확하게 이러한 의학적 방식으로, 말하자면 엘릭시에르(*Elixier*)로서 작용한다. 그러므로 천한 금속은 건강한 상태에서는 금이나 은일지도 모르는 병든 금속이다. 그런데 우리가, 태고의 야금쟁이들이 비천한 금속을 완성되지 않은 것이거나 천하게 태어난 것으로 여겼다는 점을 상기하면, 그 말도 이상하게 들리지는 않는다.

'변환'이라는 핵심어는 그것이 실험실에서 어떻게 일어나는가라는 물음에 대해 말해 주는 바가 거의 없기는 하지만, 한 가지 언급을 덧붙일 필요는 있다. 바로 시리아의 연금술사들은 모든 금속이 충분한 열을 받으면 녹고, 이때 모든 금속의 본래의 원리로 여겨질 수 있는 수은의 상태로 넘어간다고 주장한다는 것이다.

이름 없는 시리아 저자는 이렇게 말한다.

"수은과 관련해서는, 우리가 7개[금속들]의 몸에 관해서 말하는 동안 이미 그것의 이름[암호명]을 언급했다. 그것을 몸 가운데에 배치하는 일이 실제로 우리에게 강요되지만, 수은은 이 몸들 중에서 첫 번째 것이다. 그것으로부터 몸들이 유래하고, 그것으로부터 몸들은 자기 기본 존재를 끌어온다. 그것이 영들 가운데 배치되는 것은, 그것이 불의 작용으로 증발하고 고정되어 있지 않다는 것에서 연유한다."[Berth. (4) II, 159]

수은의 수많은 이름들 중에서 상당수가 그런 식으로 설명될 수 있는

데, 이런 이름들로 프네우마타(*Pneumata*) 쪽에 가까운 것으로는 '혼', '달아나는 노예' 또는 '달아나는 영'이 있다.

이 이상한 영 외에도 여섯 개의 다른 영이 존재하는데, 이것은 노란 황, 붉은 황, 흰 황, 노란 비소, 붉은 비소 그리고 살미아크(*Salmiak*, 암모늄염)이다. 노란 황은 보통의 황, 즉 모든 것에 색을 부여할 능력이 있는 황이다. 붉은 황은 여기서는 산다라크(*Sandarach*)와 동일한 것이고, 흰 황은 아르세니크(*Arsenik*)와 같은 것이다. 노란 비소는 웅황(*Auripigment*, As$_2$S$_3$) — 붉은 계관석(*Realgar*) — 이고, 살미아크는 아마 염화 암모늄일 것이다.

일곱 개의 프네우마타는 일곱 개의 돌 속에 들어 있고, 이들 돌은 또한 각각 일곱 개의 색을 지닌 일곱 종류가 있다. 그리고 이 일곱 종류 속에는 일곱 개의 자석이 있는데, 이들 각각은 일곱 금속들 중 다른 것 하나를 끌어당긴다. 그리고 또 일곱 개의 비트리올, 일곱 개의 백반, 일곱 개의 붕사, 일곱 개의 염이 존재한다. 그 밖에 또한 영을 지니고 있지 않은 일곱 개의 돌이 있다. 이 모든 것이 우리에게 보여 주는 것은 단지 '일곱'이라는 숫자가 명백히 마술적이고 동시에 세계 생성론적인, 즉 세계를 만들어 내는 숫자였다는 것이다.(5)

그런데 텍스트 어딘가에서, 아마 13세기에 와서 나중에 끼워 넣어진 것으로 보이는데, 초석(*Salpeter*), 황, 석탄의 혼합물 — 가끔은 장뇌(*Campher*)도 들어간다 — 에 대한 언급이 나오고, 그것을 다양한 비율로 섞어서 불화살과 폭죽의 발화도구로 사용할 수 있다는 말이 나온다. 이 발견은 연금술의 분위기를 암시한다. 왜냐하면 연금술사 말고 어느 누가 황 속의 불 원소와 초석 속의 공기 원소와 석탄 속의 흙 원소를 함께 저어서 모든 것을 불로 변환시키려는 아이디어에 도달하겠는가?⁽⁶⁾ 사실 자연철학자들은 잘 알려진 바와 같이 손을 더럽히지 않는다. 그 후에 중세에 와서는 대 신학자이자 연금술사인 로저 베이컨(Roger Bacon)이 불에 잘 타는 황, 초석, 목탄의 혼합물을 아주 잘 알려져 있는 것으로 기술한다. 베르톨트 슈바르츠(Berthold Schwarz)는 이 잘 알려진 것 속에 병 속에 갇힌 사악한 영이 조금 들어 있다는 것을 알아차리게 되었는데, 그는 1350년 무렵에 이 가루가 밀폐된 용기 속에서 폭발할 수 있다는 것을 발견했다. 슈바르츠는 연금술사의 냄새만을 풍긴 것이 아니라, 암흑의 신사(*Dunkler Ehrenmann*)라는 평판도 따라다녔다. 그래서 프라하의 왕 벤첼(Wenzel)은 그를 처형하도록 했다 — 선견지명을 발휘해서?

그러나 좀 더 언급할 만한 부분이 있는 다른 텍스트로 돌아가 보자. 시리아의 연금술사들은 그리스 연금술사들보다 더 유기물적인 것에 경도되어 있었다. 여기서 물론 상기해야 할 점은, 유기물적인 것과 무기물적인 것 사이의 경계가 어차피 희미하다는 것이다. 어쩌면 이러한 성향의 배경에는 더 정교하고, 소화가 되고, 생명을 받쳐 주는 질료가 동시에 더 가치 있다는 생각이 자리 잡고 있는지 모른다. 시리아인들은 엘릭시에르를 얻기 위해서는 많은 식물성, 동물성 물질이 필요하며, 이 물질의 변화는 자주 놀랄 만한 작용을 일으킨다고 보았다. 이는 머리카락이 썩으면 뱀이 생겨나고, 부패해 가는 소들로부터 벌들이 나오며, 곯고 있는 달걀을 깨고 용이 나올 수 있다는 말에서 잘 드러난다.

동화처럼 훌륭하게 서술되기는 했지만, 이 모든 주장이 우리에게 보여 주는 것은 단 하나, 우리의 저자가 실험의 열정에 사로잡혀 있지 않았다는 것이다. 그런데 우리도 달걀껍질을 깨고 황화 수소 대신 혹시 작은 용이 나오지는 않는지 곧바로 시험해 보지 않는데, 이는 우리도 그 — 우리에게 그렇게 믿게 하려는 — 와 똑같이 신앙적이라는 것을 보여 준다.(7) 우리는 말하자면 단지 신앙적으로 불신앙적일 뿐이다. 왜냐하면 우리는 한 가지 점을 전적으로 확신하고 있는데, 이는 욕조에서 헤엄쳐 다니는 용은 오래전에도 어린이책 속의 현실 속에서나 존재했다는 것이다. 그러므로 연금술사들이 그들 실험실의 그릇이나 도가니만 가지고 작업한 것이 아니라, 그들 시대의 구전 전설 책과 미신적 잡소문에도 순진하게 관심을 보였다고 의심하는 것은 신빙성이 있다.

이렇게 해서 그토록 혼란스럽고, 그러는 가운데에서도 믿음과 희망을 계속해서 불러일으키는 두 가지 서술 형태의 혼합물이 생성되었다. 거기에는 한편에는 예를 들어서 수은을 소금으로 처리해서 염화 제일수은과 염화 제이수은(칼로멜과 승홍)으로 만드는 것이나 '여성적 마그네시아(*Magnesia*)'(*Braunstein*, 고토)를 이용한 유리 제조와 유리 채색 내지 유리 탈색과 같이 실험적, 기술적 제법의 냉정한 보고서도 있고, 다른 한편에는 절반쯤 맞는 허구의 이야기가 담긴 통속소설 (Kolportage)이 화려하게 서술되어 있는데, 이들 이야기 속에는 뼈와 뿔 등을 봉인된 용기 속에서 가열함으로써 '페르시아의 암모늄염(*Salmiak*)', 즉 순도 낮은 탄산 암모늄[$(NH_4)_2CO_3$]을 얻는 작업을 암시할 수도 있는 용뿐만 아니라 머리카락도 등장한다.

4. 《카우사 카우사룸》과 황-수은 이론

시리아-아라비아의 필사본 속의 냉철함과 이야기 만들어 내는 기술의 혼잡스러운 상태는 화학자에게는 아주 기이하게 보일 텐데, 이는 우리가 시리아어로 쓰인 다른 필사본을 들여다보도록 자극한다. 물론 《진리의 깨달음의 서(書)》 또는 《카우사 카우사룸》(Causa causarum)이라는 제목으로 널리 퍼진 일종의 백과사전인 이 다른 저작이 좁은 의미에서의 연금술과 거의 관련이 없다고 하더라도 말이다.

그렇지만 두 가지 이유에서 이 백과사전은 흥미롭다. 한편으로 그것은 우리에게 근동에서는 시리아어로 쓰인 문헌이, 주도권을 잡아가던 아랍 문헌과 함께 오랫동안 힘을 발휘하고 있었다는 사실을 뒷받침한다. 왜냐하면 그 책은 11세기나 12세기에 나왔기 때문이다. 그러니까 헤지라 후 500년가량 지나서 쓰인 것이다. 또 한편으로 그것은 이른바 '황-수은 이론'을 뒷받침하는 상세한 자연철학적 논거를 제공한다. 그러나 이 이론, 좀 더 정확하게는 다소 연결이 잘 되지 않는 일련의 가정으로부터 일관성 있는 학설이 형성된 것은, 연금술에 대한 아랍 학자들의 가장 중요한 독자적 기여라고 말할 수 있다.[8]

의심할 바 없이 분명한 점은, 비밀로 가득한 황은 질료라면 그러할 수밖에 없듯이 결정이면서 단단하고 그러면서도 영(靈)이며, 게다가 스토아적 세계의 불처럼 운동성이 강하다. 마찬가지로 비밀로 가득한 수은도 질료라면 그러할 수밖에 없듯이 기묘하게도 액체이면서 무겁고, 그러면서도 영이고, 게다가 어디로나 침투해 들어갈 수 있으며, 그것에게 이름을 부여한 신과 같이 어디에서나 거처할 수 있다. 그런데 이 둘은 이미 이집트 연금술의 환상을 사로잡았지만, 명백한 질료이론으로 나아가는 길은 결코 찾아내지 못했다. 이것은 물론 이집트인들이 가졌던 자연철학적 이론화에 대한 반감을 고려하면 놀랄 일이 아니다.

이에 반해서 아랍인의 경우에는 이미 9세기나 10세기에 황-수은 이론이 등장한다. 그것은 우리의 백과사전에서 특별히 명확하게 논증되고 있는데, 왜냐하면 《진리의 깨달음의 서》에서는 "무엇이 세계를 가장 안쪽 깊숙한 곳에서 지탱하는지" 설명하는 것 이상도 이하도 하려 하지 않기 때문이다.

백과사전에 따르면 태초에 형태 없고 형상 없는 원질(Urmaterie), 즉 프로테 힐레(Prote hyle)가 존재했지, 무(無) 같은 것이 존재한 것은 아니었다. 이 원질에 신은 처음에 4개의 잘 알려진 성질인 뜨거움, 차가움, 습함, 건조함을 부여했고, 이로써 신의 뜻에 따라 이 원질로부터 4원소가 나왔다. 이 원소들은 그때부터 아주 특정한 속성들을 갖게 되었고, 양과 무게가 변하지 않는 것이 되었다. 그런데 우리의 텍스트는 원소들로부터 형성되는 최초의 기본적 '진짜 물질'이 황과 수은이고, 반면에 나머지 진짜 물질에는 광물, 광석, 금속이 들어간다고 주장한다. 이 물질들은 황과 수은 — 모두 일종의 증류 과정 속에서 생성된 — 을 거쳐서 형성된다. 말하자면 지구 깊숙한 곳에서는 김과 증기가 표면을 향해서 솟구쳐 오르고, 이것들이 끓는 냄비에서 물방울이 뚜껑에 응결하듯이 산 속에 응결하며, 거기에서 처음에 기초물질을 만들어 낸다는 것이다.

이때 흙과 불은 황이 되고, 물과 공기는 수은이 된다.[9] 황은 흙으로서는 단단하고, 불로서는 가연성이며, 수은은 물로서는 액체이고, 공기로서는 증류 가능하다. 우리는 수은을 일종의 이슬로도 볼 수 있다. 그것은 하늘의 물기 많은 김 속에서 이슬로 응결한다. 수은과 황의 가장 중요한 공통 성질은 서로 결합할 수 있는 능력인데, 결합은 행성들의 빛과 태양의 끓게 만드는 힘의 영향하에서 일어난다. 이때에 알라가 원하듯이, 순도와 양의 비율에 따라, 그리고 장소, 기후, 공기 혼합, 열 및 지속시간에 따라 모든 어떻게든 정의된 물질 — 모든 금속과 모든 염도 포함하는 — 이 생성된다.

그러나 이것이 의미하는 바는, 정확하게 규정되지는 않았지만 분명히 많은 수의 다양한 황 종류와 수은 종류가 존재한다는 것이다. 그리고 텍스트에서는 이와 관련하여 순도에 대해 이야기하는데, 이는 더 나아가서 다양한 황 종류와 수은 종류가 원칙적으로 '더 좋은 것'과 '더 나쁜 것'으로, 즉 가치론적으로 배열될 수 있음을 의미한다.

황-수은 이론의 뿌리 중 하나는 이집트-비잔티움 연금술의 전통과 닿아 있는데, 이는 우리가 이미 알고 있는 것이다.

또 하나의 뿌리는 흙의 풍성하고 축축한 발산물로부터 금속이 형성되고 흙의 건조하고 연기 같은 발산물로부터 광물이 형성되는 것에 관한 아리스토텔레스 이론이다. 아리스토텔레스의 견해와 다른 점은, 황-수은 이론에서는 연기 같은, 즉 건조한 김이 광물이 아니라 황으로 응결(凝結)하고, 증기 같은, 즉 물기 많은 김이 금속이 아니라 수은으로 응결하며, 이것은 그 후 황과 결합해서 금속이 된다는 것이다.

세 번째 뿌리는 경험, 즉 대상물을 통한 경험이다. 아주 많은 증류

가능한 물질은 황을 포함하고 있다. 게다가 금속광택을 가지고 있는 황철광도 황을 함유하고 있다. 반대로 모든 알려진 금속들은 용융 가능하고, 금속 용융물은 그 금속광택을 유지하는데, 이는 수은이 그 속에 포함되어 있다는 것을 확인시켜 주었다.

그리고 황-수은 이론의 네 번째 뿌리라고 표현할 수 있는 또 다른 것이 등장한다. 우리가 아리스토텔레스의 전통에 서서 감각으로 인지할 수 있는 모든 사물을 질료와 형상의 총합으로 여긴다면, '형상'은 어떤 사물이 가지고 있는 모든 속성의 합이다. 그렇다면 어떤 화학 물질에 속하는 모든 속성의 합은 황의 고유한 속성과 수은의 고유한 속성을 합한 것으로 볼 수 있게 된다. 가연성, 외적 형상, 각 물질들의 색은 황의 속성으로부터 연유하는 것으로, 용융 가능성, 금속광택, 무거움은 수은의 속성들에 기인하는 것으로 돌릴 수 있는 것이다.

이로써 황과 수은은 본체(Hypostase)로, 즉 속성들의 물화(物化)로 이해되었다. 이는 종교 영역에서 힘이나 상태 — 뇌우(雷雨)를 동반한 폭풍 같은 — 가 종종 물화되고 인격화되어서 등장하고 신으로 여겨졌던 것과 똑같다. 우리의 경우 본체를 상정한 사고는, 어떻게든 물질적으로 정의 가능한 모든 것이 황과 수은으로 구성되어야 한다는 것을 시사했다. 그러면 이는 광물뿐만 아니라 동물성, 식물성 물질에도 해당될 것이다 — 여기서 두 프네우마타[황화 수은]가 어떤 역할을 하는지는 흔히 결정되지 않은 상태라고 하더라도. 어쨌든 많은 유기물질에는 황이 냄새로 감지될 수 있을 정도로 포함되어 있다. 그 외에도 수은은 이따금 동물의 정자와 동일시되었는데, 이는 또다시 수은의 불특정한 성을 암시하고, 또 광물계, 식물계, 동물계라는 자연의 3계

사이의 구분이 오늘날의 생화학과 무기화학 영역의 구분처럼 그렇게 근본적이지는 않다는 것을 가리킨다.

우리가 방금 서술한 것처럼, 우리의 시리아-아랍 텍스트에 나오는 모든 생각과 논거가 항상 냉철하기만 한 것은 결코 아니다. 이미 조시모스 같은 사람이 살던 이집트에서도 그랬듯이, 천일야화의 세계에서도 '진리에 대한 인식'은 대부분 그 자체에 약간 혼란스러운 점을 지니고 있다. 다른 아랍-시리아 텍스트에서와 같이 백과사전에서도 실질적-신빙성 있는 정보 외에 도처에서 이해되지 않은, 그리고 이해되지 않는 삽입물들이 발견된다. 세계생성과 황-수은 이론에 관한 근본적 숙고들 — 당시에 이성적이고 잘 논증된 것으로 보인 자연철학의 견실한 후속 발전 또는 적어도 그럴듯한 전개를 암시하는 — 은 페이지마다 기묘한 관찰, 일화 그리고 소문으로 더 풍부하게 채워졌는데, 이것들은 전체를 다채로우면서도 동시에 길게 보면 약간 지루하게 만들지만, 그러면서도 책의 자연철학적 가치로부터 본질적인 것은 제거하지 않는다.

5. 번역의 영광과 빈궁

시리아어와 아랍어의 이상한 혼합 형태로 된 우리 텍스트들과 함께 우리는 본래의 아랍 문화권에 이미 가까이 다가왔다. 그리고《진리의 깨달음의 서》를 통해 우리는 이슬람 문화 영역 안에서 시간적으로도 더 앞으로 나아갔다. 그러나 이 영역 속에서 좀 더 자세히 알아보기 전에, 번역의 문제에 대해 몇 마디 덧붙이는 것이 좋겠다.

우리가 특정한 기독교인 또는 사비교도가 특정한 연금술 텍스트를 번역했다고 '그냥 단순하게' 확인만 한다면, 우리는 이 행위에서 나타난 어려움을 덮어 버릴 위험에 빠진다. 어떤 완전히 새로운 것을 외국어로, 게다가 그 자체의 학문적 용어를 가지고 있지 않은 언어로 옮기는 일은 이미 그 자체로 어려운 일이다.

번역이 제3의 언어라는 매체를 거쳐서 이루어지면, 그 일 전체는 비교가 안 될 정도로 더 어려워진다. 그리고 이는 아랍어로 번역할 때 종종 일어나는데, 그 이유는 번역이 흔히 '아람어'를 거쳐서 이루어졌기 때문이다. 이때 종종 오류와 오역이 발생했다는 것은 분명히 놀랄 일이 아니다. 바로 이 실패를 우리는 한 언어의 정신적 자산을 다른 언어로, 그리고 이를 통해 한 문화의 정신적 자산을 다른 문화로 옮길 때의 위험과 어려움에 대한 지표로 삼아야 할 것이다. 그리고 그것들은 동시에, 번역에 대해서 이야기할 때 너무 쉽게 우리 혀 위로 올라오는 말들을 제발 입으로 내뱉지 말라는 경고로도 삼아야 할 것이다.

이러한 모든 어려움을 고려하면, 고생스러운 번역일이 흔히 후견인의 보호 밑에서만 꽃필 수 있었다는 것은 놀라운 일이 아니다. 가장 중요한 아랍어 번역학교인 바이트 알-히크마(Bait Al-Hikma)가 아바스 왕조의 수도인 바그다드에 있었던 것은 우연이 아니다. 특히 전설적인 하룬 아르-라시드(Harun Ar-Raschid)의 아들인 칼리프 알-마문(Al-Mamun, 재위기간 813~833년)은 여기서 학문의 수호자로 여겨졌다.

그리고 당시에 '학문'은 무엇보다 그리스어로부터 직간접적으로 시리아어를 거쳐서 번역하는 일을 의미했다. 대부분 알려지지 않은 헌신적인 필사자 무리가 인류의 문화 업적을 옮겼을 뿐만 아니라, 정말 글자 그대로 그 업을 짊어졌으며, 짊어지고 나아갔다. 이들은 흔히 박해당한 소수민족의 대표들이었는데, 도망치는 가운데서도 끊임없는 죽음의 위험 속에서 두루마리 문서들을 나귀 등에 얹거나 아예 자기 등에 지고, 산길을 넘어서, 깊은 골짜기와 사막을 통과해서, 그리고 강과 바다를 건너면서 가지고 다녔다.

6. 왕자와 수도승

우리가 영국의 도서관들로부터 근동의 역사적 무대로 돌아와서 9세기의 바그다드로 향하기 전에, 먼저 다른 도시와 다른 세기로 소풍을 한번 가는 것도 좋을 것이다. 우리는 유명한 정원과 궁전을 지닌 다마스쿠스를 방문하는데, 이때는 670년이다. 헤지라 이후 거의 50년이 경과했고, 다마스쿠스는 지배 영역이 이미 알제리에서 인도까지 걸쳐 있는 새로운 아랍 제국의 수도이다.

여기서는 우마이야(Umayyad) 가문 출신인 무아위야(Muawiya) 1세가 신자들의 지배자로서, 그리고 또 잊지 말아야 할 것은 불신자들의 지배자로서 나라를 다스리고 있다. 우리는 늦어도 우리 자신이 도시로 들어갈 때에는 이를 알아차리게 된다. 그런데 도시의 거리와 골목에서는 아랍어보다 시리아-아람어가 더 많이 들린다. 그리고 또 이 이슬람 권력의 중심에 있는 가장 큰 신전도 어떤 모스크 같은 것이 아니라, 세례자가 묻혀 있는 곳으로 여겨지는 요한-성당이다.

690년에 와서야 다마스쿠스는 이슬람화되는데, 이는 시리아 기독교 — 단성론(monophysitism)적인 — 의 점차적 몰락의 시작을 나타내는 것처럼 보인다. 그러나 우리는 종교사를 탐구하려는 것이 아니라, 연금술사 한 사람을 찾고 있다. 시장에서 우리는 곧 이 비밀 예술의 가장 잘 알려진 대가의 이름을 듣게 된다. 사람들은 이때 그의 이름을 감추려 들지도 않는다. 그는 지배자 가문의 일원인 칼리드 이븐 야지드(Khalid ibn Yazid)이다.

그런데 우리는 낙담한다. 왜냐하면 우리가 이 귀인에게로 가는 데 성공하지 못할 것이기 때문이다. 우리 20세기 언어로 번역하면 그것이 의미하는 바는, 칼리드 왕자에 대해서는 그가 아마 635년에 태어나서 704년에 죽었다는 것 외에는 사실상 하나도 알려진 바가 없다는 것이다.

어쩌면 지금 왕자는 다마스쿠스에 있지 않고, 알렉산드리아에 와 있을지 모른다. 왜냐하면 거기에서 그는 그리스어와 콥트어 저작을 아랍어로 옮기기 위한 번역학교를 운영해야 하기 때문이다. 칼리드는 스스로 연금술 저작들, 특히 2천 개가 넘는 시구로 이루어진 〈지혜의 낙원〉이라는 제목의 교육시를 집필했다고 한다. 유감스럽게도 이 학식 있는 왕자의 펜으로부터 나온 것 중에서는 단 하나의, 그것도 나중에 끼워 넣어진 절(*Strophe*)만이 보존되었다. 그런데 이 절은 이해하기가 너무 어렵기 때문에 번역할 때 의미를 더 많이 왜곡하지 않을까 두려워할 필요도 없이, 가능한 한 시적으로 번역하려고 노력하기만 하면 될 정도이다.

"석회를 취하고, 거기에다 또 고무수지를 취하고, 그리고 길에서 네가 발견하는 것, / 그다음에 붕사(*Borax*)와 유사한 것을, 그리고 그것을 적당한 정도로 혼합하라. / 세계의 최고 권능이 부여하는 것, 그것이 이 남자에게 보장된다. / 이 모든 것을 정확하게 완수하고 알라를 경건하게 경배하는 자에게." [Ruska (i) I, 28]

칼리드의 스승이라고 하는 자는, 역사적으로는 파악할 수 없지만 연금술 전통에서는 그의 제자와 마찬가지로 유명하다. 그는 수도승 모리에노스(Morienos)이다. 그러나 우리는 어느 기독교 수도승과의 연관 속에서만 칼리드라는 이름과 만나게 되는 것이 아니다. 왕자가 얻었다고 하고 다른 학자에게 넘겨주었다는 희한한 책과 관련해서도 우리는 그의 이름과 만난다.

《현자 크라테스의 책》이라는 이 저작은 아랍어로 쓰였지만, 그 내용은 300년 무렵 콘스탄티누스 대제 재위 기간에 이집트에서 일어난 일에 관한 것이다. 책에서 우리에게 제공되는 것은 실제로 놀이인데, 그것은 사랑에 빠진 연인과의 놀이, 색다른 종류의 신전 강도, 도주, 그리고 만남의 놀이이다. 도적질당한 책에서 주인공으로 등장하는 현자 크라테스에게는 3배로 위대한 헤르메스가 꿈속에서 비록 침묵하는 노인의 모습으로이기는 하지만 현현(顯現)한다. 그러나 그가 침묵한다고 크게 낙담할 필요는 없다. 왜냐하면 그를 대신해서 상당히 수다스러운 천사가 꿈꾸는 자에게 돌과 연금술에 관해서 가르치기 때문이다. 그다음에 천사가 결국 그의 아랍식 그리스어로는 더 이상 말을 할 수 없게 되면, 높은 서열의 여인이 그의 자리를 넘겨받는다.

그런데 이 여인은 말하는 조각상이라는 조금 괴상한 외형을 하고 있다. 여인은 비너스 여신인데, 그녀는 물론 아주 아름다운 어떤 소녀를 시켜서 그녀의 연금술 탄호이저[2]에게 하나는 붉고 또 하나는 흰 두 개의 돌 — 두 조각의 황과 결합되어 있는 — 이 달린 띠를 하사하도록 한다. 이 선물은 신비적 가르침의 정점으로 보인다.

그러나 꿈의 여행은 이번에는 나일강 변 쪽으로 나아간다. 여기서 크라테스는 소년 하나와 싸우고 있는 용을 보게 된다. 이로 인해 꿈의

---

2   Tannhäuser. 13세기의 독일 시인. 여기서는 연금술의 시인을 가리키는 비유로 쓰였다.

무대에 다시 등장한 천사는 용과 그의 암컷 짝에 관해, 용의 알과 색채 ― 화학 변화와 일치하는 ― 에 관해서 가르칠 수 있는 기회를 얻는다. 그런데 이는 용의 마음에 들지 않은 것처럼 보인다. 왜냐하면 그는 이제 크라테스까지 공격하기 때문이다. 그러나 용은 크라테스로부터 '살아 있는 물' 세례를 받고 이로 인해 죽음을 당한다. 그 후 소년은 죽은 용을 먼지로 변화시킨다.

그리고 크라테스는 다시 깨어 있는 상태의 세계로 풀려나지만, 이때 그는 연금술 동네에서는 전혀 독창적이지 않은 약간 양면적 경고를 받아들고 돌아오는데, 이 경고는 그가 체험한 것을 그대로 기록은 하되 비밀은 발설하지 말라는 것이다. 크라테스는 적어도 부분적으로는 그렇게 하는 데 성공한다.

물론 우리는 그의 몇몇 체험으로부터 전적으로 연금술적 지혜들을 끌어낼 수 있다 ― 가령 다음과 같이 기술되어 있는 곳에서. 모든 연금술 노력의 목표는 어떤 돌인데, 이 돌은 "돌이 아니고, 돌의 본성대로 된 것이 아니며, 매년 태어나는 돌이다 … 그것은 모래와 모든 산의 돌 속에 묻혀 있고, 바다와 나무 속에, 그리고 식물과 물속 같은 데 묻혀 있다. 네가 그걸 알고 있으면 그것을 가지고 석회와 혼을, 물체와 영을 만들어라. 그리고 둘을 분리하고, 그 각각을 그의 잘 알려진, 의식 있는 용기에 담아라. 화가가 검은색과 흰색과 노란색과 붉은색을 섞듯이, 의사가 그들의 혼합약제 구성물을 섞듯이, 색, 습한 것, 건조한 것, 따뜻한 것, 차가운 것, 부드러운 것 그리고 단단한 것을 섞어라. 잘 알려진 무게 비율 ― 이에 따라 균형 잡힌 사물들이 형성되고,

분리된 본성이 합쳐지는—에 따라서, 그것으로부터 물체들에게 적합한 균질의 혼합물이 만들어질 때까지."[Ruska (i) I, 18]

그러므로 핵심 내용은 석회와 혼, 육체와 영의 분리, 정화, 재결합이다. 이때 천사가 우리에게 자비롭게 전해 주는 행동지침은 흔히 그렇듯이 모순적 자명함을 드러낸다. 용기 속에다 무엇을 넣는 것은 특별한 일이 아니다. 그러나 "잘 알려진 의식 있는 용기"란 무엇인가? 색과 약제를 함께 섞어 젓는 것은 사소한 일이다. 그렇지만 서로 반대되는 것들을 어떻게 그것들로부터 "물체에게 적합한 균질의 혼합물"이 생성되도록 결합하는가? 분리된 본성들을 결합하는 것, 그것은 사소한 일, 어린애 장난일까? 우리의 꿈들과 희망 속에서는 그리고 조화의 순간에는 어쩌면 그럴지 모른다. 그리고 꿈속에서 용은 단순히 학문적으로 우로보로스라고 하는 것보다 더 많은 것을 의미할 수도 있다. 그런데 여기서 우로보로스는 용의 쌍으로서 영과 육체의 단일성(*Einheit*)으로서의 이체성을 암시할 가능성이 있고, 반면에 용의 알은 4원소의 단일성, 위대한 작업의 색, 그리고 탄생에의 희망을 상징할 것이다. 우리가 질료세계의 변화를 통한 구원을 꿈꾼다면, 생명수가 썩은 달걀 냄새만 풍기는 황 화합물보다 더 중요할지 모른다.

7. 칼리드와 아랍 연금술의 자아상

페르시아적 첨가물을 포함하고 있는 아랍 텍스트에서 선택되어 사용된 단어로부터 우리는 크라테스의 꿈에 관한 이야기가 9세기 초의 것임을 확신할 수 있다 ― 비록 그 뿌리가 분명 헬레니즘-이집트 연금술로 거슬러 올라가기는 하지만 말이다. 7세기에 살았던 칼리드 왕자가 크라테스의 책을 손에 넣었다는 이야기는 그렇지 않아도 희미한 그의 상을 더 미심쩍어 보이게 만든다. 그렇지만 칼리드가 왕자가 아니라 연금술사로 등장한다면, 칼리드에 관한 어떤 것이 진짜겠는가? 내가 진짜라고 생각하는 것은, 우리가 칼리드에 관해서 알게 되는 그 어떤 것이 아니라, 칼리드를 통해서 연금술의 자아상에 관해서 알게 되는 바로 그것이다.

다양한 색을 지닌 정보 조각 ― 그래 봐야 기본적으로 한 개의 날짜와 두 개의 이름으로 이루어진 ― 으로부터 우리는 예를 들어서 아랍인들이 이미 일찍부터, 아마 8세기 말부터 연금술에 몰두했다는 것을 읽어 낼 수 있다. 그리고 연금술사로서의 칼리드는, 아랍인이 낯선 문화 한가운데에서 그들이 먼저 직접 연결고리를 발견할 수 있고, 그것으로부터 직접 이용 가능한 것을 끌어낼 수 있었던 학문과 예술에 관심을 쏟았다는 역사적 사실을 뒷받침한다. 그것들은 점성술, 그리고 특히 무엇보다도 의학과 연금술이었다. 정복자의 첫 세대가 이 학문을 소화한 다음에, 다음 세대들이 번역학교를 통해서 역사의 깊은 곳으로 들어가 그리스 철학의 위대한 고전으로 나아갔고, 그럼으로써 '이성의 학문'인 물리학, 천문학, 형이상학까지 나아갔다. 그런데 이들 이성의 학문은 실험실의 실천을 알지 못했고, 오직 일상의 업무로부터 들어 올려진 영원만을 향해 있었으며, 그렇기 때문에 포괄적 '종교학문'에 속했다. 그렇지만 종교이든 아니든 코란과 코란 공부는 있었다.(10)

아주 실용적인 정복자들에게는, 세계의 사안들이 문제될 때는 지금 여기서 유용한 실질적인 '세상 학문'이 사변적 이성학문보다 명백히 더 관심이 갈 수밖에 없었다. 그들에게는 지금 여기서 거두어들일 수 있는 견고한 유용함이 중요했던 것이다. 그렇다면 부와 장수를 약속하는, 그리고 어쩌면 약간의 지혜까지 약속하는 예술[3]보다 더 유용한 것이 무엇이겠는가?

칼리드-모리에노스의 조합 속에서 우리는 그 밖에도, 적어도 지적 영역에서는 기독교도와 무슬림의 평화로운 공동작용 — 여기서는 '과도기 선생'으로서의 수도승에 의해서 대표되는 — 이 있었음을 읽어낼 수 있다. 이를 넘어서 우리는 또 명백하게 궁정의 마음에 드는 연금술을 하는 것은, 그 자체로는 미심쩍게 보이지 않은 것 같다는 것을 알게 된다 — 적어도 연금술사들 자신의 눈에는. 비록 아랍 국가들에서도 많은 사람이 신의 예술을 이중적 의미에서 혐오스럽게 여겼을지라도 말이다.

연금술은 한 번도 이슬람의 문화 중심 속으로 진입하지 않았다. 그것은 대항주제였고, 계속해서 그랬으며, 기껏해야 본래의 문화주제, 즉 무함마드의 종교에 대한 주변주제로 존재했을 뿐이다.

---

3   이 책에서 예술은 대부분 연금술을 가리킨다.

그리고 이 대항주제는 특정한 정황 속에서 작동했다. 왕자와 수도승은, 우리에게 선생, 제자, 텍스트의 3중창으로 모습을 드러내는 공동작용을 상징하는 것으로 나타난다. 우리 눈에 확연하게 드러나는 점은, 어떤 시대의 것이든 연금술 저작들은 거의 모두 '충성스러운' 또는 '사랑하는 아들'에게 직접 이야기해 주는 대스승에 의해서 쓰였다는 것이다. 그런데 왜? 어째서 연금술 대가들에게 익명의 독자는 관심 밖에 있었는가? 그가 원했든 원치 않았든, 그는 이 독자를 위해서도 쓰지 않았던가? 어째서 그는 한 명의 제자를 찾았는가? 그러면 연금술의 진리를 추구하는 젊은이는? 어째서 그는 살과 피로 된 스승을 찾았는가? 그냥 실질적이고 이론적인 안내문들이 담겨 있는 책을 찾지 않고 말이다. 그리고 또, 왜 그는 스승에게서 자기에게 실험실의 세세한 기술과 연금술 문헌의 전문용어들을 가르쳐 줄 수 있는 사람만을 찾은 것이 아니라, 단순한 가르침을 넘어서는 무엇도 찾으려 했는가?

적어도 하나의 가능한 답은 연금술 문헌 읽기의 본성으로부터 나온다. 우선 이야기하고 넘어가야 할 것은, 의미가 담겨 있는 텍스트 ─ 기억의 보조물 역할만 하는 것이 아니라 새롭게 읽혀야 하는 ─ 는 그 스스로 자기 의미를 전달하지 못한다는 것이다. 모든 텍스트는, 우리가 가지고 있는 사전지식의 틀 속에서 이해될 수 있기 위해서는 우리 쪽의 첨가물을 필요로 한다. 그리고 이 점은, 다양하기도 하고 '말해질 수도 없는' 언어층위들과 언어패턴들의 복합지질학을 담고 있는 연금술 텍스트에 특별히 더 해당된다. 우리는 어떻게 이들 텍스트 속에서, 그리고 그것으로부터, 아주 오래전으로 거슬러 올라가고, 텍스트 안에 완전하게 보존될 수도 없는 비밀, 상당히 참신하고 항상 새로운 이 비밀이 확연하게 의미를 가지도록 만들 수 있는가? 그렇게 할 수 있는 것은, 연사의 행복만이 아니라 텍스트의 행복도 끌어내는 강연이다. 강연하는 스승은, 숨어 있는 의미를 일상의 우연한 새로움으로부터 들어 올림으로써 옛 텍스트를 새롭게 만든다.(11)

그러나 의미는 단순히 받아들이는 것이 아니라 연습해야 하고 배워야 하는 것이다.(12) 그렇기 때문에 근대의 내적 고립을 몰랐던 사람들에게는 '단순히' 읽는 것, 심지어 혼자서 읽는 것은 말도 안 되는 일이었다. 그에게 성스러운 텍스트를 읽는 일은 단어들을 눈앞과 머릿속에서 지나가도록, 그것도 침묵 속에서 일어나도록 하는 것을 의미하지 않았다. 읽는 일은 기억 속으로 들어 올리는 것을 의미했고, 영으로써 충만케 하는 것을 의미했고, 높은 지혜로부터 그리고 그럼으로써 태고의 지혜로부터 길어 올리는 것을 의미했다. 그리고 이해하는 것 — 영으로써 충만케 하는 것이라고 말할 수 있는데 — 은 스승의 지도를 받아서 어떤 식으로 어떤 리듬 속에서 기억 속으로 들어 올릴 것인지 연습하는 것을 의미했다. 기억 속으로 들어 올리는 것은, 어떤 텍스트의 영을 붙잡는 것을 의미했다. 즉, "옛 사람을 깎아내리는 것은 옳지 않다. 왜냐하면 '문자는 죽이지만, 영은 살리기 때문이다.'"[Berth. (2) Ⅲ, 102]

이렇게 올림피오도로스는 말하는데, 이때 그는 흥미롭게도 바울의 〈고린도후서〉(3장 6절)를 글자 그대로 인용한다. 중요한 것은, 성스러운 텍스트로부터 더 높은 지혜를 받아들이고, 그리고 그럼으로써 태고의 영원한 지혜 — 말만으로부터는 뽑아낼 수 없는 — 를 받아들이는 것이다. 그렇기 때문에 분명히 말만이 아니라, 무엇보다 스승의 인간성, 그리고 그의 몸짓 언어까지도 커다란 역할을 했다. 이는 낯선 텍스트를 해석할 때 더욱 그러했다. 그리고 카리스마적인 스승이 글로만 발언할 수 있었다고 하더라도, 그의 전체 인격은 그가 제자들에게 자기 고유의 것과 관련하여, 그리고 특히 전승된 것과 관련하여 제공한 것 속에 들어 있었다.(13)

연금술에서는 제조법과 행동규칙만이 중요했던 것이 아니라, 더 높은 지혜의 계시도 중요했는데, 이 지혜는 상징으로서 받아들일 수 있을 뿐만 아니라 가르칠 수 있고 실천할 수 있는 지혜였다. 그리고 바로 그렇기에 사람이 사물로부터 분리될 수 없다. 즉 지혜롭지 않은 사람은 그 스스로 지혜를 내놓을 수 있기는 하지만, 계시 — 우주적 지혜의 하나인 — 로서의 지혜를 내놓을 수는 없는 것이다. 왜냐하면 그런 것은 개별 지식의 합(合)이 아니고, 작은 지혜들의 합도 아니기 때문이다. 그것은 지식을 '통합해서 보는' 태도인 것이다.

연금술 텍스트를 읽는 것과 관련하여 '계시' — 사제 같은 스승을 통한 — 라는 개념이 우리에게 분명하게 다가왔기 때문에, 우리는 또한 이런 식의 텍스트 공부가 실제로 입문(Initiation)과 동등한 것임을 확신할 수 있다. 그런데 이 입문은 특별한 형태의 입문이기는 했는데, 그것은 순수하게 정신적 차원에서의 개인적 체험을 목표로 했고, 그럼으로써 종교사학자 미르체아 엘리아데(Mircea Eliade)가 표현했듯이 '문헌적 신비'를 목표로 했다. 우리, 스승도 없고 신앙도 없지만 연금술 문헌의 가장 깊은 의미는 비판적으로 분석 가능한 언명이 아니라 복합적이고 합리적인 것으로부터 부분적으로는 벗어난 비밀을 목표로 한 것임을 알고 있는 우리는, 무엇보다도 신비적 경향의 텍스트들의 의미가 부분적으로는 우리에게 이해되지 않는 것임을 인정해야 한다. 그렇지만 그것에 다가가는 것만으로도 우리는 어떤 특정한 것을 이해하게 되고, 그럼으로써 이득을 얻는다.

연금술이 만개했던 세기에 비밀로 가득한 텍스트를 번역한 많은 번역자들에게도 우리와 마찬가지 상황이 벌어졌을 터인데, 물론 이는 그들이 분석에 치우친 오성에 가로막혀 통찰로 나아가지 못했기 때문이 아니었다. 그들에게는, 텍스트에 의미를 부여하고 그럼으로써 '문헌적 신비'의 계시를 부어 줄 수 있었을지도 모르는 스승이 없었다. 특히 아랍어로부터 라틴어로의 번역은, 의미로 채워져야 하는 연금술 텍스트들의 '빈 부분'이 곧 새롭고 낯설지만 어떻든 적절한 의미를 끌어당겼고, 이 의미는 그 후 독자적 텍스트 속으로 흘러들어갔다는 것을 보여 주게 될 것이다. 서적 지식 속에 뿌리내리기를 할 때 전승의 의미에 대한 이러한 개방성은, 왜 계속해서 몇몇 영감을 얻은 사람들이 스승의 안내 없이도 옛 책들 속에 암호화되어 있는 지혜를 **그 자체의 의미 그대로** 해독하는 데 성공했는지를 설명해 줄 수 있을 것이다.

이집트-비잔티움 문화의 변화 속에서도 연금술 전통이 어느 정도는 훼손되지 않고 살아남은 것은, 그 밖에도 정복 후의 첫 몇 세기 동안 '문헌으로는 남겨져 있지 않은' 실천적-연금술 활동이 지속되었다는 데에도 기인할 것이다.

의미 부여에 대한 개방성은 비판 없이 받아들여진 태고의 예술(*Prisca ars*)에 대한 믿음과 더불어, 전형적인 연금술적 관념 — 모든 연금술 텍스트는, 비록 흩어져 있고 선택받지 못한 자들은 알아볼 수 없지만, 진리를 포함하고 있다는 — 의 형성에 분명히 기여했다. 그러나 연금술 대가에 의해서 자명한 것으로 전제되었던 의견, 즉 진리는 감추어져 있고 흩어져 있으며, 영적 재능이 있는 자들, 즉 프네우마티코이(*Pneumatikoi*)만이 그것을 비밀의 가르침을 통해서 전달할 수 있다는 견해는 명백하게 그노시스적 성격을 지니고 있다.

8. 연금술에서 '알'(Al)

그리스의 연금술이 성공적으로 계승되고 특히 계속 발전한 데에는 아랍어의 'Al'이 품질보증서 역할을 했다. 그런데 이 보증서 속에 숨어 있는 것이 무엇인가? 그리고 'Al-Chemie'의 나머지 말은 무엇을 의미하는가? 우리는, 가령 우리에게 설명이 하나도 없기 때문에 모르는 것이 아니다. 이와 반대로 우리에게는 너무 많은 설명이 있다. 이 경우에 어원학자는 두 가지 점에서 의견 일치를 보인다. 첫째는 아랍어 키미야(Kimija)는 진짜 아랍어가 아니라 차용어라는 것이다. 이미 초기 아랍 저자들은 그것을 알고 있었으며, 그 유래가 어떤 때는 페르시아어, 어떤 때는 히브리어, 어떤 때는 이집트어일 것이라고 추측했지만, 대부분은 그리스어라고 생각했다. 히브리어에는 키미야(Ki mi-Jah, '왜냐하면 신으로부터')라는 단어 조합이 있다. 그렇기 때문에 유대의 카발라 연금술사들은 연금술이 신에 의해서 영감을 받은 예술이기 때문에 연금술이라고 불린다고 생각했다.

마찬가지로 아랍어가 아닌 출처로부터 유래한 '엘릭시에르'라는 단어와 관련해서도 나중에 어느 한 해석에 대해서 언급할 터인데, 이 해석에서는 키미야라는 단어가 중국에서 유래되었다고 추측한다. 키미야는 아마 그리스-이집트 문화권으로부터 유래했을 것이다. 케메이아(Chemeia)라는 말은 이미 조시모스에 의해서 우리가 쓰는 의미로 사용되었고, 키메우티케(Chymeutike)라는 단어도 초기 텍스트에서 발견할 수 있다. 의문점은 그것이 거기에서 어떤 어원학적 배경을 가지고 있었느냐는 것이다. 그토록 낯선 단어에 대한 해석들 중에서 어떤 것은 〈이시스(Isis)와 오시리스(Osiris)〉에 관한 플루타르크의 논문을 언급하는데, 여기서는 '케미'(Chemie)가 케메(Keme) — 이집트의 검은 흙 — 뿐만 아니라 눈의 검은 것, 즉 검은자위 — 숨김과 깨달음을 동시에 상징할 수 있는 — 와 관계있는 것이라고 주장한다. 실제로 '검은자위'라는 표현은 대저작 또는 어느 정도는 검은 제일질료의 성격을 지닌 돌 자체에 대한 암호명으로 여겨졌다. 다행스럽게도 오늘날에는, 어둠의 신사를 아주 기분 나쁘게 연상시키는 흑마술로 케미를 해석하는 일은 거의 힘을 발휘하지 못한다.

'케미'가 단순히 '연금술사 키메스(Chimes)의 예술'을 의미한다는 견해에 대해서도 논쟁이 있었다. 그런데 연금술의 중심에 서 있는 '헨 토 판'(Hen to pan)이라는 언명은 바로 이 키메스로부터 유래했을 것이다. 그러나 더 그럴듯하게 보이는 것은 '케미'라는 말이 그리스어 '키모스'(chymos), 즉 '즙'으로부터 유래했다는 해석이다. 그러나 또한 '붓다, 따라붓다'라는 의미의 '케인'(cheein)이라는 동사에서 이 말이 유래했을 가능성도 생각해 볼 수 있다.

이는 또한 물론 10세기에 와서 발표된 성 수이다스(Suidas) 내지 성 프로코프(Prokop)에 관한 두 개의 보고와도 잘 들어맞는다. 두 사람은 '케메이아'(Chemeia)라는 말을 디오클레티아누스의 '연금술 행위'에 대한 금지와 관련해서 사용했던 것이다. 그때는 납 함유율이 높은 위조 주화가 제작되었는데, 다시 말하면 틀 속에 녹여 부어 만들었지 두드려 만들지 않았던 것이다. 그래서? "나의 아버지는 어둠의 신사, / … 그는 연금술 대가들의 무리와 어울려서, / 검은 부엌 속에 틀어박혀, / 그리고, 무한히 많은 조리법에 따라 / 혐오스러운 것을 녹

여 만들었다."[《파우스트》 I Vers. 1034, 1038~1041) Goe. V, 59]

연금술사들은 《파우스트》를 읽지 않았지만, 나는 그들이 그 내용은 오해 때문이라고 주장할 것임을 확신한다. 그리고 또, 왜 단어 자체 속에 반대되는 것이 비밀스럽고 지혜롭게 담겨져 있으면 안 되는가? 단어연구자들을 체념 상태로 몰고 가는 것도 상당히 연금술적인 것이리라. 그렇기에 여기서 어느 한 관점을 편들어야 할 것 같은데, 이 관점은 거기에 낯선 단어를 붙여 놓으면 더 그럴듯해 보일 것이 분명하다.

나는 '카이올로기'(Kaiologie),[4] 또는 '또한(Auch)의 학문'이라는 의미의 '또한학'(Auchologie)이라는 말을 제안하겠다. 이 학문은 단일한 원인을 향한 자연과학적 성향에 대해 회의를 가득 품고, 의식적으로 모든 이상적이지 않은 상태들을 해석할 때 '또한'(Auch)을 찾는다. 즉 이런저런 사람은, 그가 구원을 지향했기 때문에 실험을 했지만, 또한 그는 새로운 것에 대한 호기심에 끌렸기 때문에도 그랬고, 그러나 또한 그가 복받게 되지는 않지만 그래도 어쨌건 불사(不死) 또는 거의 불사가 되리라는 희망을 품었기 때문에 그랬고, 그러나 또한 최소한 부자가 되기 위해서 그랬고, 그러나 또한 그의 아버지가 … 했기 때문에, 그러나 또 사회적 상황이 … 때문에, 그러나 또한 그가 손재주가 있었기 때문에 …, 그러나 또 그가 우연히 어떤 것을 어디에서 … 때문에, 그러나 또, 그러나 또. 그다음에 카이올로기 학자는 자리에 앉

---

4 그리스어의 'kai'에 학문이라는 의미의 '-ologie'를 붙인 것. 'kai'는 또한, 그리고, 동시에를 의미한다(Hen kai pan).

아서 어떻게 자신의 여러 가지 '또한'의 경중을 결정할 것인지 고민한다. 그러나 상당수의 정신적 봉우리의 개척자들이 보기에는 실망스럽게도 카이올로기적 가정에는 그 귀여운 이름에도 불구하고 모든 수수께끼를 단번에 풀어 주는 새로운 아이디어의 향기가 전혀 없다.

왜 연금술의 이름에 붙어 있는 '알'(Al)이 근대가 흐르는 동안 연금술에 부담을 주며 다시 사라졌는가 하는 물음이 문제가 될 때, 다양한 '또한'에 대한 후속연구가 우리에게 가장 먼저 보여 주는 것은 17세기 말까지는 '연금술'과 '화학'이란 개념이 명확하게 분리되어 있지 않았다는 사실이다. 그런데 이는 또한 그 시대 사람들의 눈에는 질료를 보고 다루는 방식들 사이에 명료한 실질적 구분이 존재하지 않았음을 의미한다.

연금술사학자 윌리엄 뉴먼(William Newman)과 로런스 프린시프(Laurence Principe)는 1612년에 마르틴 룰란트(Martin Ruland)가 발간한 《연금술 백과사전》(Lexicon alchemiae)이라는 책에서 개념적 구분을 위한 원천을 찾아낸다. 룰란트는 다른 곳에서는 'Chemia'와 'Alchemia'를 동일한 의미를 가진 것으로 사용하지만, 이 책에서는 다음과 같이 주장한다.

"언어를 잘 아는 몇몇 사람들은 말한다 / 'Chemia'는 녹이고 붓는 예술, 분리 예술이며, 그걸 의미한다고 / 그리고 'Ali'는 명확한 하나이면서 전체(particula emphatica & completiva)와 동일하다고 / 마나크(Manach)라는 단어가 세는 것을 의미하는 것처럼 / 그래서 사람들은 알마나크(Almanach, 연감)라고 말하고 / 거기에서는 일 년 전체 / 그리고 모든 날

들이 세어지고 / 또 아주 많이 다르게 셈해진다."(Rul. 145)

'알'(Al)은 위에 위치한 것, 포괄하는 것, 그리고 본래의 것도 나타내는 것이다. 이때 룰란트는 알(Al)이 아랍어로부터 유래했다는 것을 알고 있다. 그러나 나는 그가 그런 해석을 할 때 자신의 독일적 배경 지식의 영향을 받았으리라고 생각한다. 왜냐하면 우리 독일인에게 'All'이란 모든 것을 넘어서 뻗어 있는 것을 의미하기 때문이다. 권능(Macht)과 관련해서는 전능(Allmacht)을 생각하고, 지(Wissen)와 관련해서는 전지(Allwissen)를 생각해 보라.

어쨌든 유럽 전역에서는 두 개의 경향이 서서히 관철되고 있었다. 그 하나는 연금술을 상상된 지혜 또는 고귀한 진짜 지혜와 동일시하는 것이고, 다른 하나는 금 만드는 기술이나 현자의 돌과 관련이 없던 모든 것은 '조야한(bloß) 화학' — 뉴턴은 "조야한(vulgar) 화학(chemistry)"에 대해서 이야기했다 — 의 영역으로 추방해 버리는 것이다.[14] 그런데 화학이 다른 '새 과학'(Novae scientiae)의 틀을 지니고 개선행진을 시작했을 때, '알'(Al)의 위신은 혼란스러운 사이비과학을 표현하는 것으로 추락했다.

9. 바그다드와 이스마일파의 꿈

'Alchemie'라는 말을 그토록 의미심장하고 그토록 월등한 것처럼 보이게 만드는 불분명함은 그냥 내버려두고, '알'(Al)이라는 작은 음절이 하나의 전이, 즉 그리스-이집트의 신적 기술로부터 독자적 아랍적 활동으로의 전이를 상징한다는 것을 가장 중요한 깨달음으로 생각하자. 아랍 연금술의 지리적 중심이 된 바그다드는 우마이야 왕조의 몰락과 아바스 왕조의 흥기에 따라 칼리프 국의 수도가 된 곳이다.

바그다드라는 말을 들을 때, 우리는 사담 후세인만 떠올리지 말고, 《천일야화》에 나오는 칼리프이자, 카를 대제의 동시대인이며, 밤중에 그의 수도의 바자(시장)를 돌아다녔던 하룬 아르-라시드(Harun Ar-Raschid)도 떠올리면 좋겠다. 그렇지만 우리는 좀 놀랄 것인데, 왜냐하면 원래의 바그다드에는 올리브유, 마늘, 향신료, 그리고 형편없는 하수처리시설이 뒤섞여서 생성된 그토록 이국적인 분위기도 없고, 진짜 바자를 특징짓는 각진 골목, 통로, 성문 길, 그리고 그림자들이 보이지 않기 때문이다.

원래의 바그다드에는 바자가 없었다. 762년에 칼리프 알-만수르(Al-Mansur)에 의해서 건설되었으며 체스판 모양으로 계획되고 3중의 원형 성벽으로 둘러싸인 이 도시는 순수한 행정의 중심이었다. 물론 바자 하나가 있기는 있었다. 그러나 그것은 도시 바깥에, 바스라를 향한 남문 앞에 있었다.

이제 여기 바자 사람들이 모든 것을 알고 있는 이곳에서 오늘날 아주 위대한 아랍 연금술 대가 중 하나로 여겨지는 자비르[5] 이븐 하이얀(Gabir ibn Hayyan)이라는 사람에 대해서 물어보자. 이때 우리는 어려움에 처하는데 이는 사람들의 비밀주의 때문만은 아니다. 우리가 800년 무렵에 해 보려 하는 방문이 올바른 시점에 이루어진다고 할지라도, 어쩌면 우리는 자비르를 찾지 못하거나, 더 나쁜 상황에 처할 것이다. 왜냐하면 우리는 많은 자비르들로 이루어진 자비르를 발견할 것이기 때문이다.

이 파악할 수 없는 '자비르들의 자비르'는 500개 이상의 제목을 지닌 저작집을 저술한 것으로 되어 있는데, 그중에는 물론 몇 페이지밖에 안 되는 상당수의 소논문들도 들어 있다.(15) 이미 10세기 말에 아랍의 학자들 사이에서는 자비르의 정체에 대한 논란이 있었다. 이는 우리가 특히 같은 시기(988년)에 나왔고 아랍 연금술의 역사서술에서 매우 중요한 키타브-알-피흐리스트(Kitab-al-Fihrist), 즉 이븐-아비-야쿱 안-나딤(Ibn-abi-Jacub An-Nadim)의 백과사전적인 《서지목록의 서》(Buch des Verzeichnisses)를 통해서 알고 있는 것이다.

20세기 초에 이 논쟁은 다시 벌어졌다.

1940년대에 아랍학 연구자인 파울 크라우스(Paul Kraus)는 다음과 같이 주장했다.

① 자비르는 개인이 아니라, 저자들의 학파 전체이다.

---

5 자비르는 독일어권에서는 Gabir로 표기하고 '가비르'라고 읽지만 여기서는 영어권에서 일반적으로 통용되는 '자비르'로 표기한다. 자비르의 라틴화된 이름은 Geber이다.

유럽에서 제작된 작자 미상의 자비르 초상화. 15세기, 라우렌치아나도서관
(원서에 없으나 이해를 돕기 위해 실은 도판—옮긴이)

② 이 학파는 이스마일파(Ismailiya)[6]와 관계를 가지고 있었고, 간접적으로 이 종파를 위한 선전활동을 했다.(16)

③ 여러 가지 이유에서 — 다른 문헌들에서의 언급 등 — 자비르 학파는 10세기에 존재했다고 보아야 한다.

크라우스의 증명과정은 오늘날에도 논란의 여지가 있고, 논쟁이 순전히 문헌학적 의미 이상의 것이 아니었다면 우리가 특별히 참고해야 할 필요도 없다. 왜냐하면 적어도 자비르의 저작들 중 핵심이 되는 것이 8세기나 9세기 초에 나왔다면, 이는 자비르의 저작이 그리스 고전이 대대적으로 번역되기 전에 생겨났다는 것을 뜻하고, 그러므로 단지 직접적 헬레니즘-그리스 전통 — 따라서 칼리드와는 아무 상관없이 아주 일찍 아랍 문화 속으로 흘러들어 왔을 — 만을 반영한다는 것을 의미하기 때문이다.

자비르는 몇몇 진짜 그리스 저작, 무엇보다 아리스토텔레스와 갈레노스의 저작을 알고 있었던 것 같다. 그 밖의 것에 대해서는 가짜 저작들에 의존했는데, 물론 그는 이 사실을 알아차리지 못했다. 확실한 것은, 자비르 저작집에서 이스마일파의 정신이 숨 쉬고 있다는 것이다. 자비르는 그의 저작 여기저기에서 '자파르'라는 자를 자기 스승이라고 말한다. 자파르는 아마 8세기 초에 살았을 텐데, 그는 시아파가 이맘으로 인정했고 그럼으로써 예언자와 그의 사위 알리(Ali)의 정통 후계자로 인정한 자파르 알-사디크(Gafar As-Sadiq, Ja'far al-Ṣādiq)를

---

6 이슬람 시아파의 한 분파.

가리킬 것이다.

  이슬람 역사에서 자파르는 특히 중요하다. 왜냐하면 그가 죽은 후 이맘 자파르의 후계에 관한 여러 견해로 인해 시아파 교회가 분열했기 때문이다. 교회의 일부, 나중에 이스마일파라고 불리게 되는 분파는, 이맘의 직분이 자파르의 장남 이스마일(Ismail)에게 넘어갔다고 믿었다. 그들은 이스마일이 이미 그의 아버지가 죽기 전에 사망했음에도 불구하고 그렇게 생각했다. 이스마일파의 운동은 9세기의 마지막 4반세기에 출현했고, 다양한 갈래로 나뉘어져 있었으며, 이 갈래들은 모두 비교(秘敎)적 특징들을 보이고 있었기 때문에 오늘날 상세하게 알려져 있지는 않다.

  그러나 누사이리파(Nusayrier, 또는 알라위파)에 가까웠던 것처럼 보이는 자비르는, 이맘들의 역사는 7명의 정신적 지도자가 알리(Ali)의 육화로서 그리고 신의 계시의 담지자로서 알리의 뒤를 따라가는 것으로 이해해야 한다는 견해를 펼친다. 그중 마지막의 이맘으로 숨겨져 있고 가장 중요한 이맘이 이스마일이다.

  이스마일파는 적대적 주위환경 한가운데에서 '진정한 앎' — 특별히 선택된 자들에게만 그것을 소유하고 전달하는 자격이 주어진 — 을 대표하는 유일한 종교집단이라는 확신을 가지고 그노시스적 노선 위에서 움직였다. 그들이 코란에 대해서 가지고 있던 태도도 특정한 기독교-그노시스 분파들이 성서에 대해서 보인 태도를 상기시킨다. 두 집단은, 그들의 성스러운 책이 개방적 진리 외에 비전적인, 즉 텍스트들 속에 흩어져 있는 지혜를 지니고 있으며, 이것은 보통의 신자들에게는 드러나지 않아야 한다고 믿었다.

그래서 두 집단은, 그들이 하느님에게 기도하든 알라에게 기도하든 상관없이, 인류를 둘로 나누었다. 그 하나는 흔히 비밀리에 번성하는 엘리트이고, 다른 하나는 순진한 보통-기독교인 또는 보통-무슬림이다. 이스마일파에서는 이들 엘리트를 다이스(Dais), 즉 선교사라고 했고, 보통-기독교도나 보통-무슬림에 대해서는 그들이 다양한 계시의 단계를 통과할 수 없으면 다소 부드럽게 경멸하면서 내려다보아도 된다고 보았다. 이 둘의 반대편에는 신의 질서를 반대하는 혐오스러운 적대자들이 있다.

그러나 말할 것도 없이 이스마일파는 초월적인 것에 매달렸고 매달리고 있으며, 구원을 가져오는 앎에 매달렸다. 그들을 굴복시킬 증오에 매달리지는 않았던 것이다.(17) 이스마일파에게, 특히 자비르와 가까운 것처럼 보였던 무타질라(Mutazila) 학파에게 학문이란, 영적인 것들의 위계를 통과해서 신에게 올라가도록 혼들을 준비시키는 것이었다. 이 학문들은 그리스인들이 발달시킨 논리학에 기초해 있었다. 이때 인식이란 확실한 앎의 조합일 뿐만 아니라, 오직 선택된 자들만이 인지하는 감추어진 것의 끌어냄이다. 이는 우리가 계몽시대부터 알고 있다고 믿는 것이 틀렸음을 보여 준다. 즉, 논리와 합리주의가 비교(秘敎) — 스승-제자 관계를 거쳐서만 손상되지 않고 전달될 수 있는 — 의 철천지원수일 수밖에 없다는 것이 결코 사실이 아님을 보여 주는 것이다.

자파르가 썼다고 하는 어떤 연금술 책은 바로 현자의 돌에 대한 설명의 유명한 모순들로 가득 차 있다.

"나의 아들아, 이 예술이 본래 안정하거나 본래 휘발성인 것을 다루는 것이 아님을 알고 있거라. 오히려 그것은 휘발성일 뿐만 아니라 안정하고, 남성적일 뿐만 아니라 여성적이고, 따뜻할 뿐만 아니라 차가우며, 습할 뿐만 아니라 건조하다." 돌은, 우리가 "영과 육체 사이의 연결물로 작용하는" 육신, 영, 혼이라는 3개의 본질적인 것을 가지고 "변하지 않는 통합물 … 유일한 물질"을 만들어 낼 때 생성된다. [Ruska (i) Ⅱ, 67f]

10. 자비르의 연금술 이론

자비르의 소논문에 나오는 가르침에는 암호명은 많이 등장하지만 화려한 헤르메스주의적 은유는 상대적으로 적다. 이 가르침은 중세-아랍적 철학의 주류에 속한다 — 적어도 그것이 이슬람의 기본신념과 아리스토텔레스, 신플라톤주의적 사고과정들을 연결하려고 시도하는 한에서는.

세계를 가장 깊은 곳에서 지탱하는 것은 말할 것도 없이 질료를 만든 '알라'이다. 그런데 자비르는 질료를 스토아철학자들과 똑같이 추상적인 것이 아니라 구체적인 것, 즉 속성이 붙어 있는 물질로 본다.(18) 그러나 물질을 구체적인 것으로 만들기 위해서는 보통의 4가지 속성 중에서 하나만으로 충분하다. 달리 말하면, 차가움이 붙어 있는 질료로서의 '차가운 것' 내지 '차가운 것들'이, 따뜻함이 붙어 있는 질료로서 '따뜻한 것' 내지 '따뜻한 것들' 등이 자비르가 '자연', 즉 '타비아'(Tabia)라고 부르는 어떤 실제적인 것으로서 존재하는 것이다.(19) 이는 4가지 '자연'이 이 지구의 사물 안에 이미 오래전부터 우리에게 잘 알려진 4원소와 함께 융합되어 있다는 것과는 상관없이 그렇다. 적어도 금속들의 경우에는 이 중간적 융합 과정이 계속되고 있고, 그러는 가운데 이미 우리가 알고 있듯이 먼저 '화합물'인 황과 수은이 만들어지고, 이것들은 그 후 금속들 속에서 함께 등장한다.

자비르는 나중에 연금술적 사고들의 중심을 향해서 점점 더 다가오는 황-수은 이론의 핵심 아이디어를, 아마 신플라톤주의 철학자이자 마술사인 티아나의 아폴로니오스로부터 넘겨받았을 것이다. 아폴로니오스는 1세기에 살았고, 아랍인들 사이에서는 발리나스(Balinas)로 알려져 있었다. 자비르의 경우에는 이 이론이 다음과 같은 내용으로 등장한다.

"우리 또한, 금속이 본질적으로 모두 광물적 황과 결합해서 단단해진 수은이라고 생각한다. 그런데 이 황은 흙의 연기 같은 김의 형태로 수은을 향해 솟아오른 것이다. 금속들은, 그것들이 지닌 우연적 속성들의 상이함 때문에 서로 구별되고, 이 우연적 속성의 차이는 그것들 속의 황의 차이에 기인하며, 이 황의 차이는 그것들의 흙의 상태 차이, 그리고 태양이 궤도를 돌고 나서 도달하는 따뜻함이란 측면에서의 차이에 기인한다. 이 황들 중에서 가장 섬세한 것, 가장 순수한 것, 그리고 가장 균형 잡힌 것은 금을 만드는 황이다. 그렇기 때문에 수은은 그것과 완전한, 균형 잡힌 방식으로 결합하여 단단해진다. 이 '균형 잡힘'으로 인해서 금은 불을 견디고, 불 속에서 변하지 않는다. 불은, 다른 금속들을 태울 능력은 있지만, 금을 태울 능력은 가지고 있지 않다."(Garb. 34)[7]

꽤 연금술적인 전통 속에 서서 자비르는 그 밖에도 자연의 동물, 식물, 광물 3계의 모든 사물이 영과 혼을 지니고 있다고 주장한다. 이와 관련해서 우리는 이렇게 말할 수 있을 것이다.

"그렇지만 나머지 프네우마(Pneuma) 이론이나 프시케(Psyche) 이론은 일단 고려하지 않더라도, 복잡한 '예비과정'에도 불구하고, 다시 말하면 4'성질' 이론과 모든 금속들의 두 개의 중간 구성요소 이론에

---

7 Garb.는 Garbers의 약어이다.

도 불구하고 마지막에 아리스토텔레스와 스토아철학자들이 말했을 수도 있는 그 무엇이 생겨나지 않을까?"

이에 대해서 자비르는 이렇게 대답한다.

"그렇게 보일 뿐이다. '예비과정'에는, 원소뿐만 아니라 정의 가능한 단순한 물질도 그들에게 속한 '성질'을 때로는 더 많이, 때로는 더 적게 가질 수 있다는 주장이 숨어 있기 때문이다."

예를 들어서 황과 수은은 금속 속에 다양한 비율로 결합되어 있을 뿐만 아니라, 각각 그것들의 여러 가지 '성질'을 많거나 적게 가지고 있다. 그리고 이는 어째서 더 '순수한' 또는 덜 '순수한' 황과 수은 ― 이들 각각의 상호 '결합'에 의해서 여러 금속의 표현 형태가 결정되는 ― 이 존재하는지 설명해 준다. 그러나 더 복잡한 물질들뿐만 아니라, 예를 들어서 물 같은 원소도 많건 적건 '차가움'과 '습함'을 포함하고 있을 수 있다.

그러므로 우리가 순수한 원소인 '물'에 대해서만 이야기하는 경우에도, 한 묶음의 물이 존재하는 것이다. 그 밖에도 물은 물질적으로 존재하는 모든 것과 마찬가지로 감추어진 속성을 가지고 있다. 말하자면 잠재적으로는 물에도 '따뜻함'과 '건조함'이라는 '성질'이 들어 있는 것이다. 그런데 이는 자비르식의 변환에서 명확하게 드러난다. 그는 물이 흙으로 되는 변환을 말하자면 다음과 같은 것으로 생각했다. '건조함'이 지속적으로 첨가되면 어떤 지점, 말하자면 '습함'이 정말 글자 그대로 쫓겨나는, 그것도 변환될 물질의 표면으로부터 속으로 쫓겨나는 지점이 나오게 되고, 역으로 건조함은 '밖을 향하게 된다'. 그렇지만 잠재성이란 부족함이기 때문에, 이제 건조한 대상 ―

여기서는 흙 — 은 자비르의 눈으로 보기에는 '습함'에 대해 친화성을 갖는다. 이런 의미에서 세계의 모든 것은 잠재태와 현실태의, 숨겨진 것과 드러난 것의 상호작용인데, 이는 다만 '많거나-적음'이라는 틀 속에서의 상호작용이다. 그리고 촉각적인 것, 즉 만질 수 있고 느낄 수 있는 현상 이외에, 가령 색채 같은 다른 모든 현상도 불러일으키는 '성질'의 '많거나-적음'은, 지구상에 존재하는 사물의 엄청난 다양함을 설명해 주고, 그 밖에도 모든 것이 모든 것으로 변환될 수 있음을 시사한다. 말하자면, 한편으로는 모든 것이 — 잠재적으로든, 현실적으로든 — 이미 존재하는 것이고, 다른 한편으로 모든 잠재적인 것은 잠재태로부터 벗어나려는 욕구를 가지고 있는 것이다 — 식물계와 동물계에 속한 씨앗 상태의 각각의 종(種)이 잠재적 상태로부터 나오려 하듯이.

그렇기 때문에 자비르는 이렇게 주장할 수 있다.

"금과 비교할 때 무거움과 노란색 외에는 다를 것이 하나도 없는 은은 금이 될 능력이 있다. 그러므로 이에 합당하게 은에게는 잠재적으로 무거움의 흡수에 대한 가장 높은 친화력이 부여되며, 이로써 그것은 금의 본체 상태로 넘어갈 수 있다. 그리고 그것에게는 또 노란색 흡수에 대한 가장 높은 친화력이 부여되고, 그럼으로써 그것은 금의 색으로 등장할 수 있다. 그리고 만일 그것에게 저것[금]이 잠재적으로 다가오지 않는다면, 저것은 그것으로부터 표현되지 [현실로 되지] 않고, 겉으로 드러나 보이게 되지도 않는다."(Rex. 63)

동일한 의미에서, 그리고 좀 더 멀리 나아가서 자비르에 의존해서 주장할 수 있는 것은, 납이 이미 내적으로 주석, 은 그리고 금을 포함하고 있다는 것이다. 왜냐하면 각각의 금속은 두 개의 기본 성질 또는 '본성'을 '외부에', 즉 드러나게 가지고 있고, 두 개를 '안에', 즉 잠재적 또는 보이지 않게 가지고 있기 때문이다. 따라서 예를 들어 금은 '겉으로는' 따뜻하고 습한 '성질'을, '안으로는' 차갑고 건조한 '성질'을 가지고 있다.

그렇다, 그리고 만일 우리가 어떤 식으로 처리해야 하는지 알고 있다면, 우리는 생명 없는 사물까지도 생명체로 변환할 수 있을 것이다. 자비르는 이것이 분명히 가능하다고 보았다. 호문쿨루스(인조인간, Homunculus) — 혼이 있든 없든 상관없이 — 는 그에게서 멀리 있지 않았다. 게다가 자비르가 연금술을, 연결하는 중간체, 즉 '미크란트로포스'(Mikranthropos)인 인간과 '마크란트로포스'(Makranthropos)인 세계 사이의 '메산트로포스'(Mesanthropos)로 보기도 했던 것이다. 거기에서 어떤 전망이 열리든 간에, 그리고 오늘날에도, 만들어진 인간들은 우리의 복제 시대에 이르기까지 사람들의 환상 속에서 중요한, 그리고 양가적인 역할을 하고 있다.

연금술 쪽에서 보고하는 바에 따르면, 1250년 무렵 알베르투스 마그누스가 호문쿨루스를 가지고 있었거나 만들려 했고, 그보다 150년 후에는 파라셀수스가 그랬다고 한다. 파라셀수스의 제법(製法)은 상당히 간단했다. 즉, 정자를 취하고, 그것에서 어떤 것이 솟아 나오기 시작할 때까지 부패하도록 두고, 그다음에는 그것에 '아르카눔 상구이니스 후마니'(Arcanum sanguinis humani), 즉 일종의 적혈구 응축액을 먹이로 주고, 그러고 나서 그것 전체를 지속적으로 부화온도 상태로 유지하면, 조금 작기는 하지만 튼실한 아기가 생겨난다는 것이다. 괴테는 그에 대해서 이렇게 이야기한다.

"유리는 감미롭게 울리는 소리를 낸다, / 그것은 흐려지고 맑아진다. 그러니까 그렇게 되어야 해! / 나는 그것이 예쁜 형상으로 된 것을 본다, / 귀여운 남자 아기가 잉태된다. / 우리는 무얼 원하는가, 세계는 이제 무얼 더 바라는가?"[(《파우스트》 II, Ver 6871~6875) Geo. V, 285]

그렇다, 무얼 더 바라는가?

파라셀수스보다 100년 후에 신화적인 랍비 뢰브(Rabbi Löw)는 카발라적 방식에 따라 사랑하는 신을 모방하고 먼지에 관해서 특정한 말들을 해 줌으로써 이 과정 전체를 크게 축약했다. 골렘이 너무 커졌고 게다가 나중에 그가 랍비를 어려움에 처하게 했다는 것은 다른 지면에 나와 있다.

이제 자비르로 돌아와서 그와 함께 창조의 갈구로 가득한 태고의 세계로 들어갈 뿐만 아니라, 태고의 유비(類比)세계와 '긴밀한 관계들'의 세계, 즉 대우주와 소우주 사이의 현실유비의 세계로 들어가 보자. 자비르에 있어서는 행성 천구들과 별자리 천구들까지도 '성질들' ― 지구상의 성질들과 조응하는 ― 을 가지고 있다. 이것들은 각각 하늘에서의 별자리 배열에 따라서 서로 더해지거나 빼내질 수 있고, 그럼으로써 그것들에 조응하는 지구의 대상에 강하거나 약하게 영향을 미칠 수 있다. 현자가 자신의 행위를 위한 '적절한 시간'을 확실히 알고 있다는 것은 놀랄 일이 아니다. 또한 자비르가 연금술, 그리고 또 의학 외에도 부적의 학문 및 "고귀한 별들을 부리는 것에 관한 학문"

을 수행했다는 것도 놀랄 일이 아니다.

그렇지만 우리는 어떻게 우리 주위의 세계를 부려 먹을 수 있는가? 또는 연금술과 관련해서는, 어떻게 세계 사물의 진짜 구성비를 해독하고 그럼으로써 그것들을 뜻한 바대로 변환할 수 있는가? 우리는 손쉽게 "그것은 아주 간단하다. 우리는 물질을 분석함으로써 그것을 해독한다. 그리고 이는 당시에도 적어도 초보 상태지만 도구 기술적으로는 이미 가능했다"라고 말하고 싶을 것이다.

자비르는 이렇게 대답한다.

"분석은 할 수 있다. 그러나 우리가 가장 먼저 분석해야 하는 것은 화학물질이 아니라 — 적어도 일순위로는 — , 이 물질을 표현하는 말이다. 그리고 우리에게 이 말을 전달하는 언어는 아랍어이다."

그리고 자비르는 그의 많은 저작 속에서 바로 이 화학적 물질표현의 분석을 수행한다. 이때 그는 언어학적, 문법적 궤변으로 가득한, 오로지 경탄할 수밖에 없는 언어분석을 내놓는다. 자비르에게 코란의 언어는, 그것이 논의대상으로 하는 사물의 정수(So-sein)에 관한 비밀 지식의 담지자이다. 화학적으로 말하면 이는 다음과 같다.

첨두어와 접미사들이 제거된, 특정한 화학물질을 표현하는 어간의 철자 조합은 화학의 화학식 같은 것인데, 이것은 우리에게 물질의 구성 성분 — 이것은 항상 네 '성질'이다 — 뿐만 아니라, 무엇보다도 그것의 상대적인 양적 관계를 보여 준다. 우리는 또 해독이 필요한 유전자 코드에 대해서도 이를 적용할 수 있다.

이때, 우리가 특정한 규칙들에 유의하면, 어간에는 네 개의 의미 있는 철자만이 존재하고, 이때 네 철자는 각각 일곱 개의 철자 집단 — 그 각각은 또 네 '성질' 중 하나에 속하는 — 으로부터 나온다는 것을 알 수 있다. 그런데 각각의 집단은 음악적-피타고라스 화성학적 의미에서 일곱 개의 '중량 세기 등급'에 따라 배열된다. 그러나 '성질'의 세기 등급 — 어떤 특정한 철자에 의해서 상징되는 — 은 단어 속에 들어 있는 이 '성질'의 실제 '중량값'을 표시하지 않고, 그러므로 동시에 화학물질 속에 들어 있는 이 '성질'의 실제 '중량값'도 표시하지 않는다. 왜냐하면 단어 속 철자의 위치에 의해 비로소 성질의 세기 등급의 중량값이 결정되기 때문이다.

즉 철자가 단어의 두 번째, 세 번째 또는 네 번째 자리에 있으면, 이 철자의 세기 등급은 그것이 첫 번째 자리에 있을 때 갖게 될 서열에 비해서 세 배, 다섯 배 또는 여덟 배가 된다. 예를 들어서 '다드'(dad)[8]라는 철자는 세기 등급이 일곱 번째 '성질'인 차가움을 표시한다. 그런데 그것이 '피드아'(fidda), 즉 은이라는 단어 속에서 두 번째 자리에 있으면, 그것의 중량값은 그 세기 등급에 의해서 표현된 무게의 세 배에 상응한다.(20)

자비르는 4개의 중량값 기둥들 속의 숫자 집단이 1 : 3 : 5 : 8처럼 행동한다고 주장하는데, 이 주장은 그가 분명히 일종의 화학적인 관찰에 근거해서 하는 것이 아니라, 숫자 사변에 근거해서 하는 것이다. 1, 3, 5, 8의 합은 17이다. 그런데 17은 물질세계 전체를 정돈해 주는

---

8 아랍문자의 15번째 글자.

원숫자(Urzahl)이다. 실제로 17을 만들어 내는 4개의 숫자는 어떤 비밀 — 우리가 그 숫자들을 처음 9개의 유리수로 이루어진 마법의 정사각형 속에 특정한 방식으로 배열하기만 하면 반드시 알게 된다고 생각하는 — 을 누설하려는 것처럼 보인다. 이때 정사각형은 그 변과 대각선의 합이 항상 동일하도록, 즉 15가 되도록 다음 형태로 배열된다.(21)

$$\begin{array}{ccc} 4 & 9 & 2 \\ 3 & 5 & 7 \\ 8 & 1 & 6 \end{array}$$

이제 우리는, 아라비아 숫자로도 한 자릿수를 모두 포함하는 이 정사각형으로부터 두 개의 부분을 잘라 낼 수 있다. 하나는 왼쪽 아래의 것인데, 이것은 합하면 17, 즉 우리의 원시숫자인 1, 3, 5, 8이 모여 있는 가장 작은 정사각형이고, 그 주위에 놓여 있는, 이른바 그노몬(Gnomon)9이다. 이 그노몬의 합은 28이다. 이때 'Gnomon', 즉 '지시침'(Anzeiger)이라는 단어는, 우리가 특정한 철학 학파, 즉 피타고라스학파가 그노마타(Gnomata)를 아주 특별히 좋아했다는 사실을 상기하면, 귀가 번쩍 뜨이게 만든다. 그들에게 그노몬은 무엇보다 그림자 길이와 태양고도를 알아내기 위한 도구가 아니라, 직각 형상 안에 놓여 있는 점집합이었다. 그들은 존재-단위들의 집합으로서의 숫자가 세계의 근본 구성물이라는 생각에서 출발하여, 점들의 조합을 통해 세

---

9 평행사변형의 한 각을 포함한, 이 사변형의 닮은꼴을 떼어 낸 나머지 부분.

계구조의 조화를 추적하려고 했다.(22)

이때 그노마타(Gnomata), 즉 각갈고리는 결정적 역할을 했다. 하나의 수에다 3개의 수를 지닌 각갈고리를 놓고, 여기에다 또 5개 수를 가진 각갈고리를 놓는 식으로 계속하면, 홀수만큼의 점들로, '감각으로 파악할 수 있게', 다시 말하면 점의 집합인 정사각형을 만들 수 있다. 반면에 2개의 수를 가지고 시작하면 직사각형이 만들어진다.10 말할 것도 없이 자비르 정사각형은 피타고라스학파로부터 유래하는데, 이는 그에게 "수수께끼를 푸는 자는, 비밀을 짐작하게 될 것이다"라는 모토에 따라 태초의 시대초월적 지혜의 시대로부터 유래했다는 것을 의미할 뿐이었다.

현대의 역사가는 피타고라스와 자비르 사이의 1,300년이란 시간 간격을 다른 측정 가능한 크기들과 마찬가지로 하나의 측정 가능한 크기로 받아들이는데, 이런 현대의 역사가가 지닌 지식과 냉철함을 자비르는 가질 수 없었던 것이다. 중요한 것은 지혜였고, 따라서 일로 템포레(illo tempore), 즉 역사 이전 시대로부터 유래한 지식이 중요했다. 마법의 정사각형은 17이라는 숫자에서만이 아니라 28이라는 숫자에서도 계시를 해 주는 것처럼 보였다. 이 숫자는 4 곱하기 7의 결과로서 우리에게 17과 마찬가지로 세계의 조화를 보여 준다. 왜냐하면 조화는 4개의 '성질', 4개의 원소, 4개의 하늘방위 등에 7개의 행성, 7개의 금속 등을 곱함으로써 생겨나기 때문이다. 게다가 4와 7의 곱은 피

---

10 예를 들어 1 주위에 2, 3, 4로 이루어진 직각갈고리를 놓으면 정사각형이 된다. 반면에 1, 2 주위에 4개의 수로 이루어진 직각갈고리를 놓으면 직사각형이 된다.

타고라스적 의미에서 '완전한' 것이었고, 28이란 숫자는 또 그 약수인 1, 2, 4, 7, 14의 합과 같다. 반면 소수인 17은 오직 1 또는 그 자신에 의해서만 나눠질 수 있으며, 이로써 다시 자기 자신을 가리킨다. 그 밖에도 코란의 신은, 아랍어 알파벳을 모두 28개의 독립적 철자로 만듦으로써 28의 비밀을 축복해 주었다. 그러므로 17만이 아니라 28도 물질과 그 변화의 세계 속에 자신을 반영하고 있음이 분명하다.

이는 우리가 각각 7개의 세기 등급을 지닌 4개의 중량값으로 되돌아오면 즉각 명확해진다. 왜냐하면 각각의 '성질'은 상대적 중요도를 지닌 28개의 가능성을 가지기 때문이다. 그러므로 4개의 '성질'에는 모두 112개의 '성질'-중요도 조합($28 \times 4 = 112$)이 존재한다. 이때 유의해야 할 점은, 적어도 금속의 경우에는 기본적으로 모든 '성질들', 즉 서로 반대되는 '성질들'도 동일한 물질 속에, 그것도 각각 1 : 3 또는 5 : 8의 비율로 들어 있다는 것이다.

이는 이론적 어려움을 유발한다. 왜냐하면 은을 의미하는 '*fidda*' 같은 몇몇 아랍어 단어들은 그것을 따르지 않기 때문이다. 이 단어는 단지, 은이 동일한 비율의 따뜻함과 차가움이란 '성질'로 이루어져 있다고만 말한다. 여기서 자비르는 간단하게 단어 자체로부터 나온 정보를 부가적 가정으로 보완한다. 이때 그는 물론, 완전히 말도 안 되는 것이 나오지 않도록 하기 위해 실제 은에 대한 자신의 지식에 의존했다.

분명히 자비르는 실제의 물질에 대한 실질적 지식이 있었다. 그리고 그는 이 지식이 필요했는데, 이론 하나가 모든 것을 제공할 수는 없었기 때문이다. 가끔은 단어들로도 문제 해결이 안 되는 경우도 있었다. 왜냐하면 자비르가 올바른 이상적 구성비를 언어분석적으로 밝혀낼 수 있었을 때에도, 그 자신이 고백했듯이 이를 통해서도 실제의 구성비를 아직 찾아내지 못했기 때문이다. 이상을 불완전한 모상 속에서 알아보고 경우에 따라서는 물질적 현실 속으로 끌고 올 수 있기 위해서는, 현실로부터 다소 멀리 떨어진 이상을 관찰이나 직관에 기반을 두고 적당하게 바로잡아야만 했다. 그러나 이것도 첫발을 내디딘 것일 뿐이고, 실험실 단계가 뒤따라와야 했다. 그리고 이때 중요한 것은 출발물질의 구성비와 고대했던 최종생성물의 구성비를 밝혀내는 것만이 아니었다. 최종생성물도 만들어야 했고, 변환을 위해서 따로 만든 '중간물질'을 통해서 변환도 실제로 완수해야만 했던 것이다.

이 중간물질은 출발물질을 아주 정확한 양의 성질들을 가지고 보완했는데, 이는 그럼으로써 최종생성물의 '성질들' 안에 특유의 평형(Mizan)을 만들어 주기 위해서였다. 그런데 중간물질은 엘릭시에르이다.(23) 그렇기 때문에 의학에서 다양한 치료약이 존재하는 것과 아주 똑같이, 다양한 엘릭시에르가 존재한다. 자비르 자신은 그의 엘릭시에르들 또는 그것들 중 몇 개를 진짜 치료약으로 여기기도 했다.

이것은 그리스인들로부터 넘겨받은 질병이론, 즉 체액 병리학(Humoralpathologie)과 잘 들어맞았는데, 이 질병이론은 어떤 사람이 병들었기 때문에 체액을 잃는 것이 아니라, 체액을 잃었기 때문에 병이 든다고 가르친다. 건강은 말하자면 4개의 체액, 즉 각각 하나의 '성질'을 과도하게 보유한 네 체액의 조화에 의해서 결정된다. 첫 번째 즙인 황

담즙의 경우 그 성질은 따뜻함이고, 두 번째 즙인 피의 경우 그것은 습함이고, 세 번째 즙인 점액의 경우 그것은 차가움이며, 네 번째 즙인 흑담즙의 경우에는 건조함이다. 부차적인 것이지만, 이 체액 하나하나는 어떤 특정한 기질뿐만 아니라 어떤 특정한 기후와도 상응한다. 그런데 이는, 옛날의 사고, 그리고 또 자비르적 사고 속에서도 글자 그대로 모든 것이 모든 것과 연관되어 있음을 다시 한번 보여 준다.

자비르의 경우에는 화학물질의 **색 입히기**도 아주 깊은 연금술 전통의 정신, 바로 그 정신 속에서 볼 때 연관성의 그물망에 속하는 것이었다. 색 입히기는 질료의 어떤 특정한 상태를 '가리킴'으로써 연관성을 생성하고, 동시에 그것들을 드러낸다. 물론 이제는 색과 질료의 종류가 서로 명료하게 정해져 있지 않다. 왜냐하면 자비르는 다양한 물질 속의 4가지 성질이 각각 동일한 색을 불러일으킬 수 있다는 점에 대해 주의를 환기하기 때문이다.

그 밖에도 그는 완전한 연금술 전통 속에서, 색을 입혀 주는 것은 프네우마, 즉 영이고, 이 영은 수은이 구리 위에서 퍼져 가듯 대상 질료 위에서 퍼져 간다고 확언한다. 그럼에도 불구하고 자비르는 수은이 은을 만들어 내지 않는다는 것을 안다. 왜냐하면 변환시험에서는 항상 다량의 영이 구리 속으로 들어가 조화를 깨기 때문이다. 그러므로 수은은 낯선 물질 위에서 퍼져 나가고 그것에 색을 입히는 능력을 가지고 있다 해도 엘릭시에르는 아니다. 그러나 무엇보다 중요한 것은, 변환될 물체 속에서 새로운 조화, 새로운 평형, 새로운 중량비율이 생겨나도록 하는 것이다.

자비르의《70의 책》의 부분적으로 조작된 라틴어 번역이 보여 주듯이, 이때 수은은 라딕스 인 옴니 레(*radix in omni re*), 즉 모든 물질의 기본 구성물이다. 물론 그것은 '오리엔트의 수은' 또는 '미르테'(*Myrthe*) 또는 '동물'이라고도 불리는 '우리의 수은'을 가리킨다. 왜냐하면 그것은 동물과 같이 고유의 혼을 가지고 있기 때문이다. 자비르는 '신의 물'이라는 개념까지 사용하는데, 이것은 조시모스의 '신의 물'을 꽤 많이 상기시킨다. 그것은 엘릭시에르를 만들 때 주된 요소로 작용하는 것이다.

《온화함의 책》에서는 위대한 작업의 본질은 단지 수은의 고정에 기초하고 있다는 주장까지도 나온다.《동정의 책》에서는, 수은은 차갑고 유동하는 상태에서 뜨겁고 휘발성의 상태로 넘어감에 의해서 '영을 부여받고', '생명'이 된다고 기술되어 있다. 그런데 이때 그것은 결합된 상태를 유지하며, 최적의 조합으로 합쳐진 4원소를 가지고 있는 어떤 물질과 함께 자비르가 '이맘'이라고도 부르는 '엘릭시에르들의 엘릭시에르', 즉 위대한 엘릭시에르가 된다. 물론 '생명'은 유리나 달걀껍질 등과 같은 '죽은' 물체 속으로 침투해 들어갈 수는 없고, 또한 납과 구리같이 그에 적합한 물체도 그 전에 제대로 준비되고, 정화되고, 적응되어 있어야만 한다. 그런데 '제대로 준비되고, 정화되고, 적응된다'는 것은 무엇을 의미하는가?

그런데 개념 규정 속의 자비르의 개념, 즉 이론적 맥락 속에서의 그의 개념은 그것들로부터 이론의 유도가 가능할 정도로 서로 잘 들어맞는 것은 아니다. 즉 사용된 개념을 거쳐서 이론 — 다양한 영역으로부터 나온 ─을 유도할 수 없다는 것이다. 그래서 우리는, 자비르가 '적응'을 언어분석의 지침에 따라 정화(淨化)의 의미로 이해한다고 추측할 수밖에 없다. 그런데 이때 각각의 부정한 물질에 들어 있는 '성질'의 양적 강도가 화학적으로 어떻게든 추정되어야만 하는데, 물질을 말에 상응하는 이상 상태로 가져다 놓기 위해서이다. 예를 들어서 변환의 대목표인 금은 '밖으로는' 세 부분의 '따뜻함'과 여덟 부분의 '습함'을 포함하고 있고, 반대로 '안으로는' 한 부분의 '차가움'과 다섯 부분의 '건조함'(1 + 3 + 5 + 8은 17부분이다)을 포함하고 있다. 반면에 납은 '밖으로는' 세 부분의 차가움과 여덟 부분의 '건조함'을, '안으로는' 반대로 한 부분의 '따뜻함'과 다섯 부분의 '축축함'(합은 17부분이다)을 포함하고 있다. 그러나 우리가 올바른 구성비를 알고 있고 구성 성분을 이 비율에 맞게 섞어서 합칠 수 있다고 해도, 이 '모체' 속으로 흘러들어 갈 '생명'이 고유하게 작용할 수 있기 위해서는 또 한 번 조종을 받아야 한다. 그리고 여기에서 우리는 오래전부터 알려진 '금의 씨앗'을 만나게 된다. 왜냐하면 뿌려진 금은 아기를 잉태시키는 아버지와 마찬가지로 새로운 금을 불러내기 때문이다.

적당한 상황에서 밀가루 반죽에 효모를 아주 조금만 첨가해도 발효가 시작되듯이, 제법(製法)이 올바른 경우에는 아주 적은 씨앗, 아주 적은 영(靈)이 ─ 그 속에 제대로 된 힘이 들어 있는 한 ─ 물체의 커다란 힘을 굴복시킬 수 있다. 물론 영의 본성과 힘, 심지어 그 존재 자체까지도 대부분 심사숙고를 통해서가 아니라 경험을 통해서만 열릴 수 있다. 그래서 자석은 철을 끌어당기지만, 그 힘은 가령 자석을 오랫동안 놓아두면 바뀌기도 하는 것이다. 마찬가지로 양이 어느 정도 되어야 영이 영구히 물체와 결합하는지도 경험만이 가르쳐 줄 수 있다.

자비르는 이 모든 것이 그냥 마구 솟아오르는 사변이 아니라 전통으로부터 전수된 사변이라는 것을, 그리고 실제로 그 많은 수다스러운 이야기에도 불구하고 경험적 지식에 전혀 들어맞지 않는 사변은 아니라는 것을 놀랄 정도로 확고하게 보여 준다. 그가 보기에는 은, 보석, 진주, 그리고 금은 프네우마를 **많**이 포함한 게 아니라 **적게** 포함하고 있고,(24) 따라서 비교적 '영이 적으며', 그렇기 때문에 단단하고 변하지 않는다. 반면에 황과 비소와 수은 같은 전형적 프네우마타는 단단하고 안정적인 것이 **아니라**, 휘발성이고 변화한다.

그 밖에 자비르는 '엘릭시에르들의 엘릭시에르', 즉 '이맘'을 알고 있을 뿐만 아니라, 또한 특정한, 말하자면 보편적 효력을 가진 것이 아니라 효력이 낮은 엘릭시에르 또는 '약제'도 알고 있었는데, 이것들도 마찬가지로 이상적 평형을 만들어 내기는 하지만 오직 하나의 특정 물질에 대해서만 작용한다. 이 경우 여러 다른 '약제'의 제조는 네 '성질'의 중량-조화를 알고 있어야만 가능하다. 그렇지만 이것으로는 충분하지 않다.

자비르는 진지한 숫자 놀이를 물질의 작용 가능성으로, 아니 더 나아가서 작업의 작용 가능성으로 확장한다. 체액 의학에서 치료제의 작용 등급을 추정하는 것과 같이 ― 예를 들어서 양귀비의 차가움의 정도는 '4등급'이었다 ―, 자비르도 그의 엘릭시에르의 상대적 작용 등급을 추정했고, 이 '작용값'을 엘릭시에르로 인도해 줄 작업과 숫자로 연관시켜 놓았다. 예를 들어서 승화는 금의 작용값의 50분의 1, 용융은 그 값의 200분의 1을 지니고 있다. 그런데 금의 엘릭시에르는 5라는 작용값, 그러니까 5라는 색 부여능력, 즉 변환능력을 보인다. 이는 용융, 융합의 경우 다음과 같은 이상한 식을 만들어 낸다.

(금)1 × (융합)1/200 × X에 상응하는 것은 작용값 5의 엘릭시에르.

이 식에서 X = 1,000이다. 이는 금으로부터 금의 엘릭시에르로 가기 위해서는 천 번 융합해야 함을 의미한다.

그렇지만 왜 융합된 금이 후속의 화학량론적인 또는 언어학적인 이런저런 처치 없이 금-엘릭시에르가 되어야 하는가? 이에 대해서는 두 가지 이유가 작용하는 것 같다. 하나는 능력을 안쪽에서 바깥쪽으로 돌려놓을 수 있다는 자비르의 생각이고, 또 하나는 천 번의 자기에게-다시-되돌림에 의해서 그토록 어렵게 밖으로 향하게 된 것이 금의 본래의 것, 본질적인 것임에 틀림없다는 확신이다. 그러나 본질적인 것은, 자비르의 모든 '철자이론'에도 불구하고, 혼 내지 프네우마이다.

개별 엘릭시에르보다 덜 구체적이고 파악이 잘 되지는 않지만 그것보다 더 흥미로운 것은 크고 포괄적인 엘릭시에르이다. 이것은 이미 이야기했듯이 기본물질과 대체로 또는 항상 수은 같은 것으로 여겨진 프네우마와의 합일을 통해서 생겨났다. 자비르는 옛 거장들의 스타일로, 이 합일이 남성적인 것과 여성적인 것을 하나 되게 하고, 잉태와 성장, 임신과 출산을 가져온다고 말한다.

엘릭시에르들의 엘릭시에르는 왁스와 비슷하고, 불 속에서 타지 않으며, 서로 다른 본체성을 가지고 있는 두 개의 변형태로 나타난다. 금으로 인도하는 검정-붉은색 변형태는 따뜻한 성질의 것이고, 은으로 인도하는 흰 변형태는 차갑고 건조한 성질의 것이다. 두 변형태는, 다시 한번 글자 그대로 말하면, "죽은 자를 일으켜 세우고", 그들 육신의 거친 성질을 극복하게 하고, 그들을 은이나 금 — 색이 변하지 않고 자연적 금속들보다 더 좋고 순수한 — 으로 변화하게 한다. 그러므로 자비르의 경우에도 더 좋은 금과 더 나쁜 금 같은 것이 존재한다.

나는 이 포괄하는, 이 본래의 엘릭시에르가 작용하는 방식은, 마치 위대한 조화가 금속 속으로 퍼져 들어가서 거기서 어떤 약제 — 병든 육신 속으로 침투해서 이 육신으로 하여금 자기 스스로 그 원래의 조화, 원래 건강을 회복해 내도록 하는 — 와 똑같은 작용을 하는 식일 것이라고 생각한다. 실제로 자비르는 그의 엘릭시에르를 모든 병에 대항해서 작용하는 "독들의 독"이라고 표현한다.

그런데 돌로부터 엘릭시에르로 나아가는 역사적 도정은 꽤 반듯하게 진행된다. 이미 아주 오래된 그리스 텍스트에서는, 돌이 '완성되지 않은', 즉 '병든' 금속을 치유한다고 이야기한다. 그런데 여기서 반짝이는 금속 — 구리, 아셈(Asem), 철 등 — 은 어떤 특정한 병으로 고통받는 것이 아니라 미완성이라는 일반적인 병으로 고통받는다. 그런데 돌은 이 금속을 그 '진짜의', '완성된' 상태, 즉 금으로 데려다준다. 인간과 질료 사이의 상호 현실상징적인 긴밀한 관계에 있어서 병든 금속에 적용되는 것이 병든 인간 — 금속과 마찬가지로 돌에 의해서 그의 '미완성', 그의 '질병'으로부터 구원받을 수 있는 — 에도 적용되는 것은 하나의 단계일 뿐이었다. 질병, 그것은 시간의 힘에 굴복하는 것이다. 신의 자식인 금은 시간이 건드리지 못한다. 그리고 엘릭시에르가 입술을 타고 흘러들어 간 인간도 시간이 더 이상 건드리지 못한다. 그러므로 엘릭시에르는 특정한 질병에 대한 약이 아니다. 그것은 생명의 엘릭시에르로서, 또는 불사의 엘릭시에르로서, 점점 쇠락하는 생명으로부터, 또는 적어도 나이로부터 구원해 준다.

돌부터 엘릭시에르로의 전개가 직선적으로 이뤄졌다고 해도, '이데올로기적인 관점에서 보면' 그 전개 과정이 언뜻 보기와 달리 그다지 일목요연하지는 않다. 이는 뒤에 나올 내용을 미리 좀 내다보면 설명될 수 있을 것이다. 우리는 중국의 연금술에서는 모든 노력의 초점이 생명의 엘릭시에르에 놓여 있었던 반면, 기독교-중세적 연금술은 아랍 연금술을 상속하긴 했지만 결코 그렇게 명확하게 강조점을 찍지는 않았다는 것을 보게 될 것이다. 그런데 고대 후기의 선구 종교로부터 유래한 기독교는 전형적인 구원종교이다. 그러나 구원은 현세에 있지 않다. 왜냐하면 인간은 현세에 해결할 길 없는 원죄에 묶여 있기 때문이다. 구원은 그리스도의 형상에 의해서 중개되며, 전적으로 내세의 것이다. 이는, 여기 이 세상에 있는 생명은 본래의 구원을 중개할 수 없다는 것을 의미한다. 그것으로부터 점잖게 도망치는 것, 그것이 인간의 목표여야 할 것이다 — 비록 기독교도들이 도망치는 일을 그렇게 서두르지는 않았지만.

11. 콘스탄티노폴리스에서의 모험

하나의 작은 곁가지로, 바그다드를 떠났다가 다시 돌아오는 작은 여행 이야기를 여기에 끼워 넣기로 하자. 그것은 우리에게 논란의 여지가 없지 않은 깨달음을 가져다주기도 하지만, 또 재미있는―그리고 사실인―이야기와 그 밖에도 몇몇 흥미로운 물음을 던져주기도 한다.

이 이야기는 '우마라 이븐 함자'(Umara ibn Hamza)라는 남성으로부터 나온 것인데, 그는 바그다드의 건설자로서 우리에게 이미 알려진 칼리프 알-만수르(Al-Mansur)가 콘스탄티노스 5세인 코프로니모스(Konstantin V, Kopronymos)에게 사신으로 보낸 사람이다. 우마라는 약간의 극적 요소를 섞어서, 그가 어떻게 통상적인 외교상의 시간 지체 후에 마침내 황제의 궁에 발을 들여놓게 되는지 보고한다.

"그런데 갑자기 두 마리의 사자가 길 양쪽에서 나를 향해 나타났다. 나의 길은 그들 사이를 지나가게 되어 있었다. 나는 빠져나갈 길을 찾지 못하고 이렇게 말했다. '나에게는 죽음 이외에는 다른 선택이 없다. 그러나 나는 겁쟁이로 죽지는 않을 것이다'라고. 나는 용기를 내어 다른 건물로 들어갔다. 거기에서는 내 길과 교차하는 곳에 두 명의 칼잡이가 불쑥 나타났다. 짐작하건대 만일 그들 사이에 파리 한 마리라도 날아다녔다면 그들은 그것을 칼로 베었을 것이다. 그때 나는 말했다. '나를 사자로부터 구원해 준 그가 칼잡이로부터도 나를 구원해 줄 것이다.' 나는 내 운명을 신에게 맡기고 앞으로 나아갔다. 내가 그들 사이를 지나갈 때, 그들은 꼼짝 않고 서 있었다."(Stroh. 168)[11]

그가 중간중간 또 여러 가지 색의 안개를 통과해서 앞으로 나아가야 하기는 했지만, 용감한 우마라는 마침내 황제의 옥좌 앞에 도달했다. 폐하는 친절하고 사람들을 좋아하는 신사라는 것이 드러났다. 그는 악의가 별로 없는 생물학적, 기계적 장치를 가지고 자신의 손님을 계속해서 즐겁게 해 주는 것을 자기 일로 삼았는데, 이 모든 것은 용감한 사신의 비판보다는 경탄을 자아냈다. 그러나 방문이 끝날 즈음에 황제는 바그다드에서 온 이 남성에게 특별한 후의를 베풀었고, 그는 이에 대해 폐하가 기대했듯이 특별한 칭송을 올리는 것도 잊지 않았다.

"나의 떠날 날이 가까워 오고, 그가 편지에 답장을 했을 때, 그는 말했다. '나의 성채로 오거라.' 우리는 길을 떠나 마침내 문지기가 지키고 있는 성채에 도달했다. 우리는 안으로 들어갔다. 거기에는 자물쇠로 채운 작은 집들이 있었다. 그는 그중 하나의 문을 열도록 명령했는데, 거기에는 작은 집 안에 벽을 빙 둘러 흰 자루들이 차곡차곡 쌓여 있었다. 이때 그가 말했다. '이 중에서 네가 원하는 것을 가리켜라.' 나는 자루 중 하나를 가리켰다. 그는 항아리를 가져오게 했고, 항아리는 자루로 채워졌다. 그러고 나서 그는 자물쇠를 채우게 하고, 다른 작은 집을 열도록 했다. 그것도 처음 집과 같이 길었고, 거기에는 붉은 자루들이 놓여 있었다. 그가 말했다. '이 중에서 네가 원하는 것을 가리켜라.' 나는 자루 중에서 하나를 가리켰고, 그것도 항아리에 채워졌다. 그러자 그는 자물쇠로 채우게 했고, 우리는 성채로 갔다. 그는 용광로 하나, 풀무 하나, 구리 한 라틀, 그리고 납 한 라틀(Ratl)(이것

11　Stroh.는 Strohmaier의 약어이다.

은 바그다드의 척도에 따라 각각 406.25그램이다)을 가져오게 하고, 그중의 하나를 녹이라고 명령했다. 그는 흰 물질 중에서 엄지손가락 손톱만큼을 취해 거기에 첨가하도록 하고 나서, 그것을 쏟아붓게 했다. 그러자 그것으로부터 흰 은이 나왔다. 그다음에는 구리가 녹여졌고, 붉은 것 중에서 손톱만큼이 부어졌다. 그러자 붉은 금이 나왔다. 그다음에 그가 말했다. '이게 나의 재산이라는 것을 너의 왕이 알기를 원하노라. 그리고 말과 남자들은, 네가 알다시피 훨씬 더 많다는 것도.'" (Stroh. 170)

이야기의 결말은 다음과 같이 빠르게 진행된다. 우마라는 "나는 그에 대해서 알-만수르(Al-Mansur)에게 보고했다. 이로 인해 그가 연금술에 관심을 쏟게 되었다"라고 기록하고 있다.(Stroh. 170)

나머지는 '클레오파트라가 그렇게 예쁜 코를 갖지 않았다면 어떤 일이 일어났을까?' 같은 가정 형식의 물음들이다.(25) 이 물음들은 대답할 수 없는 것이기는 하지만, 비현실적 가정법의 역사를 위한 모든 매력을 지니고 있다.

우리가 실행력이 강한 알-만수르는 불운했던 헤라클레이오스 황제의 상속인이 콘스탄티노스 황제가 아니라 자기 자신이라고 생각하고 싶어 했다는 것을 고려했다면, 더 나아가서 자기 손가락 바로 앞에 놓인 상속권이 이슬람교도의 지배자가 보기에는 전쟁에 충분히 값할 만한 것이었다는 점을 고려한다면, 그리고 마지막으로 이 분야의 전문가인 나폴레옹 황제의 말에 따르면 전쟁 수행을 위해서는 3가지, 즉 돈, 돈, 돈이 필요하고 그것도 상대보다 더 많이 보유해야 한다는 것을 고려하면, 이 모든 것은 이러한 물음, 즉 무엇보다도 상대가 자기보다 그 돈을 더 많이 보유한 것이 아닌가 하는 우려 때문에 모험에 나서지 않은 것 아닌가 하는 물음에 답을 준다.

그리고 이 모험이 만일 성공적이었다면, 콘스탄티노폴리스가 15세기가 되어서가 아니라 중세 초기인 8세기에 함락되었다면? 그리고 무슬림들이 17세기가 되어서가 아니라 그보다 거의 천 년 전에 이미 도나우강 상류에 도달하고, 이로써 기독교 유럽의 심장에 도착했다면? 그리고 이 심장이 박동을 멈추었다면?

가정형(Irrealis)의 보호우산 아래에 숨어서 우리는 용기 있게 연금술이 **그것**을 막았다고 주장할 수 있다. 그런데 연금술이 그것을 막은 이유는, 바로 비잔티움 사람들의 속임수는 성공적이었고 그들 자신은 성공하지 못했기 때문이다. 그러나 우리는 국가의 명령을 받아 시행된 바그다드의 연금술이 국가재정을 증대시키지 않았다는 것을 이미 역사로부터 알고 있다.

그런데 여기서 '성공 못 했다'가 '결과 없음'도 의미할까? 이것은 쉽게 답할 수 있는 물음이 아니다.

어쩌면 우마라가 그의 호감이 가는 주인장의, 어찌됐든 황제인 사기꾼의 훤히 들여다보이는 잔꾀를 그냥 모른 척 넘겨 버리려고 했을지도 모른다. 여기서도 우리는 알 수는 없고 물을 수만 있다. 우마라는 납이 어쩌면 얇은 납 거죽이 입혀진 은일지도 모르고, 구리는 어쩌면 얇은 구리가 입혀진 금일지도 모른다는 생각을 꿈속에서라도 했을까? 그는 황제가 그 일을 하기 위해서 가져오게 한 용광로 속에 귀금속이 숨겨져 있을지도 모른다는 생각을 했을까? 아니면 항아리 속에?

아마 아닐 것이다. 그래서 — 황제의 놀랄 만한 물질변환이 어디에서나 다시 일어나지는 않는다는 것을 알아차렸을 때에도 — 그럼에도 불구하고 연금술의 경제적 기적을 불러오는 효능에 대한 믿음은 남지 않았을까? 사건의 외적 과정 — 사신이 자신의 그토록 믿을 만한 눈으로 확인했던 — 에만 집착했던 그 믿음이?

이 사건의 전개는, 몇몇 세부적 측면에서는 우리에게 익숙한 이집트-비잔티움 연금술과 다르다. 조시모스도 이미 크세리온, 즉 뿌리는 가루에 대해서 언급한 바 있다. 그리고 나중에 그는 아랍 연금술에서 표준지식이 된, 흰 크레시온과 붉은 크레시온이 존재한다는 이야기까지도 했다. 그러나 가루의 **작용**은, 그것이 엘릭시에르든 산호(Koralle)든 돌이든 어떤 것으로 불리든 상관없이, 콘스탄티노스 황제의 잔꾀 상자 속에서 숙성된 이래 크게 바뀌었다. 금의 산호의 작용은 이집트와 비잔티움 제국 연금술에서는 아직 의심받지 않았다. 어느 정도가 들어가야 하는지는 대부분 제시되지 않는다. 그러나 항상 1부분의 산호가 최대 100부분의 천한 금속에 작용하는 것으로 되어 있었다. 그런데 이는 이해할 수 있는 것을 찾는 오늘날의 화학자로 하여금 여전히 디플로시스, 트리플로시스 내지 폴리플로시스 또는 그것 말고도 잘못 이해된 은색이나 금색 합금에 대한 기대를 갖게 만든다.

그 밖에도, 가령 조시모스는 변환이란 밀가루반죽 속에서의 효모의 작용 또는 일종의 배아의 발달과 같은 것이어야 한다고 보았다. 즉, 성숙과정에 상응하고, 따라서 분명하게 시간이 필요한 것이다. 콘스탄티노스 코프로니모스의 경우 사정은 갑자기 달라진다. 엄지손톱만큼의 엘릭시에르 — 1그램 또는 그보다도 더 적은 양? — 는 자기 무게의 400배 이상 되는 것을 변환할 능력이 있다. 그것도 순간적으로. 그런데 이 질적 도약 후에 아랍 연금술 대가들은 더 이상 주저할 게 없었다.

스페인의 연금술사 알-마그리티(Al-Magriti)는, 기독교 중세에《피카트릭스》(Picatrix)라는 이름으로 중요한 역할을 하게 될《현자의 사다리》(Rutbat al-hakim)라는 제목의 책을 썼는데, 그는 엘릭시에르가 아주 많은 양의 납을 조금도 지체하지 않고 변환시킨다고 아주 고집스럽게 주장한다. '아주 많은 양'이란 아르-라지(Ar-Razi)가 보기에는 엘릭시에르의 600배, 아니 2만 배나 되는 양이다. 그전에 이미 자비르는 1 : 1,100,000의 무게 비에 대해서 말했다. 엘릭시에르의 제조와 관련하여 효모-작용에 대해서도 꽤 많이 이야기하는 자비르는 시간적 지체와 관련해서는, 단순한 약제는 효과가 나타나는 데 40일이 걸리지만, 위대한 엘릭시에르는 1시간이면 효력을 발휘한다고 주장한다. 그 후 알-마그리티(Al-Magriti)에 와서는 이 1시간이 순간으로 줄어든다.

자비르는 이러한 과정의 초기에 다른 사람들과 함께 완전한 망상을 향해 나아가고 있었다. 예를 들어서 그는, 우마라의 망상의 산물이 우리가 보기에는 그것의 높은 주조가치 때문에 곧 가치가 크게 부풀려졌다는 것이 드러났는데도 그것을 진짜라고 생각했을까? 우리가 보기에는 이 돈이 얼마 후 그것이 지닌 높은 명목가치 때문에 인플레이션 돈이라는 것이 밝혀졌는데, 그렇다고 해도?

12. 자비르의 실험실 작업

그러나 그가 어떻게 자신의 이론들과 수치에 도달했든 간에, 위대한 엘릭시에르의 목표는 평범한 엘릭시에르의 목표와 마찬가지로 실험실 작업 없이는 도달될 수 없는 것이었다. 그런데 자비르는 상세한 값을 제시함으로써 그가 정말 실험실에 있었다는 것을 증명한다. 이는 연백[*Bleiweiss*, $Pb(OH)_2 \cdot 2PbCO_3$]의 제조를 위한 다음 실험방법을 읽기만 하면 알 수 있다.

"한 라틀의 밀타승(일산화 납, PbO)을 취해서 고운 가루로 만든 후, 그것을 4라틀의 포도 식초와 함께 섞어 절반이 사라질 때까지 끓인다. 그 후 와디 나트룬[12]의 가장 좋은 알칼리염 1라틀을 취해서, 4배의 담수와 섞고 절반으로 줄어들 때까지 끓인다. 그다음 그 각각 — 수용액과 식초 용액 — 을 안에 어떤 탁한 것도 남지 않을 때까지 철저하게 여과한다. 이제 알칼리 용액을 조금씩 밀타승 용액에 붓는다. 그러면 그것은 거품처럼 되고, 아주 강한 흰색을 띠게 된다. 그것을 먼지가 들어가지 않게 덮고, 며칠 동안 그대로 둔다. 그러면 그것은 아주 희게 되고, 그 위는 맑은 물이 덮인다. 물을 따라 내고, 남은 것이 마를 때까지 놓아두면, 눈과 같은 염이 생겨난다. 우리는 오직 신만 믿는다."(Gar. 14)[26]

자비르가 승화나 융합에 대해 이야기할 때는, 그것을 단지 계산 크

---

12 Wadi El-Natrun. 나트론의 계곡, 즉 알칼리염의 계곡이라는 의미의 아랍어, 이집트 나일 삼각주 부근에 있다.

기로 사용하기 위해서만 언급하는 것이 아니다. 그는 실제적 활동으로서의 두 행위에 관해서 이야기하고, 증류와 다른 공정에 의한 프네우마타의 정화에 관해서 이야기하고, 하소(煆燒, Calcination) ― 이때 사람들은 언제 중단해야 할지 정확하게 알아야만 하는데 ― 같은 것에 의한 소마타와 아소마타의 전(前)처리에 관해서 이야기하고, 전처리된 물질들을 균형 잡힌 비율로 합치는 기술인 미자그(Mizag)에 관해서 이야기하며, 마침내 본래의 물질변환을 완수해야 할 투사(Projektion)에 관해서 이야기한다.

이때 그가 보기에도 연금술적 '예술', 즉 사나(Sana), 또는 '예술의 학문'의 중심에 서 있는 것은 증류이다.[13] 여기서 연금술의 역사 속에서 특히 눈에 띄는 새로운 것은, 자비르가 유기 물질들의 건조 증류를 선호한다는 것이다. 그 이유는, 그가 이를 통해서 가능한 한 '순수한' 물질, 순수한 원소 그리고 순수한 '성질'을 얻어서 그것을 양적으로 정확하게 조합할 수 있기를 갈망하기 때문일 것이다. 그러나 금속과 광물은 ― 그것의 프네우마 비율이 낮기 때문에 또는 그것들이 동물성 및 식물성 물질처럼 조직이 잘 되어 있지 않기 때문에? ― 증류를 통해서 그들의 원소로 분해할 수 없는데, 그렇다고 해서 그것이 유기물질과 무기물질 사이에 원칙적 차이가 존재함을 의미하는 것은 아니다.

성공적인 증류는 네 가지 타입의 기본물질 ― '증류 원소들'이라고도 말할 수 있는 ―, 즉 팅크투르(Tinktur),[14] 기름, 물 그리고 흙을 내

---

13 여기서 Mizag, Sana는 모두 아랍어를 로마자로 표기한 것이다.

놓아야 할 것이다. 이때 증류 원소는 각각 하나의 '선도 원소'(Leit-Element)에 상응한다. 다시 말해서 팅크투르는 기체 형태이고 가연성인 것, 즉 원소 불에 상응하고, 기름은 기체 형태이면서 비가연성인 것, 즉 원소 공기에 상응하며, 물은 물과 같은 것, 즉 원소 물에, 그리고 마지막으로 단단한 찌꺼기로서의 흙은 원소 흙에 상응하는 것이다. 그 밖에 기름은 물질의 영(Anima)으로서의 수은에 상응하고, 팅크투르는 물질의 스피리투스(Spiritus)로서의 황에 상응한다고 하는데, 내가 보기에 이는 자비르의 나머지 프네우마 이론들과는 잘 들어맞지 않는 것 같다.

그는 프네우마타의 수를 여섯 개로 늘렸는데, 이미 언급된 《카우사 카우사룸》에 와서는 이 수가 7로 늘어난다. 자비르는 수은과 황 외에 아르세니크(Arsenik)를 첨가했는데, 이는 그가 아르세니크와 황을 혼동하지 않았음을 의미한다. 그 밖에 그는 장뇌, 살미아크, 그리고 그가 마음씨 좋게도 "모든 것의 기름"이라고 부르는 것을 덧붙인다.

그런데 수은은 프네우마타적인 것이기 때문에 당연히 금속에 속할 수는 없다. 그래서 일곱 개의 소마타 목록에서 수은은 '중국-철'로 대치되었다. 중국-철은 수은을 대신해서 수성과 연결되었는데, 이것은 아마 아연, 구리, 그리고 니켈 — 당시에는 니켈로 알려져 있지 않았던 — 로 구성된 것으로 그 구성비가 변화될 수 있는 합금을 가리킬 것이다.

그 밖에도 자비르는 그의 '작용값-공식'의 스타일로 증류가 내놓

---

14 식물성 또는 동물성 물질로부터 추출한 유동성 강한 액체일 것이다.

을 수 있었던 모든 것을 뛰어넘으려고 시도했다. 다시 말해서 그는, 물을 수백 번 증류하고 이때 계속해서 물질에 건조함이라는 '성질'을 아주 많이 첨가하면 물이 자신의 축축함을 상실하고 흰색으로 빛나는 물질이 될 것인데, 이 흰색 물질은 순수한 차가움이라는 '성질' 이외의 다른 어떤 것도 — 거의 — 아니라고 주장한다. 왜냐하면 자비르는 또한 '성질들'은 항상 함께 모여 원소를 형성해 왔다고 주장하기 때문이다.

분명히 자비르는 이 흰색으로 빛나는 물질을 한 번도 손에 넣어 보지 못했지만, 그것에 근접하기는 했던 것 같다. 증류할 때 반응플라스크의 유리로부터 흰색 물질인 규산이 녹아 나왔을 수도 있고,[27] 또한 당시에 시장에 나와 있던 유리들이 700번의 증류를 아예 견디지 못했을 수도 있다. 그렇다면 자비르의 죄는 터널의 입구를 터널의 출구가 있다는 것의 증거로 삼았다는 데 있을 것이다.

13. 자비르의 철학

그런데 '자비르'와 '증류'와 '프네우마'와 '엘릭시에르'라는 이름을 한꺼번에 말하면, 자비르의 이색적 지상건축기술과 지하건축기술이 분명히 연금술의 '성스러운 구역'에 속한다는 것을 충분히 드러낼 수 있을까? 물론 그것으로는 불충분하다. 그러나 우리가 찬성과 반대를 늘어놓기 전에 해야 할 일은, 그가 본래 어떤 안경을 통해서 자기의 레토르트, 도가니 그리고 텍스트의 세계를 바라보았는지 묻는 것이다. 진정한 연금술 대가는 그런 안경을 끼는 것이 허용되었을까? 미리 말하자면, 그에게는 허용되었다.

그리고 덧붙일 수 있는 말은, 연금술사들의 코 위에 얹혀 있던 **모든 안경알**은 자비르의 안경에도 포함되어 있던 성분을 하나 가지고 있었다는 것이다. 이 성분은 신피타고라스주의-신플라톤주의다. 자비르는 자기 안경알의 작용을 스스로 아주 잘 기술했다. 왜냐하면 그는 우리 앞에 명확한 질료이론을 만들어 내놓을 뿐만 아니라, 그것의 우주론적 배경도 제시하기 때문이다. 그런데 이 배경은 천지창조 신앙이라는 면에서만 다소 이슬람화된 신플라톤주의로서 우리 앞에 나타난다. 이때 그는 한편에서는 피타고라스와 발리나스(Balinas)라는 독특한 사람을, 그리고 다른 한편에서는 포르피리온(Porphyrion) 같은 신플라톤주의자를 끌어댄다. 물론 그의 정말 완벽한 영웅은 소크라테스였는데, 소크라테스는 자비르에 의해서 지체 없이 신의 예술의 대가(大家) 중 하나가 되었다.

여기서 또 덧붙여야 할 점은, 피타고라스주의와 플라톤주의의 전통이 전반적으로 간접적 출전에 기반하고 있다는 것이다. 특히 이 전통은 '플라톤적인 생의 감정'에 기반하고 있는데, 이 감정은 두 철학을 아주 다른 방향으로 발전시켰다.

신플라톤주의자의 경우와 같이 자비르의 경우에도 신, 즉 모두-하나(*das All-Eine*)의 개념은, 감각적으로 파악 불가능하고 바로 그렇기 때문에 플라톤의 선의 이데아에 상응하는 현실적인 원(元)-이데아로 등장한다. 모두-하나는 원래의 신(神)-영(靈)-혼(魂) 3위로부터 나오는 발산물(*Emanation*) 속에서 피어난다. 원-이데아는, 말하자면 스스로 창조한 사물을 저 아래에 있는 질료에 이르기까지 비추고, 그럼으로써 모든 것에게 내적 연관성 — 그 구성부분에서 서로 영향을 미치는 — 을 부여한다. 신과 천지창조는 이때 위계론적이고 가치론적 측면에서 고찰되는데, 여기서 자비르는 비물질적인 것 — 더 좋은 — 과 물질적인 것 — 더 나쁜 — 사이에 하나의 단계가 존재한다고 본다. 이 단계를 우리는 일종의 제일질료로 표현할 수 있다. 그것은 빛의 천구로서 물질적 우주를 둘러싸고 있는데, 이 천구는 본래 물체성을 지닌 것은 아니지만 가시적이다. 아리스토텔레스의 다섯 번째 원소 아이테르와 달리 이 빛 천구 물질은 모든 지구상의 물질적 현상들의 기초이기도 하다.(28)

물질적 우주가 섞인다는 가정은 자비르의 사고 범위로부터 발원한 다른 철학은 배제하는 것처럼 보인다. 그런데 이 철학은 이스마일파와 관련해서 그리고 특히 연금술과 관련해서 계속해서 우리와 마주쳤던 그노시스이다. 빛 천구의 물질이 아무리 그렇다고 해도, '자비르가 신플라톤주의 그노시스주의자 같은 사람이었을 수 있을까?'라는 물음은 허용될 수 있는 것이다. 왜냐하면, 신과 우주 사이의 엄청난 거리가 지켜지기만 한다면 — 그리고 그것이 도덕적 거리로 여겨지기만 한다면 — 좋은 그노시스주의자는 빛 질료라는 개념을 아마 감수할 것이기 때문이다.

그러나 자비르는 이 지점에서 분명히, 그가 의지했던 연금술 전통에 따라 사고했다. 그에게도 중요한 문제는, 어느 한 세계 — 그가 고귀해질 수 있는 것으로, 그리고 그럼으로써 영적인 것으로 파악한 — 속에서 더 좋게 만드는 것, 고귀하게 만드는 것이었다. 우리가 그를 단번에 신플라톤주의자와 그노시스주의자라고 부르려 한다면, 이는 3세기에 신플라톤주의의 창시자인 플로티노스가 허용하는 한에서만 그렇게 해야 한다. 플로티노스는 그노시스주의자를 플라톤주의자로, 물론 실패한 플라톤주의자로 보았는데, 그 이유는 그들이 비(非)그리스적으로 사고했고 우주 속에서 질서정연한 배열을 볼 수 있는 능력이 없었기 때문이다.[29] 질료의 도덕적 지위에 대해서 플로티노스는 이렇게 말한다.

"그런데 질료가 신적인 것을 지니지 않은 것으로 머물러야 한다면, 신적인 것은 어디에나 있는 것이 아니라 어느 제한된 장소에만 있을 것이고, 질료는 말하자면 신적인 것을 막는 경계벽일 것이다. 그렇지 않다면, 질료는 신적인 것에 의해서 그 깊숙한 곳까지 비춰지고 있는 것이 분명하다."[(Enneaden) Plot. IIIa, 113]

여기서 신앙 깊은 무슬림 자비르는 분명히, 피타고라스에 의지해서 아름다움과 세계의 조화 — 물질적 구성물에까지 이르는 — 에 대한 느낌을 습득한 플로티누스 편에 서 있다. 이슬람의 무조건적 유일신주의는 무엇보다 그노시스의 마니교적 변형본을 허용할 수 없었는데, 거기에서는 악마가 최고의 신에게 거의 동등한 대항세력으로 맞선다. 플로티누스도 악을 독자적인 것으로 보지 않았다. 그에게도 그것은 물론 아픈 상실(Privativum), 결국은 광범위한 조화 속의 부재였을 뿐이다. 그리고 아주 일반적으로 이야기할 수 있는 것은, 신플라톤주의와 신피타고라스주의는 공감과 반감의 조화를 추구함에 있어 아주 자연스럽게 만나고 혼합주의적으로 섞일 수 있었다는 점이다. 이는 자비르의 경우에만 그런 것이 아니었다. 이때 자비르의 주된 관심은 원래의 피타고라스주의자와 달리 **숫자**로서, 원질로서, 아르케(Ar-che)로서의 숫자의 역할이 아니라, 양으로 표현될 수 있는 질료의 조화의 베일을 벗기기 위한 **셈하기**(Abzählen)의 역할에 있었다.

자비르가 '성질들'의 양적 비율을 음악적 화성 속에서 파악하려고 했음은 놀랄 일이 아니다. 왜냐하면 음악에서 화성은 스스로 하나의 기적, 하나의 비밀임을 증명하기 때문이다. 이 비밀은 우리가 우리 현대세계에서도 풀 수 없고, 기껏해야 밖으로부터 접할 수 있을 뿐인데, 이때 접한다는 것은 질소, 산소 그리고 약간의 비활성(영족) 분자들의 진동, 그것들을 제외하면 거의 텅 비어 있는 공간 속에서의 이 진동이 영혼을 아주 깊이 흔들어 놓을 힘을 가지고 있음에 관한 우리의 냉정한 경탄을 통한 접함이다. 그런데 조화, 무엇보다도 분명하게 음악적 화성은 실제로 우주의 언어인 것은 아닐까?

이 점을 인정하면 우리는 또한 다음 사실, 즉 우리 입과 우리 오성(悟性)의 언어, 즉 우리가 말하고 쓰는 언어가 조화의 실현을 드러내는 많은 표현 형태를 직접 이해할 수 있게 해 주지는 못한다는 사실도 인정해야만 한다. 그러나 자비르는 바로 그것이 가능하다고 생각했다. 그가 자연 뒤나 자연 위에 놓인 그 어떤 것을 지나서 경험적 자연을 해독하려고 달려들었을 때, 그는 소리들과 언어의 구조에 의해서 매개된 '자연의 본성'을 들여다보는 것이 가능하다고 그냥 **전제해 버렸다**. '그 뒤에 또는 위에 놓인 것', 이것은 그가 보기에는 '자연의 본성'을 널리 알리려는 알라의 천지창조 의도였다.

그렇지만 오늘날 우리는, 어느 한 언어가 '자연의 본성'에 관해서 어떤 것을 말했다고 하더라도 그에 대항해서 이의를 제기한다. 그 이유는 우리에게는 '자연의 본성'에 관한 앎으로 가는 길이 근본적으로 막혀 있는 것으로 보이기 때문에, 그것을 알지 못하리라고 생각하기 때문이다. 이는 성스러운 텍스트의 언어에도 해당되는데, 이들 텍스트 속에서 신앙 깊은 사람들은 — 가령 카발라에서와 같이 — '자연의 본성'을 신의 말 속에서 추측해 낸다고 생각한다. 우리의 제한된 오성은 조화에 대한 우리의 이미 형성된 감정을 정말로 객관화할 처지에 있지도 못하다. 왜냐하면 정확하게 말하면 우리는 우리에게 조화롭게 보이는 것에 대해서만 예를 들 수 있고, 그다음에 이들 예 — 탁월한 구조 특징을 지니고 있는 — 에 대해서 이야기할 수 있기 때문이다. 그리고 우리의 오성은 색채의 본성을 파악하게 해 줄 능력도 없고, 그럼으로써 우리에게 감각적으로 파악 가능한 자연현상의 본질을 이해하게 해줄 능력도 없다. 비록 우리가 대포알 위에 앉은 뮌히하우젠(Münchhausen)처럼 전자 위에 앉아 원자 속에서 이 껍질에서 저

껍질로 오르내리며 다닌다고 해도 우리는 그에 도달할 수 없을 것이다. 우리는 색만 보지 못할 뿐만 아니라 아무것도 보지 못할 것이다. 왜냐하면 전자는 '색'이 없고, 그것의 운동도 색이 없기 때문이다.

그래도 우리는 우리가 생각하는 것보다 자비르에게 더 가까이 가 있다. 우리 또한 그와 같이 언어를 가지고 있고, 이 언어에서 우리는 자연이 직접 말하지 않은 것 또는 아직 말하지 않은 것을 읽어 낼 수 있기 때문이다. 우리에게는 단지 먼저 관찰과 실험이 선행하고, 그 후에 언어가 올 뿐인데, 이때 관찰과 실험은 물론 사전에 이론에 의해서 뒷받침되고 있으며, 언어는 우리가 관찰과 실험을 통해서 알아내는 자연으로부터 얇은 투명 종잇장처럼 도출되는 것이다. 이 언어가 실제로 자연에 아주 가까이 다가가 있다는 것은, 그것이 후속 실험들의 결과를 예측할 수 있다는 것에서도 드러난다.

예를 들어서 19세기 초에 화학은 화학량론의 발달과 이질동형(*Isomorphismus*)의 발견으로 그러한 가능성을 만들어 냈다. 1817년에는 셀레늄이 발견되었는데, 화합물 속에서 그 원자적 구성비는 처음에는 알려지지 않았다. 당시에는 원자량을 직접 결정하는 것이 불가능했기 때문이다. 그런데 황산 구리와 셀레늄산 구리가 동일한, 말하자면 이질동형의 결정 형태를 보인다는 것이 밝혀졌는데, 이는 두 화합물이 동일한 화합비를 가짐을 가리키는 것이었다. 황산 구리 속에는, 당시에도 알려져 있었듯이 황이 1의 비율로 들어 있다. 이에 따라 사람들은 후속 실험을 하지 않고도 셀레늄산 구리의 화학식이 $CuSeO_4$라고 추정할 수 있었다. 셀레늄도 마찬가지로 화합물의 화학식단위당 1의 원자구성비를 가지고 있는 것이다. 그러므로 여기서는 언어 자신이 인식으로 가는 교량이다. 그러나 이 인식은 다음과 같이 말할 뿐이다. 즉, 우리가, 우리의 인식 가능한 차원 위에 있는 특정한 사건들을 어떤 규칙적 연관 속에 배열하는 데 성공한다면, 우리는 다음과 같은 점을 가정할 수 있다. 말하자면 우리의 인식이 정확하게 따져 보면 여전히 우리에게 알려지지 않은 자연 속의 현상들과 어떤 식으로든, 정말 '어떤 식으로든' 관련이 있으며, 또 이 현상들이 어떤 식으로든 서로 연결되어 있기 때문에, 규칙으로부터 유도된 우리의 인식 가능한 차원 위의 후속 인식은 자연 속의 그에 상응하는 현상과 조응한다는 것이다. 우리가 '옳다'는 것에 대한 증명은 결국 자연에 대한 기술적인 조작 가능성에 의해서 제공되는 것이다.(30)

자비르의 경우는 반대이다. 그는 완성된, 글자 그대로 신에 의해서 주어진 언어, 즉 자연에 대한 우리의 인식에 관해서가 아니라 자연 자체에 관해서 진짜 언명을 하는 언어를 가지고 시작한다. 간단한 물질의 실험실 값이, 그것이 소속된 단어로부터 기대되는 것과 조금 다른 결과를 내놓으면, 그것은 단지 이상(Ideal)으로부터의 편차를 나타낼 뿐이다. 오류나 분명치 않음은, 물질의 **본래 자연**을 드러내 주는 언어적 표현이 아니라, 근본적으로 물질적인 자연 고유의 것이다. 다시 한번 말하면, 자비르는 '자연의 본성'에 관해서 이야기한다고 믿었던 것이다. 이 점에서 우리는 조금 겸손한데, 우리는 더 이상 자연의 본성에 관해서 이야기하지 않으며, 그렇기 때문에 **우리는** 원자폭탄을 만들 수 있는 위치에 있다. 우리의 불손함은 정말 다른 종류의 것이다.

우리의 기술적 성공에 의해 뒷받침되는 이 불손함은 '자연으로 돌아'가려는 우리의 갈망을 부수어 버린다. 아니, 어느 정도는 살아 있는 육신의 상태로 매장해 버린다. 장 자크 루소가 말하듯이 "자연으로 돌아가라"— 그렇지만 어떻게? 어쩌면 이 열망은 헛된 것일지 모른다. 우리가 이 열망을 의미로 그리고 진정한 인식의 힘으로 충족시키는 것은 불가능한 것처럼 보인다. 이는 적어도 우리가 그 충족시킴을, 그것을 위해 인간에게만 주어져 있는 것처럼 보이는 이성(Ratio)이라는 수단을 사용해서 **강요**하려 할 때 그렇다.

너무 과도하게 해석하는 것일지 모르지만, 자비르는 나에게 세계의 조화를 찾았던 요하네스 케플러를 연상시킬 뿐만 아니라, 무엇보다도 화가인 필립 오토 룽게(Philipp Otto Runge) 같은 낭만주의자, 그리고 그의 신비적이고 모든 것을 포괄하며 동시에 잡히지 않고 보이지 않는 갈망을 연상시킨다. 룽게는 이 갈망을 자연의 상징보고라고 하는 것으로부터 뽑아낸, 합리적 구조물의 속박 속으로 밀어 넣었다—그것이 그 속에서 질식해 죽을 때까지. 그래서 그것은 볼 수 있고 박물관에 전시할 가치를 갖게 되기는 했지만, 죽은 것이다. 이와 관련해서 우리가 또 잊지 말아야 할 것은 우리가 자비르와 이스마일파와 함께 합리적 신비주의로 경도되는 종교적 환경영역 속에서 움직인다는 것이다.

그러나 그러한 신비주의 하나만 자비르를 연금술사, 적어도 우리에게 친숙한 이집트 연금술의 의미에 부합하는 연금술사로 만드는 것은 아니다. 왜냐하면 그런가 그렇지 않은가 중에서 그렇지 않다는 쪽으로 기울어질 만한 요소가 몇 개 있기 때문이다. 우리는 그의 저작 어디에서도 실제로 제조할 수 있는 제일질료에 대해서 들을 수 없고,

필립 오토 룽게, 〈아침〉, 1808

(원서에 없으나 이해를 돕기 위해 실은 도판—옮긴이)

검은 물질적 비밀에 대해서 들을 수 없다. 자비르가 강하게 지적하듯이, 금을 다른 금속들보다 더 귀한 것으로 보는 물질이론적으로 중요한 이유조차도 존재하지 않는다. 그리고 표준제법도 존재하지 않는다 — 연금술사의 피올레에도, 그의 혼에도 없다. 또한 그토록 많은 이집트 연금술사들이 보여 준 신비적 형상화도 우리의 아랍인에게서는 전혀 찾아볼 수 없다. 그 대신에 자비르는 우리에게 자연철학적으로 잘 뒷받침된 물질이론을 제공한다. 그런데 이렇게 상세한 물질이론은 이집트 연금술 대가들에게서는 거의 찾아볼 수 없다.

그런데 자비르의 연금술 구역 거주 권리를 완전히 금하기 전에 우리가 고려해야 할 점이 있다. 그것은 이집트-헬레니즘 연금술사들이 비록 그들 자신은 명확하게 이야기하지 않았지만 분명히 신플라톤주의적 사고의 영향을 받았다는 것이다. 측량할 수 없을 정도로 멀리 떨어져 있지만 그러면서도 물질세계가 신에게 버림받는 것을 용인하지 않는 모두-하나에 대한 관념, 그리고 위를 향해서는 구원을 바라봄과 동시에 아래를 향해서는 감각적 유혹을 바라보는 존재로서의 혼에 관한 관념은 아주 자연스럽게 연금술의 시초와 맞아 들어간다. 그러므로 자비르는, 그가 자신이 '옛 현자들'의 전통 속에 포함되어 있다고 느꼈던 것과 똑같이 그 관념들 속에서 최고로 편안하게 느낄 수 있었다. 그런데 그는 이 옛 현자들 속에 소크라테스 말고도 데모크리토스 같이 '연금술화된' 다른 그리스 고전 철학자들을 넣었고, 특히 그사이에다 마찬가지로 고전적 연금술 대가의 반열에 들어간 조시모스, 아가토다이몬, 헤르메스를 넣었다.

그런데 자비르가 엘릭시에르의 비밀은 옛 사람들이 '눈의 검은자위'에 관해서 이야기할 때 암시되기만 했을 뿐이라고 주장할 때, 우리는 베일에 싸인 진리와 태고의 예술(Prisca ars)의 영역 속에 완전히 발을 들여 놓게 된다. 또한 자비르는 연금술이 단지 물질적인 목표들이 아닌 다른 목표들을 가지고 있기 때문에, 그것이 비밀스럽고 비밀스러움을 계속 간직해야 한다고 강조한다. 즉 그는 금을 유리처럼 값싸고 천하게 만드는 자는 세계를 지독한 타락 속으로 떨어뜨리는 것이라고 말한다. 이는 아주 냉정하게 경제적인 것을 의미한다고 볼 수도 있지만, 또한 그렇다면 연금술사가 다른 어떤 것을 추구해야 하는가라는 물음을 열어 놓는다.

자비르의 암묵적 답은 분명했다. 그노시스, 즉 구원을 주는 지혜를 추구해야 한다는 것이다. 그와 옛 연금술 대가들이 지혜와 구원을 어떻게 이해했든 그들은 모두 공통의 전통 위에 서 있었다. 내가 보기에 자비르의 잠재적 범신론도 이 전통에 잘 들어맞는다. 자비르의 범신론은 그의 빛 질료 가정, 그리고 마찬가지로 자명한 것으로 받아들여진 것처럼 보이는 질료 속 프네우마타에 관한 가르침 속에서 불분명하게 드러나는데, 그것은 오히려 '모두 혼을 가지고 있다'는 관념으로서의 범심론(Panpsychismus)으로 자신을 드러낸다. 그러나 그토록 강하게 유일신론적인 이슬람의 조건 속에서 자비르는 더 이상 명확해질 수 없었다.(31)

자비르 자신은, 우리가 이미 알고 있는, 말하자면 스승-제자 관계를 거치는 바로 그런 방식으로 전통을 따른다. 이 관계 속에서 그는 스승의 역할만을 했던 것이 아니라 모든 비판을 초월한 사람, 즉 이맘 자파르의 제자 역할도 했다. 스승으로서의 자비르는, 훌륭한 연금술 방식으로 수공업적 실습과 수공업의 이론을 크게 넘어서는 광범위한 정신적 요구들의 융합을 대표하는 사람으로 되어 있다. 이때 그에게서도 연금술의 좋은 관습, 즉 귀중한 책을 무자격자들과 무책임한 자들의 손에 넘어가게 하지 말라고 경고하고, 이어서 원래 아무것도 말해서는 안 되는데 하고 투덜대는 관습도 발견된다. 자비르는 무자격자를 막기 위해서, 모든 연금술의 지혜는 '프톨레마이오스의 도서관'에 숨겨져 있다는 조시모스의 옛 주장을 자신의 저작에 연결시키는 길을 택한다. 모든 지혜를 자신의 전집 속에 모아 놓고, 그렇지만 거기에서 어떤 것은 빼놓기도 하고 상호 참조망을 만들어 놓음으로써 정말 선택받지 못한 자는 그 흔적을 좇을 수 없도록 숨겨 놓은 것이다. 그는 이것을 타브디드 알-일름(*Tabdid al-ilm*), 즉 "지식 또는 학문의 흩어 놓음"이라고 부른다. 우리 같은 가련한 후대들은 물론 우리 자신을 선택받은 자로 볼 수 없다. 이는 우리에게 위대한 스승과의 만남이 허용되지 않기 때문만이 아니라, 그의 전 저작의 상당한 부분이 시간을 견뎌 내지 못하고 사라졌기 때문이다.

자비르가 전집에서 자신의 비밀 지식을 의도적으로 흩어 놓고 갈라놓고, 이를 통해서 비밀을 전달은 하지만 선택받은 자에게만 하려는 시도는, 내가 보기에는 그가 그노시스와 연결되어 있음을 보여 준다. 이는 이스마일파가 그노시스적 성격을 보이는 것과 비슷하다. 지식을 보유하면 세계를 지혜 가운데 배치할 수 있게 되는데, 여기서 자비르는 이스마일파와 마찬가지로 '진짜의' 좁은 그노시스를 뛰어넘는다. 그렇기 때문에 자비르에 있어서도 위대한 엘릭시에르, 즉 엘릭시에르들의 엘릭시에르, 독들의 독, 눈의 눈동자는 우주, 인간, 그리고 질료를 조화 — 구원을 가져오는 — 속에다 묶어놓을 수 있는 물질적 이상으로서 존재한다. 그런데 그는 왜 모든 엘릭시에르의 마지막 엘릭시에르를 찾아야만 했을까? 내가 보기에는 그것이 그 자신의 이론의 경계를 넘어 버리는 것인데도 말이다.

그러한 것들을 고려하면, 우리는 많은 물음이 답해지지 않은 채 남아 있다고 해도 자비르의 저작들을 연금술의 영역에 넣어 주어야 한다. 자비르는 연금술 대가였지, 화학을 했던 그냥 한 명의 신플라톤주의자는 아니었다. 우리는 그가 우리에게 낯익은 '시적'-헤르메스주의적 연금술과는 분명하게 구별되는 새로운 종류의 매우 '원형 화학적인' 연금술을 내놓았다는 말을 몇몇 근거를 가지고 덧붙일 수 있다. 자비르와 그의 정신적 상속자들의 아랍 연금술은 단순히 '번역된 그리스어'가 아니다. 그것은 체계적으로 배열되어 있고, 세심하게 구성된 새로운 자연철학적 기초를 가지고 있었다. 그리고 또 자비르 연금술의 정신적 건축물, 즉 그의 '합리적 질료-신비학'은 이집트 연금술의 구역에서는 낯선 것처럼 보일 것이다.

14. 두 개의 판

이 모든 것이, 이집트인들이 우리에게 보여 준 것과 같은 연금술적 모험 이야기와 비전적 금언들이 아랍 영역에서는 지속되지 못했다는 것을 의미하는 것은 아니다. 그렇지 않음을 보여 주는 예로서는 지혜로운 크라테스(Krates)뿐만 아니라 자비르 자신도 제시될 수 있다.

자비르는 발리나스(Balinas)의 저작이라고 하는《천지창조와 자연의 예술의 비밀에 관한 책》, 그리고 또 아리스토텔레스가 썼다고 추정되는《비밀들의 비밀에 관한 책》에 아주 상세한 형태로 등장하는 텍스트로부터 뽑아낸 글을 인용한다. 자비르가 인용한 텍스트는《에메랄드 판》[15]이라는 제목에서 알 수 있듯이 원래 에메랄드(녹옥)로 만든 판에 나와 있었다고 한다. 그런데 이 판은 어떤 굴, 좀 더 정확하게는 쿠프왕 피라미드의 내부에서 발견되었고, '그냥 그곳 어디에서'가 아니라 죽은 헤르메스 트리스메기스토스의 손에서 발견되었다는 것이다. 유일신주의의 채색탕(湯) 속에서 불사의 신은 이렇게 필멸의 현자로 변환되었고, 그다음에는 자주 말없는, 또는 죽은 태고의 노인으로 묘사되었다. 이렇게 해서 그는 연금술의 상상할 수 없는 나이를, 또 연금술의 비밀스러운 특징을 알아보기 쉽게 만들 수 있었다.

'판'(Tabula)의 운 좋은 발견자들 중에는 알렉산드로스 대왕, 발리나스-아폴로니오스(Balinas-Apollonios), 그리고 아브라함의 충실한 아내 사라(Sarah)까지도 들어 있다. 물론 사라는 이를 위해 나일강까지

---

15 *Tabula Smaragdina*. smaragdina는 라틴어로 '에메랄드의'라는 뜻이다.

순례할 필요는 없었고, 그녀가 사는 헤브론의 집 근처에 있는 트리스 메기스토스의 동굴을 별로 힘들이지 않고 발견하는 행운을 만났던 것인데, 이 또한 연금술의 자아상에 대해서 상당한 의미를 지닌다.(32)

텍스트가 길지 않기 때문에, 줄이지 않은 상태로 음미해 보자.

"진실로, 분명히, 그리고 추호의 의심도 없이.

아래 것은 위의 것과 같고 위의 것은 아래 것과 같다, 어떤 사물의 기적을 일으키기 위해서.

나로부터 그리고 유일한 것을 바라봄으로써 생겨난 모든 사물과 같이, 모든 사물도 이 하나로부터 변화를 통해서 태어난다.

그의 아버지는 태양이고, 그의 어머니는 달이다. 바람은 그것을 배에 넣고 다니고, 그의 유모는 땅이다.

그것은 온 세상의 모든 기적 활동의 아버지다.

그가 흙으로 변화되면, 그의 힘은 완전해진다.

흙을 불로부터 분리하고, 섬세한 것을 거친 것으로부터 분리하라, 부드럽게 그리고 아주 조심스럽게.

그것은 지구로부터 하늘로 솟아오르고 그곳으로부터 지구로 다시 돌아온다, 위와 아래의 힘을 받기 위해서.

이를 통해서 너는 큰 세상의 힘을 갖게 되고, 모든 암흑이 너로부터 도망친다.

그것은 모든 힘들의 힘이다, 왜냐하면 그것은 모든 섬세한 것을 이기고 모든 단단한 것을 통과하기 때문이다.

그러므로 작은 세상은 큰 세상을 본으로 해서 만들어진다.

따라서 그리고 이런 식으로 아주 멋진 활동들의 효력이 나타난다.

그리고 그렇기 때문에 나는 헤르메스 트리스메기스토스라고 불린다. 왜냐하면 나는 세상 전체의 지혜 세 부분을 가졌기 때문이다.

내가 태양의 작업에 관해서 말한 것은 완수되었다."(Burck. 219 f.)¹⁶

나는 이 텍스트가 그토록 자주 그리고 그토록 경건하게 다시 읊조려진 것에 놀랄 필요가 없다고 생각한다. 이는 그것이 전 시기의 비밀에 가득한 어두움으로부터 나왔기 때문만도 아니고, 그것이 그토록 짧기 때문만도 아니다. 그것은 그 자체로서 완결되고, 그럼으로써 완전한 것처럼 보이기 때문이다. 말하자면 지혜에 대해서 말할 만한 것은 모두 말하는 것처럼 보인다는 것이다. 그러나 이 텍스트는 그것을 정확하게 이해 불가능하면서-이해 가능한 방식으로, 모든 연금술사들을 항상 새롭게 노력하도록 채찍질하는 그런 방식으로 말한다. 즉, 텍스트는 그들에게 감추어진 곳에 자리 잡고 있는 내적 진리 — 그 베일을 벗기려는 치열한 노력 속에서 처음으로 생명을 갖게 되고, 이해 가능하게 되고, 그럼으로써 정말로 진리가 될 — 를 눈앞에 보여 준 것이다.

이 판은 우리에게도 몇 가지 이야기를 해 준다. 그런데 그것들은 우리에게 태초의 지혜의 메아리로서만이 아니라 원초기 연금술의 사고방식의 반향으로도 들릴 수 있는 것이다. 우리가 위의 것과 아래 것이란 말을 들으면, 우리에게는 클레오파트라, 헤르메스 그리고 수많은 다른 헬레니즘 연금술사의 '아노 카이 카토'(Ano kai kato), 즉 '위로 올

---

16 Burck.는 Burckhardt의 약어이다.

라가고 아래로 내려감'이 즉각 생각난다. 그리고 동시에 또한 위와 아래 사이의, 영과 프네우마와 물체와 소마 사이의, 남성적인 것과 여성적인 것 사이의, 증류 장치 투구 속의 대우주와 증류 플라스크 속 소우주 사이의 순환형적 교환 속에서 돌의 '위대한 기적'을 이룩해 낼 환류증류도 떠오른다. 태곳적 사고 속에서는 아주 낯익은 것이었던 '서로서로 맞물려 있는 양극성'이라는 의미에서 위의 것은 아래 것과 상응한다. 그렇기 때문에 증류의 목적은 정화 — 모든 우연적인 것, 모든 진짜가 아닌 것, 모든 조화롭지 않은 것의 — 로 파악될 수 있다.

예를 들어 14세기의 호르툴라누스(Hortulanus)를 비롯한 서양 연금술사들은 이 텍스트의 첫 번째 문장에서 질료의 분리가 암시되어 있다는 것을, 그리고 그에 뒤이어, 헤르마프로디토스로 상징화되어 있는 것처럼 높은 차원에서의 재결합(Coniunctio)이 암시되어 있다는 것을 깨달았다. 어떻든 간에 '일자'(das Eine) — 그것으로부터 변화를 통해서 모든 사물이 탄생하는 — 는 모든 노력의 목표이다: 헨 토 판(Hen to pan).

물론 아버지 태양과 어머니 달은 우리를 다시 흔들리는 다의성의 토대 위에 놓는다. 이때 그것이 의미하는 것은 대체로 물체적인 것의 최고 형태로서의 금과 은일 것이라고 추정해야 할 것이다. 그러나 또 사물들의 아버지는 황을, 그리고 어머니는 수은을 가리킨다고 본 연금술 대가도 있었다. '태양'과 '달' 속에는, 우리가 그것을 어떻게 해석하든 상관없이 돌이 포함되어 있다. 이때 그것은, 라피스(Lapis)와의 관계를 통해서 임신하는 영의 바람으로부터 태어나며, 흙으로 된 젖으로 키워지기 때문에 동시에 물체적이기도 하다. 돌은 황과 수은이라는 가장 고귀한 질료 또는 두 기본 질료의 자식이다. 그것은 이것들의 아이인데, 이 아이가 그것들을 초월하고, 그것들을 넘어서며, 동시에 그것들의 창조자가 된다. 왜냐하면 금과 은도 황과 수은으로 이루어져 있기 때문이다 ― 그리고 우리가 기독교적-서구적 연금술의 영역에서 움직이다 보면 헤르마프로디토스로 다시 돌아오게 되는데, 이 헤르마프로디토스에 대해서는 나중에 상세하게 다룰 것이다.

라피스는 '모든 것 속의 하나'로서 모든 사물의 아버지와 어머니다. 이는 연금술사들이 그토록 찾아다니던 돌의 편재성을 가리키는 것이기도 하다. 그러나 연금술 대가가 현자의 돌을 손에 넣기 위해서는 그가 실제로 하나의 돌이 되어야 한다. 말하자면 그는 손에 잡힐 수 있는 어떤 것, 어떤 물질적인 것이 되어야 한다는 것이다. 그리고 여기서 우리는 다시 '아노 카이 카토'(Ano kai kato)로 오게 된다.

불로부터 흙의 분리, 섬세한 것으로부터 거친 것의 분리는 소마-프네우마(Soma-Pneuma) 분리라는 모티프를 재수용하는데, 이때 그것은 신플라톤주의적일 뿐만 아니라 ― 혼합주의의 시대에는 모순적이지 않게도 ― 스토아주의적으로도 보이는 시각 속에서 이루어진다. 특히 스토아는 바로 '이중 질료'(doppelten Materie)라는 주제에 대해 명확한 자연철학을 제공하고 있기 때문이다. '이중 질료'라는 주제는 텍스트의 남은 부분을 규정하기도 하는데, 이때 그것은 부분적으로 예전의 모티프들도 다시 받아들인다. 또다시 '아노 카이 카토', 즉 대우주의 교체상으로서의 소우주가 중심문제로 떠오르며, 그리고 이제 ― 너는 "세계 전체의 빛을 소유하게" 될 것인데 ― 결국 문제는 무지의 암흑으로부터 구원받는 것이라는 점이 강조되고, 또 '모든 것' ― 그렇기 때문에 모든 것에 침투하고 동시에 '자연을 기뻐하는 자연'과 관련해서 데모크리토스가 요구하는 그런 의미에서 모든 것에 대해 승리하는 — 인 어떤 힘에 의한 구원이 핵심 문제라는 것이 강조된다.

텍스트 말미의 헤르메스 트리스메기스토스에 대한 언급도 재수용(Wiederaufnahme)과 같은 것이다. 왜냐하면 여기서는 모든 것이 헤르메스주의적 사고의 정신을 호흡하고 있기 때문이다. 그리고 지혜의 세 부분과 관련해서는, 자연의 세 영역, 즉 하늘 영역, 지상 영역, 그리고 지하 영역을 생각할 수 있을 것이고, 날개 달린 신의 이미지에 대해서 생각할 수 있을 것이다. 그런데 이 신은 신들 중에서 유일하게 우주의 세 영역, 즉 죽지 않는 자의 하늘, 살아 있는 자의 지상, 죽은 자의 저승에 거주한다.

연금술 전통에서는 두 번째 판이 존재했는데, 이 판은 근대에 이르기까지 아랍 연금술사들뿐만 아니라 기독교 세계 연금술사들이 환상의 날개를 펼칠 수 있도록 해 주었다. 라틴어로《타불라 케미카》(Tabula Chemica)라고 불리는 이 판은, 900년에서 960~80년 무렵에 살았고 라틴어권 사람들의 의식 속에 현자의 시니어로 자리 잡게 된 이븐 우마일(Ibn Umail)이라는 연금술사가 쓴 것이다.

그의 저작으로는《위대한 지혜를 위한 열쇠》라는 저작과《태양이 초승달에게 보내는 편지》라는 연금술 시와《은 물과 별 흙》이라는 제목을 지닌 이 편지에 관한 주석이 존재한다. 이븐 우마일은 이 주석에서, 그가 직접 이집트의 신전에서 발견한 판에 대해서 상세하게 기술한다. 이 기술을 단지 몇 개의 그러나 소략한 평, 즉 '우마일의 텍스트

에 관해서는 사변할 것이 너무 적은 게 아니라 너무 많다'라는 평과 함께 글자 그대로 재현해 보겠다.17

이븐 우마일은 이렇게 말한다.

"그러고 나서 저녁에 우리는 계승자(Prätendenten)[여기서는 아마 신전지기]가 열어 준 [고대 이집트의] 신전으로 들어갔다. 거기에서 나는 그 전실의 지붕에서 마치 날아가는 것처럼 날개를 펼친 아홉 마리 독수리의 그림을 보았다. 독수리들은 발을 쭉 뻗어 펼치고 있었고, 각각 군대에서 사용하는 넓은 무스타우피(Mustaufi, 장궁, 긴 활) 같은 발톱을 가지고 있었다.

전실의 양쪽 벽, 그리고 신전으로 들어가는 자의 오른쪽과 왼쪽에는 그림으로 그려진 것 중에서 그리고 아름다움이란 면에서 가장 완전한, 서 있는 사람들의 그림이 있었다. 이 사람들은 다양한 색으로 칠해져 있었고, 손은 신전 내부를 향해 뻗어 있었으며, 그럼으로써 그 손으로 본실 문기둥 곁의 신전 내부에 앉아 있는 신의 그림을 가리키고 있었다. 그런데 이 신은 본실로 들어오기를 원했던 자의 왼편에 앉아서 전실로부터 들어온 자 쪽으로 얼굴을 돌리고 있었고, 또 의사용 의자 — 신의 모습을 본떠서 만든 — 와 비슷한 의자에 앉아 있었다. 그의 두 개의 아래 팔 — 그의 손들은 쭉 뻗어 있었고, 무릎 위에 놓여 있었는데 — 이 놓인 무릎에는 돌판 하나가 위로 도드라져 [나와 있었다].

---

17 아래 우마일의 기술을 바탕으로 후에 제작된 그림들은 wikipedia의 'Ibn Umayl' 항목에 나와 있다.

이븐 우마일의 《은 물과 별 흙》의 삽화.
(원서에 없으나 이해를 돕기 위해 실은 도판―옮긴이)

그것의 길이는 아래팔의 길이와 치수가 같았고, 그것의 너비는 판 밑에서 마치 그것을 붙잡고 있는 것처럼 판을 싸고 있는 그의 손의 엄지부터 검지까지 한 뼘의 길이와 같았다. 그것은 들어오는 사람 누구에게나 펼쳐진 책과 비슷했는데, 그 펼쳐져 있는 모습은 마치 [판]을 들고 있는 [신의 그림]이 들어오는 사람을 향해서 이것을 보라고 몸짓하는 것처럼 보였다. [신의 그림]이 놓여 있는 쪽, 즉 기둥실에는 여러 가지 사물과 신전필체로 쓰인 글씨가 그려진 그림이 있었다.

[신의 그림] 속의 무릎 위에 놓여있던 판은 중간에 그어진 선에 의해 두 쪽으로 갈라져 있었다. 그중 한쪽에는 아래쪽에 두 마리 새의 그림이 있었다. 그것은 [신의 그림]의 가슴에까지 닿아 있었다. 두 새 중 하나는 두 개의 잘린 날개를 가지고 있었고, 다른 하나는 [정상의] 날개가 달려 있었다. 두 새는 각각 부리로 다른 새의 꼬리를 단단히 물고 있었다. 이는 마치 [날개 달린] 새는 불구의 새와 함께 날려고 하고, 반면에 불구의 새는 날개 달린 새를 자기 곁에 붙들어 두려고 하는 것 같았다. 그것은 마치 서로 연결되어 있고 서로 붙잡고 있는 두 마리의 새가 단 하나의 원을 형성하는 것 같았는데, 이것은 하나 속에 둘이 있는 그림 같았다.

둘 중에서 날아가는 새의 머리에는 원이 있었고, 신의 그림의 손가락과 면하고 있는 판 머리 쪽의 두 새 위에는 초승달의 그림이 있었다. 초승달 옆에는 두 새 아래쪽의 원과 비슷한 원이 있었다. 원은 모두 다섯 [개]인데, 아래의 세 개, 즉 두 새와 원, 그리고 그 위의 초승달의 그림과 다른 원이다. 두 손의 손가락에 면한 부분에 속하는 다른 반쪽, 즉 판의 머리 쪽에는, 해의 그림이 하나 있었다. 그런데 이 해는 두 개의 빛줄기를 가지고 있었는데, 이 빛줄기들은 마치 하나 속에 둘이 있는 그림을 나타내는 것 같았다. 그리고 이 둘 옆에는 단 한 개의 하강하는 빛줄기만을 지닌 다른 해가 있었다.

그러니까 이것들은 세 개의 사물, 즉 세 개의 빛이다. 하나 속 둘의 빛줄기, 그리고 하강하고 있고 판의 아랫부분까지 뻗어 있는 한 개의 빛줄기, 이 빛줄기들은 세 부분으로 나뉜 검은 원을 둘러싸고 있었다. 이렇게 해서 원은 3분의 1과 3분의 2의 조각을 만들어 냈다. 그것의 3분의 1은 초승달의 그림에 해당했는데, 왜냐하면 그 내부는 흰색이었고, 검은색으로 채워져 있지 않았기 때문이다. 그리고 검은색 원이 그것을 둘러싸고 있었는데, 왜냐하면 그것의 그림은 하나 속 둘의 그림이기 때문이다. 그리고 그 아래 놓인 것은 그 둘 가운데 하나이다. 검은색 원, 그것이 하나 속 둘을 나타내기 때문에 그것에 둘러싸여 있는 초승달, 그리고 두 개의 위에 있는 해 ― 하나 속 둘의 그림을 말하는데 ―, 그리고 개별 해 ― 이것은 하나 속 하나의 그림인데 ―, 이것들이 마찬가지로 다섯 개의 대상을 만들어 낸다. 이렇게 해서 전체는 10개의 대상이 되는데, 이것은 독수리와 검은 흙의 숫자에 상응한다."(Garb. 46)

잘린 날개와 온전한 날개를 가지고 있는 새들은 물론 우로보로스에 상응하고, 동시에 그것은 질료가 날아가는 것과 단단해지는 것을 나타낸다. 우로보로스가 원운동을 암시하듯이 원도 원운동을 암시하고, 아홉 마리의 독수리는 화살처럼 거친 질료 속으로 침투해 가는 증류와 프네우마타를 나타낸다. 초승달은 적어도 그것의 한 가지 관점에서는 수은이라고 할 수 있다. 물론 해의 해석은 어렵다. 빛줄기 하나를 내놓는 해는 아마 단순히 금을 나타낼 것이다. 반면에 빛줄기 둘을 지닌 해는 위대한 엘릭시에르를 암시하는 동시에 헤르마프로디토스를 암시할 수 있을 것이다. 그토록 강조되는 세 사물의 하나됨(Ein-heit)은 아마 프네우마, 프시케, 그리고 코르푸스(Corpus)의 하나됨을 암시할 것이다.(33)

흥미로운 점은, 이븐 우마일이 그림의 열 가지 구성요소에 대해서 이야기한다는 것, 그리고 그가 그림의 다른 구성요소들을 가지고 한 것과 같이 9와 1을 거쳐서 10에 도달하기 위해 독수리와 검은 흙을 합하기까지 한다는 것이다. 물론 그것은 피타고라스의 테트락티스 — 이에 따라 세계의 건설이 완수된 — 를 말한다. 그러므로 모든 종교적 우려에도 불구하고, 아랍의 연금술 또한 '어떤 것이 다른 어떤 것을 위해서 말함' — 여기에는 상징 외에 암호명도 들어가는데 — 이라는 넓은 영역 전체 속에 풍부한 상징의 보고를 가지고 있었던 것이다.

동일한 것에 때때로 많은 다양한 이름이 붙여지기도 했는데, 더 당혹스러운 것은 동일한 이름이 종종 아주 다른 것에 대해서 사용되기도 했고, 게다가 이것이 좋은-헬레니즘 전통을 등에 업고 이루어졌다는 것이다. 암호명들은 종종 현실유비에서 표준화된, 행성의 이름을 그에 상응하는 금속에 사용할 때 그러하듯 크게 숙고할 필요가 없는 상징 같은 것이었다. 그리고 수은을 '날아가는 것'이라고 칭하고, 구리를 '붉은 것'이라고 칭했다면, 상징으로부터 경험적 속성의 부분으로 전체를 나타내는(Pars-pro-toto) 표기로 넘어가는 것은 물 흐르듯이 이루어진 것이다. 여러 텍스트에서 휘발성의 살미아크(Salmiak)를 나타내는 것으로 사용된 '독수리'라는 표현도 그러한 것일 수 있다.

그렇지만 연금술 대가가 되려는 자가 '전갈'이나 '뱀의 목' 또는 '이집트 신전의 공작'과 마주치면 무엇을 어떻게 해야 할까? 각각의 텍스트의 맥락을 통해서 추측할 수 있는 것은, 처음 두 가지는 황을, 마지막의 경우는 구리를 말한다는 것이다. 그러나 이것은 확실하지 않고, 전에도 확실하지 않았다. 왜냐하면 암호화하는 것이 저자에 따라 다를 수 있었기 때문이다.

자비르로 다시 돌아오자면, 그는 두 개의 판이 제공하는 것과 같은, 예술에 대한 비의적 생각들을 전혀 거부하지 않았다. 오히려 그는 그것들의 때때로 텅 비어 있기도 한 지혜를 냉정하고도 동시에 단호한 생명으로 채웠다. 그리고 그가 여기에서도 보여 주는 것은 숨김없는 실증적 경험, 이성적 사변, 그리고 신화와 설화의 단순한 혼돈 ─ 연금술사들의 가슴속에도 둥지 틀고 있는 ─ 을 분석적으로 깨끗하게 분리하려는 시도는 성공할 수 없다는 것이다.

15. 순수의 형제회

아랍 연금술의 다른 위대한 '냉철한 실천가', 즉 아르-라지(Ar-Razi)로 눈을 돌리기 전에 우리가 먼저 해야 할 일은, 독특한 저작 하나를 슬쩍이라도 들여다보는 것이다. 그런데 이 저작은, 자비르의 원형화학적 연금술이 그 고유의 전통 — 수백 년 후에 기독교 유럽을 뒤덮게 된 — 을 발전시킬 수 있었다는 것을 보여 준다. 이 전통의 첫 흔적은 이슬람 정신문화에 가장 크게 기여한 것들 중의 하나, 즉 '순수의 형제회'의 백과사전적 서한에서 발견된다.

순수의 형제회는 10세기 즈음에 결성된 비밀결사로, 본부는 아마 바스라에 있었을 것이다. 그렇게 추측하는 이유는 운하를 통해서 페르시아만과 연결되어 있던 이 도시가 분명히 사상과 관념의 교환에서도 국제적 분위기를 가지고 있었을 것이기 때문이다. 또한, 오늘날에도 시아파가 다수인 바스라가 정치적으로는 아니더라도 정신적으로 칼리프의 도시 바그다드에 대해 대척점을 형성할 수 있었다는 점도 그 추측을 뒷받침한다.

우리는 자비르의 경우에는 그가 한 사람의 실존인물이었는지 확신할 수 없지만, 순수의 형제회는 분명히 실존인물들로 구성되었다. 그리고 그들은 인간이 보유할 수 있던 모든 것을 포괄하는 광범위한 세계-지식을 단 하나의 저작 속에 모아 놓는 것을 과제로 삼았다. 이를 위해 그들의 많은 인재가 투입되었다.

순수의 형제회가 우리에게 제공하는 세계, 또는 좀 더 정확하게 말하면 우주 이야기는, 신플라톤주의-신피타고라스주의적인 곳에 헤르메스주의와 사비교가 섞여 들어간 형태를 지니고 있는데, 이는 특히 점성술 영역에서 두드러진다. 따라서 자비르의 경우에도 그러했듯이, 여기서 알라가 세계를 일련의 발산(Emanation)을 통해서 창조했고, 이 발산이 일어날 때 영(靈) 또는 지성 그리고 세계혼과 원질이 특별한 역할을 한다고 해도 놀랄 필요가 없다. 말하자면 영은 세계혼을 깨우치고, 그 결과 세계혼은 수많은 혼으로 갈라지며, 이 혼들은 또 원질에 그 형태를 부여한다는 것이다. 그런데 이 형태부여는 천구들의 질료에서부터 혼이 도달하는 '가장 낮은 지점'인 지구 원소의 질료에 이르기까지 위계적 하강을 통해서 이루어진다. 혼들은 이 지점으로부터 재상승하며, 이 과정에서 광물, 식물, 동물, 그리고 마지막으로 인간이 만들어진다. 그런데 인간은 물질적 세계와 비물질적 세계의 경계에 서 있고, 유일하게 질료의 감옥으로부터 해방되리라는 희망을 품는 것이 허용된다.

순수의 형제회의 세계는, 거기에서는 '옳음'(Richtichkeit) — 인문주의자들이 나중에 콘키니타스(Concinnitas)라고 말하게 될 — 으로서의 아름다움과 이 세계의 일상성으로부터 모든 것을 뛰어넘는 인식 속으로 도망치려는 욕구가 하나라는 것을 스스로 증명해 내는 그런 세계였다. 순수의 형제회는 비밀리에 신플라톤주의적인 '하나 속의 모든 것'을 만들어 내고, 생각 속에서 코스모스를 재생시킨다. 그러면 이제 코스모스는 널리 공표된, 해석된 정돈물, 즉 세계그림이 된다. 오늘날 우리는 이 세계그림을 우리의 세계상이라는 거울에 비추어 보며 설명할 필요가 있다. 우리가 우리 세계상을 정당화하는 도구는, 이 세계상 속에서 우리에게 주어진, 기술에 의한 계획적 자연 이용 가능성이다. 자연은 장치 ― 이것들을 가지고 우리가 자연에 대해서 묻고, 이때 그 답이 올바르다는 것이 드러나면 이용될 수도 있는 ― 속에서 우리 의식의 무대에 등장한다.

알렘비크 속에는 연금술 대가들의 세계가 특정한 방식으로 반영되어 있다. 《순수의 형제회의 서간》이라는 전집 속의 연금술-화학은 물론 중요하기는 하지만 여러 개 중에서 한 개의 주제군일 뿐이다. 이 주제군에서 순수의 형제회는 명백하게 자비르의 특정한 저작에 의존한다. 그들의 경우에도 4가지 '성질'과 4가지 원소가 존재하는데, 여기서는 자비르의 경우보다 더 분명하게 '4'라는 질서원리가 특히 두드러지게 나타난다. 그래서 4원소는 '모든 존재의 어머니'이다.(34) 이것으로부터 광물에서 인간에 이르기까지 모든 지구 물질들이 생성된다.

여기, 4원소가 핵심 관심사인 곳에서 순수의 형제회는 자비르보다 더 열정적으로 점성술(占星術)을 끌어들인다. 그리고 그것을 경험적, 합리적으로 논증하려고 시도한다. 예를 들어 4원소의 혼합비 변화는 각각 지구상의 모든 사물의 생성과 소멸의 원인으로 작용하는데, 이 변화는 행성에 의해서 영향을 받으며, "이 영향을 부정하는 자와는 다툴 이유도 전혀 없다."(Lipp. I, 374) 그런데 태양으로부터 힘과 작용이 발산된다는 것은, 날씨와 식물의 성장에 대해 생각해 본 사람이라면 어느 누구나 분명하게 이해할 것이다. 달 또한 깊은 바닷속을 데우고, 그럼으로써 밀물이 일어나게 한다는 것도 나날의 경험이다. 그런데 행성에 속하는 태양과 달의 영향을 그토록 분명하게 느낄 수 있다면, 사람들은 다른 행성도 태양이나 달과 마찬가지로 지구상의 사건에 영향을 미칠 것이라고 생각해야 한다. 물론 그것들은 오직 알라의 의지에 따라서만 그 힘을 사용할 수 있지만, 그래도 '자연의 보조자', 그리고 대우주와 소우주 사이를 중개하는 연결고리라는 것이 밝혀진다.

그렇다면 ─ 이렇게 순수의 형제회는 용기 있게 추론을 계속하는데 ─ 개별 행성이나 행성 조합이 지구 원소들이 보여 주는 모든 특수한 운동의 진정한 원인이라면, 그것으로부터 유발된 사물도 그들의 행성-본체와 분명히 상응해야 한다 ─ 탄생된 것이 탄생시킨 것과 유사한 것처럼.

그래서 태양 ─ 당연히 남성인 ─ 은 우주의 주인이자 왕이고, 왕을 만들고, 또한 인간의 육체 속에서 심장을 지배한다. 반면에 달은 '별들의 어머니'이고, 그 또는 정확하게 말해서 그녀는 인간을 여성, 내지는 여성적으로 만든다. 그 밖에 달의 여신은 생성과 소멸을 지배하며, 자신이 천체로서 빛나고 어두워지기를 반복하는 것과 똑같이 공기를 들이마시고 내뱉기를 반복하는 허파를 다스린다.

모든 나머지 행성들에 대해서도 이런 식의 이야기가 계속된다. 대우주와 소우주의 상응성 때문에 일곱 행성은 육체의 7개 주요 부분과 상응할 뿐만 아니라, 임신 중 아홉 달 동안 진행되는 인간 배아의 생성과 성장에는 토성, 목성, 화성, 태양, 금성, 수성, 달, 토성, 목성의 순으로 영향을 준다. 그런데 일곱 번째 행성인 달 다음에 다시 오는 첫 번째의 토성은 해로운 영향을 미치기 때문에, 팔삭둥이는 살아남지 못한다.

행성은 그들에게 소속된 광물을 만들어 낸다. 그래서 태양은 웅황(Auripigment), 백철광(Markasit), 그리고 모두 노란색을 지닌 몇몇 보석 등을 만들어 낸다. 달은 은, 밝은 수정, 흰색의 염 등을 생산한다. 광물종 중에서 그것의 7개 그룹이 7개의 천체에 상응하는 것은 700개에 달한다. 그것들은 모두 4원소의 결합물로, 행성 하나 또는 몇 개의 공동 영향을 받아 4원소로부터 생성된다. 물론 이때 그 외에 지리적, 기후적 특이성도 작용을 한다.

금속과 보석을 포함하는 모든 광물의 전구체인 중간생성물은 황과 수은이다. 이것들은 우리가 자비르로부터 들어서 알고 있듯이 서로 상호침투할 수 있다. 이때 수은은 황을 부드럽고 가단성 있게 만들어 수많은 형태와 형상을 만들 수 있게 한다. 붉은 진사(辰沙), 즉 황화수은은 그러한 황-수은 결합물의 가장 잘 알려진 표현형태지만, 그것은 단지 여러 개 중의 하나일 뿐이다.

광물들의 차이를 가져오는 원인은 광물의 생성을 가져오는 성숙과정의 차이이다. 말하자면 성숙 중에 결합물 속으로 어느 정도 흙과 먼지가 들어가는데, 양적 비율과 순수도에 따라, 끓이는 정도에 따라, 장소와 온도에 따라, 그리고 다른 여러 상황에 따라 고귀하고 완전히 순수한 금 또는 그냥 은, 구리, 흰색 납 — 이것은 주석을 말한다 —, 검은 납 — 이것은 우리가 생각하는 납 내지 안티몬이다 — 등이 형성된다.

순수의 형제회는 물질변환이론에 대해서 특별한 관심을 기울인다. 그들은 그 기초를 이루는 것으로 하나의 문장을 제시하는데, 이것을 그들은 약간 변형된 형태로, 그리고 출처 없이 인용하고 있지만 우리는 그 문장이 데모크리토스로부터 나온 것임을 알고 있다. 이 문장은 다음과 같다.

"자연은 다른 자연을 기뻐하고, 그것과 어울리며, 그것을 극복한다." (Lipp. I, 379)

이 문장을 그들은 자연 속의 사랑과 미움의 상호작용을 가리키는 것으로 해석한다. 그리고 그들은 연금술사들을 이에 대한 전문가로 보고, 이 상호작용의 몇 가지 사례를 제시하기도 한다. 그렇기 때문에 철은 자석에, 다이아몬드는 금에, 짚이나 머리카락은 특정한 돌에 달라붙는 것이고, 그렇기 때문에 납은 다이아몬드를, 감옥석은 보석을 극복하고, 그렇기 때문에 수은은 금, 더 나아가서 은, 구리, 철을 무르게 만들며, 그렇기 때문에 황은 천한 금속과 귀한 금속을 불태우며, 그렇기 때문에 살미아크는 '금속과 보석의 불순물'과 유사한 다른 것들의 더러움을 이겨 내는 것이다.

그러나 진짜 연금술사는 더 많은 것을 할 수 있고 알 수 있다. 행성의 영향에 관한 그들의 정확한 지식에 대해서 생각해 보라. 더 나아가서 그들은 키미야(Kimija)를 위한 여러 가지 염과 그 밖의 다른 물질들의 중요성을 알고 있다. 그러므로 순수의 형제회는, 연금술사들은 엘릭시에르를 만들어 내고, 구리나 주석을 은으로, 은을 금으로 변환할 수 있는 위치에 있다고 주장한다.

16. 아르-라지

자비르는 순수의 형제회의 사고에만 영향을 미친 것이 아니다. 그는 아랍 연금술사들 중에서 아르-라지(Ar-Razi)라는 또 하나의 위대한 원형화학자의 사고에도 영향을 주었다. 그러면 이제 다시 바그다드 쪽으로 우리의 관심을 돌려 보자. 아니 아예 바그다드에 머물러 보자. 왜냐하면 우리는 9세기에서 10세기로 바뀌는 시기의 세상에서 아르-라지를 찾고 있고, 순수의 형제회는 아마 그보다 조금 늦게 등장했을 것이기 때문이다.

바그다드는 그동안 바뀌었다. 둥근 도시, 그러니까 원형 성벽으로 둘러싸인 도시는 부분적으로 파괴되었고, 바그다드의 더 중요한 도시 구역들은 이제 티그리스강의 동쪽 편으로 옮겨 갔다. 여기에는 아마 큰 병원도 있었을 것인데, 아부 바크르 무함마드 이븐 자카리야 아르-라지(Abu Bakr Muhammad ibn Zakariya Ar-Razi)는 이 병원의 대표 의사였다. 860년 무렵에 태어났고 925년 또는 935년에 사망한 아르-라지는 페르시아 북부 호라산(Chorasan, Khorasan) 지역의 라이(Rayy)라는 도시 출신이었다. 이는 '라이 출신의 남자'라는 그의 이름이 암시한다. 이 대단히 유명하고, 기독교인 의사들로부터 절대적 권위자로 존경받던 의사 아르-라지는, 라틴 중세에는 라제스(Rhazes)라는 이름으로 알려져 있었다.

그런데 아랍 시대에 이미 아르-라지가 어떻게 의사 직업을 갖게 되었는지에 대해서 재미있는 일화가 있었다. 원래 그는 기능장인이었다고 한다. 물론 그는 또한 철학, 논리학, 시학 그리고 류트 연주를 매우 높은 경지에 이르기까지 공부했다는 말도 있다. 그 밖에 그는 연금술도 열심히 수행했다고 한다. 이때 그는 엘릭시에르 제조를 위해 사용되던 제재의 증기 때문에 눈에 병이 생겼다. 그래서 그는 병을 고치기 위해서 의사에게 갔지만, 의사는 그에게 "500디나르(Dinar)를 받기 전에는 고쳐주지 않겠다"고 말했다고 한다. 그것은 큰돈이었지만, 아르-라지는 그에게 이 돈을 주었고 그러면서 이렇게 말했다고 한다.

"이것이 진짜 키미야(Kimija)이고 금을 만드는 진짜 예술이다. 내가 지금까지 한 그런 것과는 다르다."[이에 관해서는 Ruska (4) 5]

그 후 그는 엘릭시에르의 예술을 떠나 의학에 몰두했다는 것으로 이야기가 끝난다.

합법적으로 돈을 만들 수 있는 조언 — 편안하게 따를 수 있기 때문에 더 현명한 — 을 제시한 사람은 조시모스밖에 없었다. 그러나 아르-라지는 그의 조언을 절반밖에 따르지 않았다. 그는 실제로는 의학에 몰두했지만, '진짜 키미야'의 경제력 없는 누이를 그냥 내버려 둘 수 없었다. 의사로서 활동하면서 그는 계속해서 연금술을 수행했는데, 우리가 그의 마지막 책의 헌사로부터 알고 있듯이 죽기 얼마 전까지 계속했다.

특이한 것은 헌사가 어떤 권력자에게 바쳐진 것이 아니라 어떤 제자를 향한 것이었다는 점이다. 그가 늙어서 장님이 된 것이 그가 연금술에 몰두한 것과 관련이 있는지는 따지지 말자. 어쨌든 그의 눈병을 연금술과 연결시키는 것은 아르-라지가 실제로 실험을 했다는 것을 보여 주는 또 하나의 지표일 수 있다. 많은 녹을 받는 큰 병원의 지도적인 자리라는 그의 위치 — 그는 바그다드뿐 아니라 라이에서도 그런 병원을 이끌었다 — 는 그에게 연금술 작업을 위한 최선의 조건을 제공했다.

분명히 아르-라지는 실험실을 가지고 있었는데, 이는 병원 — 많은 면에서 유럽 중세의 요양소와는 아주 다른 모습을 보여 주는 — 에서는 조금도 이상한 일이 아니었다. 서구 출신의 의사가 보았다면 실험실뿐만 아니라 다른 것에 대해서도 놀랐을 것이다. 아르-라지가 건축 계획에 참여한 병원은 공기가 잘 통하고, 특히 위생적으로 지어졌으며, 의사들의 보살핌도 아주 체계적이었다. 그래서 진단이 내려지고 치료 — 체계적으로 의약품 시험이 이루어진 — 가 수행되었을 뿐만 아니라, 의사들의 지식을 증진하기 위해서 상세한 병력(病歷)일지도 제작되었다. 그중에서 특히 유명한 것은 아르-라지가 처음으로 명확하게 구분했던 천연두와 홍역에 관한 저작이었는데, 이 저작은 자신의 관찰에 기초한 것이었다. 그렇기 때문에 우리는 그가 연금술에 대해서도 아주 오래전의 권위자들에 대해서만 이야기한 것이 아니라 실험도 직접 했다고 추측할 수 있다. 게다가 그는 다음 말로써 우리가 자기 실험실을 엿볼 수 있도록 흔쾌히 허락한다.

"배우는 사람은, 만일 그가 주의하기만 한다면, 우리가 장치와 물질에 대해서 언급한 분야에서 그것들을 가지고 수행하는 실험을 통해서 매일 지식을 쌓아 간다. 이는 우리가 장치나 물질에 대해서 설명하지 않은 곳에서도 그의 지식과 실험의 정도에 상응해서 일어난다." (Garb. 2)

그런데 그의 실험실은, 예를 들어서 그의 《비밀의 책》 내지 《비밀들의 비밀》에서 서술된 것과 같이 온갖 종류의 장치들이 설치되어 있었다. 아르-라지는 헬레니즘 연금술사들에게 알려져 있던, 하소, 승화, 증류를 위한 장치들과 본질적으로 동일한 장치들을 사용했다. 우리는 넓적한 팬, 작은 항아리, 냄비, 그리고 하나의 지지물 속에 겹쳐져 놓여 있는 두 개의 도가니 내지 깔때기를 볼 수 있다. 아르-라지는 이들 장치를 부트-에베르-부트(*But-eber-But*), 즉 '도가니 위의 도가니'라고 부르고, 그것은 '하강하는 증류' — 점점 더 미세해지는 필터로 여러 번 여과하는 다중여과를 가리키는 것 같은 — 를 위한 것이라고 말한다.

물론 모래, 물 또는 발효되는 두엄으로 채워진 열중탕 장치도 있고, 더 나아가서 각종 화로도 있었는데, 이들 화로 중에서 특별히 눈에 띄는 것이 하나 있다. 그것은 아트 탄누르(*At Tannur*)라는 것으로, 목탄을 태우는 일종의 커다란 지속연소 화로이다.

실험실 바닥과 그 옆의 탁자에는 다음과 같은 기구들이 놓여 있다. 여러 개의 알렘비크, 그중에는 꽤 큰, 거의 허리 높이에 달하는 것이 하나, 더 나아가서 다양한 카라스(*Qaras*), 즉 오이 형태의 레토르트가 있다. 그런데 이 레토르트의 이름은 원래 단지 '관'이라는 뜻의 알루델(*Aludel*) 또는 알-우탈(*Al-Uthal*)과 마찬가지로 그 형상에 따라서 붙여진 것이다. 알루델은 두 개의 겹쳐져서 쌓인, 높이가 1미터에 달하는 것도 상당수인 항아리로 이루어져 있는데, 위쪽 항아리에는 증기를 빼기 위한 작은 구멍이 나 있었다. 이것은 이집트인들에게도 증류 도구로서 이미 어느 정도 알려져 있었지만, 아르-라지는 그것을 특히 상세하게 기술했다.

'알렘비크'라는 도구의 이름은 그리스어의 '암빅스'로부터 유래했는데, 그것도 헬레니즘 시대의 모델을 따른 것이다. 그것은 증류 용기, 부리 형태의 배출구가 달려 있는 증류 투구모양 뚜껑, 그러니까 원래의 암빅스와 수용기로 이루어져 있다. 이 모든 용기들은 유리로 되어 있다. 용기의 각 부분들을 이어 주는 연결부는 우리에게 이미 잘 알려진 '지혜의 점토'라고도 불리는 '철학자의 접합제'로 접착되었는데, 이것은 점토, 두엄, 머리카락 그리고 소다식물(*Sodapflanze*) — 나프산(*Nafsan*)이라는, 골수 같은 동물성 물질과 매우 흡사한 것을 지니고 있는 — 의 짚인 우쉬난(*Uschnan*)으로 이루어진 혼합물이다.

우리는 아르-라지의 경우도 증류 도구를 어떻게 냉각했는지 아는 바가 거의 없다. 그러나 우리는 냉각이 별로 성공적이지 못했다고 추정해도 된다. 왜냐하면 다른 모든 아랍 저자들과 마찬가지로 아르-라지도 높은 온도에서 끓는 식초와 장미유 같은 액체들만 증류할 수 있었기 때문이다.

그런데 '별로 성공적이지 못했다'는 무엇을 뜻할까? 만일 아르-라지가 결함을 알아챘다면, 그는 아마 이 결함을 고칠 수 있는 생각이 떠올랐을 것이다. 물론 우리는 그의 동료인 조시모스에게 직접 물을 수 없는 것과 마찬가지로 그에게도 직접 질문할 수 없다.

아르-라지는 자기 책을 통해서 이야기하고, 거기에서도 우리 입에서 나오는 질문이 아니라 그의 입으로부터 튀어나오는 질문에만 대답할 뿐이다. 이것은 단순한 사실이지만, 우리가 너무 쉽게 잊어버리는 것이기도 하다. 사실 우리는 후속 발전을 낳은 어떤 특정한 성취들이 너무 늦게야 도입되었다는 것에 놀라곤 하는 것이다.

그러면 이제 아르-라지가 화학반응에서 얼마나 많은 양을 사용해야 하는지 정확하게 언급한 물질들, 그리고 그가 처음에 동물성, 식물성, 흙 같은 세 그룹으로 분류한 물질들에 대해서 살펴보자.

"흙 같은 것은 그러나 6개의 그룹, 즉 휘발성 물질(프네우마타), 금속, 돌, 비트리올, 보라케(*Boraqe*), 염으로 나뉜다. 휘발성 물질로는 수은, 살미아크, '아르센', 황이 있다. 금속으로는 금, 은, 철, 구리, 주석, 납 그리고 '중국철'이 있다."(Garb. 8)

아르-라지는 또 《예비적 입문의 책》에서, 7이란 숫자의 마법과 자신의 연구자적 의심이 그의 혼 속에서 서로 싸운다는 것을 암시하는 언급을 한다. '중국철'은 틀림없이 자비르에게서 배운 것일 텐데, 그는 이 금속에 대해서 "이 금속은 이상하다. 원래 그것은 존재하지 않는다"라고 말한다.(Gar.2)[35]

아르-라지는 '중국철' 외에도 그가 열거한 물질들 상당수를 자기 실험실에 모아서 관찰할 수 있었다. 왜냐하면 그는 이것들의 이름, 외형, 출토에 대해 상세하게 서술할 뿐만 아니라, 주요 특성, 즉 주로 그것들의 화학적 행동에 대해 자세한 설명을 하고 있기 때문이다. 금속 외에도 보석과 준보석, 그리고 암염, 살미아크, 소다, 붕사, 명반, 비트리올에 대해서도 마찬가지로 상세한 기술이 이루어지고 있다.[36]

이 명석하고 풍부한 지식을 지닌 두뇌의 소유자의 경우에도 특성 묘사 작업에서 실수를 저지른다는 것에 대해서 놀랄 필요는 없다. 예를 들면, 아르-라지는 진사, 즉 황화 수은을 붉은 산화 수은과 동일한 것으로 본다.

식물성과 동물성의 물질에 대해서 아르-라지는 상세하게 기술하지는 않는데, 그렇다고 이것이 그 물질들이 중요하지 않다는 것을 의미하지 않는다. 왜냐하면 "동물성 물질로 만들어진 엘릭시에르가 가장 강한 효능을 가지고 있다고 말하는 것은 동방 연금술학파의 특징"이기 때문이다.[Ruska (4) 79]

아르-라지는 살미아크를 동물의 털로부터 얻을 수 있다고 말한 첫 번째 인물로 여겨진다. 이 살미아크는 탄산 암모늄[$(NH_4)_2CO_3$]이다. 그런데 아르-라지는 또한 그 자신이 '페르시아 살미아크' — 염화 암모늄(NH_4Cl) — 라고 부른 것도 알고 있었다. 이 두 개의 암모늄염은 이미 그리스 연금술사들에게 알려져 있던 물질에 아랍인들이 새로 추가한 소수의 물질에 속한다.

액체와 관련해서 그는 식초와 다른 유기산들에 대해서 기술하지만, 이와 달리 무기산에 대해서는 이야기하지 않는다. 그와 다른 사람들이 '매운 물'이라고 부르는 것은 산(酸) 유사 물질 또는 산만을 말하는 것이 아니라, 염기성 액체도 말하는 것이다.

이 모든 화합물들을 아르-라지는 기술할 뿐만 아니라, 이것들을 가지고 실험도 한다. 그전의 자비르와 마찬가지로 그도 계속해서 실질적 지식에 대해서 강조한다. 자비르는 "이 예술에서 완전함을 달성하기 위한 주요한 전제조건은 실습과 실험이다"라고 말하는데, 아르-라지는 다음과 같이 말한다.

"배우는 사람은, 만일 그가 주의하기만 한다면, 우리가 장치와 물질에 대해서 언급한 분야에서 그것들을 가지고 수행하는 실험을 통해서 매일 지식을 쌓아 간다."(Garb. 2)

우리는 이 글을 읽을 때, 스스로 실습과 경험의 확신에 찬 추종자로 자신을 드러내는 이 두 사람이 당시에 자연에서는 실현 불가능한 물질변환에 관한 이념을 똑같이 확신하고 추종하는 자들이었다는 사실에 놀랄지도 모른다. 실제로 우리는 여기서 연금술의 일반적 문제들과 부딪친다. 그리고 또 이 문제와 더불어 아주 복잡하고 까다로운 문제와도 부딪치기 때문에, 처음에는 차라리 '실제적 지식'에 대해서만, 그리고 '실험'과 '경험'에 관한 인용만을 이야기하는 것이 더 낫다. 이 말들 — 실험이 무엇을 의미하는가, 경험은 무엇을 의미하는가? — 에 대해서는 우리가 라틴 영역에서 움직일 때 처음으로 더 정확하게 물음이 던져질 것이다.

그러나 한 가지 우리가 여기서 말할 수 있는 것이 있다. 사람들이 어디에서도 명확하게 설명되지 않은 연금술 콘텍스트 속에서의 경험과 실험을 어떤 식으로 해석하든 상관없이, 분명한 사실은 그 뒤에는 일반적 세계상이 있다는 것이다. 이 세계상은 아르-라지의 경우에도 비교적 잘 드러난다. 그 자신은 스스로 플라톤주의자라고 생각했다. 그러나 다른 아랍 저자들의 인용을 통해서 우리가 들은 바에 따르면, 그는 이상한 플라톤주의자이다. 왜냐하면 그는 플라톤으로부터 혼에 관한 가르침과 모든 질료는 최종적으로 4원소 각각에 대응하는 고유한 외적 형태를 지닌 기하학적 형상의 입자로 형성되어 있다는 생각만을 받아들인 것처럼 보이기 때문이다.

플라톤의 관점에 따르면 물체들은 삼각형인 원소로 이루어져 있고, 또 그것들로 분해될 수 있다. 삼각형은 또한 갈라지거나 결합해서 비슷한 삼각형이 될 수 있고, 이 삼각형은 또 새로운 입자들로 재조합될 수 있는데, 이때 이 입자들은 새로운 기하학적 형상을 가질 수 있다. 즉, 새로운 원소가 될 수 있는 것이다. 반면에 아르-라지는 원소물체를 원자, 즉 쪼갤 수 없는 입자로 본 것처럼 보인다.

플라톤은 각 원소의 특별한 표현형태 — '불'이란 원소가 빛이나 불 같은 것으로 나타나는 — 를 입자의 크기를 가지고 설명한다. 반면 아르-라지는 입자와 그 주위 진공 사이의 독특한 관계 하나하나에 대해서 생각한 것처럼 보인다. 그는 금속과 다른 모든 광물도 잘 알려진 중간물질인 황과 수은을 거쳐서 생성된다고 본다. 아르-라지는 때때로 두 물질에 세 번째 물질, 즉 '염'을 덧붙이기도 한다. 그런데 방금 이야기한 바에 따르면, 아르-라지가 확고하게 믿었던 물질변환은 입자들의 내적 위상변화로만 해석될 수 있다. 그런데 이것은 나에게 희미하긴 하지만 오늘날의 이성질체(Isomerie)라는 개념을 연상시킨다.

세계가 어떻게 이런 다양성을 지니게 되었는지에 대해서 아르-라지는, 아마 사비교도의 영향을 받기는 했겠지만 자신의 구원열망에 의해서 강하게 규정된 것이 분명한, 독특한 그노시스적 신화를 통해서 설명한다. 이때 그는 5개의 영원한 원리, 즉 창조자, 혼, 질료, 시간, 공간을 가지고 시작한다. 생명은 가졌지만 앎은 갖지 않았던 혼은 질료와 결합하려는 욕구에 강하게 사로잡히게 되었는데, 이는 질료 속에서 성질을 불러내고 그럼으로써 육체적인 것의 즐거움을 불러일으키기 위해서였다. 그러나 질료는 그러한 결합을 허락하지 않았다. 그렇지만 은혜로운 창조자는 세계를 창조하여 혼이 이 세계에 대해 기뻐할 수 있도록 해 주었다. 그는 그것을 이미 성질이 부여된 질료와 결합시켰고, 그럼으로써 혼과 질료의 결합체로서 인간이 생겨나게 했다. 그러나 혼은 자기 자신을 인식하지 못한 채 잠든 것처럼 인간 안에 머물러 있었다.

그래서 창조자는 이 혼을 깨우기 위해서 그 자신의 실체의 일부인 지성, 즉 프네우마인 영을 보냈다. 영의 임무는 혼으로 하여금 만들어진 세계가 그의 진짜 고향이 아니고 거기에서는 그가 편안함이나 행복을 발견할 수 없다는 사실을 알게 하는 것이다. 그런데 이는, 인간이 현세에서 고통을 받고, ― 그렇기 때문에 ― 죄를 지으며, 또한 그가 질료에 관한 철학을 공부함으로써만 자기 자신을 고통으로부터 해방시킬 수 있다는 것 이외의 다른 것을 의미하지 않는다. 이제 혼은 세계의 사물에 관한 앎과 죽음 후의 자신의 운명에 관한 앎을 추구하는 임무를 갖게 되었다. 그러나 훌륭한 의사와 심리학자는, 명상을 그다지 좋아하지 않는 혼의 다른 부분들이 퇴락하지 않도록 모든 것을 적당하게 하라고 권고한다.

나는 아르-라지를 자비르와 아주 가까운 것으로 기술했다. 그러나 두 사람은 종교적 신념에서 볼 때 서로 전혀 어울리지 않는다. 왜냐하면 아르-라지는 선택받은 자들의 위계와 이맘 직분의 예언자적 지위를 확실하게 거부하기 때문이다. 반면에 실천적 자연철학과 관련된 문헌학적 연구로부터 얻은 결과는, 아르-라지가 자비르의 저작들로부터 영향받았다는 것을 보여 준다. 그런데 이는 문헌학적 연구가 두 사람의 공통의 원전, 그것도 페르시아어 원전에 대한 연구가 아닐 경우에 해당한다. 왜냐하면 두 사람은 모두 페르시아어에 뿌리를 둔 특정한 표현을 사용하기 때문이다.

자비르와 마찬가지로 아르-라지도 금속과 돌을 귀한 것으로 만들 수 있음에 대해서 의심을 품지 않는다. 이때 그는 수정만을 돌에 속하는 것으로 보는 것이 아니라, 그가 천연의 돌과 구분하지 않는 유리도 돌이라고 생각한다. 자비르와 같이 아르-라지도 자신이 4개의 프네우마타로 본 수은, 황, 비소, 살미아크가 그러한 변환을 유발하는 능력을 가지고 있다고 믿는다.

그리고 마지막으로 아르-라지도 엘릭시에르가 지닌 물질변환의 힘을 믿는다. 이미 언급된 알-마그리티(Al-Magriti, Maslama Al-Majriti)는 다음과 같이 이 고귀한 형성물에 대해서 아르-라지가 내린 정의를 인용하기까지 한다.

"엘릭시에르는 하나의 물질인데, 그것은 서로 잘 맞는 사물들, 즉 서로 모순되지 않고 조화되는 사물, 유일한 작업을 위해서 화합하는 사물에 들어 있는 4개의 동등한 성질과 3개의 동등한 힘을 가지고 있다. 그것은 모든 다른 물질 — 그것이 던져지고, 그 속으로 침투해 들어가고, 그 속에서 넓게 퍼지고, 그것을 일으켜 세우고 [귀하게 만들고], … 물이 녹이지 못하고, 불이 태우지 못하는 — 과 섞이는 [물질이다]. 그것은 그 작용과 섬세함에 비추어 볼 때 영(靈)이다. 그리고 그것은 그 견고함과 근성에 비추어볼 때 금속체이다."[Ruska (3) 291]

알-마그리티는, 아르-라지도 엘릭시에르에는 붉은색과 흰색 두 개의 변형이 있으리라는 것을 알고 있었다고 덧붙인다.

엘릭시에르 중에는 위대한 엘릭시에르의 보편적인 엄청난 변환능력을 가지고 있지는 않은, 예비 단계의 또는 특수한 엘릭시에르도 존재한다. 그런데 우리는 위대한 엘릭시에르의 제법(製法)을 모른다. 아마 그것이 망실되었기 때문일 수도 있고, 아르-라지에 의해서 제시된 엘릭시에르 제법이 다소 이상적 상태에 가까운 것이기 때문일 수도 있다 — 만일 우리가, 이상적 상태에 가깝다는 것을 엘릭시에르가 최적의 상태에서 그 무게의 2만 배에 달하는 물질을 변환시키는 것이라고 볼 수 있다면. 아르-라지의 모든 제법에 나오는 지시들이 아주 분명하고 의도적으로 갖다 붙인 암호명을 거의 포함하고 있지는 않지만, 그것들은 정확한, 특히 화학공업적 정보들이 있음에도 불구하고 대부분 화학적으로 해석될 수 없는 것이다. 여기서는 많은 사례 중에서 다음의 두 개만 제시하는 것으로 충분할 것 같다.

"희게 하기 위한 엘릭시에르에 관한 장.

황단(Mennige)을 기름에 녹이고, 그리고 그 절반으로 나트룬(Na.trun)을 녹인다. 그중에서 1디르함(Dirham)을 취하여 5디르함의 은과 함께 이중화로 속에서 녹인다. 그다음에 우리가 첫 번째 책에서 언급한 6디르함의 수은을 가루로 만든다. 화로에 구멍 하나를 내고 조금씩 집어넣는다. 그러면 당신은 지지직대는 소리를 듣게 된다. 화로가 식은 다음에 그것을 깬다. 은을 거기서 꺼내고 그중에서 1디르함을 10디르함의 구리와 2디르함의 은에다 넣은 후, 힘차게 부수고, 비벼 대고, 가열한다."(Jaw. 250)[18]

"다른 제조방법.

머리카락을 취하여, 앞에서 이야기한 대로 씻고 그 물과 그 기름을

---

18 Jaw.는 Jawad의 약어이다.

증류한다. 물이 순수하게 되도록 증류를 반복한다. 그다음에 그 물을 옆에다 놓아둔다. 기름은 작은 화로에 올려놓은 눈먼[밀봉된] 증류 플라스크 속에서 촛불 또는 기름램프 또는 뜨거운 재 또는 햇빛으로 여름날 낮 며칠 동안 단단해질 때까지 고형화한다. 그다음에 그것을 눈먼 증류 플라스크에 넣고, 그 위에다 옆에 두었던 물을 그것이 잠길 때까지 붓는다. 결합물을 만들고 그것을 하루 낮과 하룻밤을 뜨거운 재 위에 올려놓는다. 그러고 나서 그 위의 액체를 살짝 따라 낸다. 액체는 붉은 보라색이 되어서 나온다. 이제 그것에다 물을 다시 넣고, 이 과정을 색이 완전히 없어질 때까지 [되풀이한다]. 그다음에 그것을 한쪽으로 치운다. 다음에 금을 취해서 비트리올, 수은, 그리고 황으로 고착시킨다. 그것을 그 [양]의 10배 되는 이 물로 20번 되풀이해서 적신다. 적실 때마다 그것이 마를 때까지 문지른다. 그리고 그것을 아교로 봉한 병 속에 넣고 두엄의 불로 볶는다. 그것 1디르함은 어떤 금속이든 그것 600디르함을 순수한 금으로 변화시킨다. 신이 원하는 것과 같이."(Garb. 16)

우리는 이 제법을 따라해 보고 싶은 유혹을 느낀다. 제법이 더 복잡할수록 우리가 '어떤 물질로 오염되었는가?'라는 물음까지 포함해서 물질을 해석하는 데 있어서의 어려움과 빈번하게 씨름해야 함에도 불구하고, 그 유혹은 더 커진다. 나는 위에서 이야기한 제법, 그리고 더 많은 첨가물 — 그 자체도 첨가물을 가지고 제조된 — 이 들어가는 다른 더 긴 제법들의 경우에는 더욱더, 실험실에서의 실험하기(*Kochen*)가 아니라 부엌에서의 요리하기(*Kochen*)를 연상한다. 주부는 부엌에서 자신의 수프와 야채찌개를 요리할 때 정확하게 정의되지 않은 그것들의 이상 상태를 만들어 내기 위해서, 여기서 조금, 저기서 조금 집어넣는다. '그게 단지 어울리기 때문이다.'

이때 내게는 특히 전쟁 중에 그리고 전쟁이 끝난 다음에 대체 재료들을 가지고 했던 요리예술이 생각난다. 그것은 정말 예술이었는데, 우리 집에서는 '진짜 버터크림 케이크'에서 정점에 도달했다. 그런데 거기에는 버터가 1밀리그램도 들어 있지 않았다. '희게 하기 위한 엘릭시에르'에 관한 제법은 물론 디플로시스이고, 이는 버터크림 케이크에 그래도 버터가 들어 있다는 것을 의미한다. 그런데 양념 같은 것의 경우는 어떤가? 굉장한 효과를 내고 말하자면 모든 것을 소거해 버리는 양념 말이다. 아르-라지가 금이 동일한 금이 아니라는 것을 잘 알고 있었다는 것을 보여 주는 그의 발언 몇 개가 있다. 그런데 물론 이때 그는 유리의 경우에서와 같이 천연 금과 인공 금을 구별하지 않았다. 이것은 그가 자기 노력의 결과물의 특성에 대해서 이야기하는 방식에서 느낄 수 있다.

예를 들어서 그는 "거기에서 은이 생겨난다, 이보다 더 좋은 은은 없지만, 그것은 무르다. 네가 그것을 끓이면, 그것은 흰 밀가루처럼 하얗게 부서진다"고 말하거나(Jaw. 243), 또는 이렇게 말한다.

"거기서 순금이 나온다. 그것은 그냥 놓아두어도 결코 변하지 않는다. 그중에서 두 부분을 하얀 작업장용 금(Werkgold)과 섞으면, 강한 붉은빛이 생긴다. 그러면 그것을 따라 내고 나프트(naft)-염 용액에 세 번 담근다. 그것은 바라던 노란색을 띠게 되고, 그렇지 않으면 짙은 붉은색을 띠게 된다."(Jaw. 240) 또는 진정한 연금술 대가의 용기를 가지고 이렇게도 말한다. "현존하는 것보다 더 좋은 금이 생겨난다."
(Jaw. 245)

그런데 주목해야 할 점은, 어떤 텍스트에 복잡한 성분들이 담긴 제법(製法)이 나오고 또 최종산물은 동일한데 그 제조방법이 다양한 경우, 우리는 이 저작이 헤르메스적 연금술 대가의 것이 아니라 원형화학자의 것임을 확신할 수 있다. 원형화학은 고생스러운 중간 단계들의 십자로를 벗어나 곧바로 목표를 향해 직진하는 특별제법 — 중세에 '파르티쿨라레'(Particulare)라고 불린 — 을 강하게 추구했다. 아르-라지의 경우 그의 파르티쿨라레는 분명히 사기와 관련된 것은 아니었다. 이는 그의 표현방식이 보여 준다.

냉정한 원형화학자인 그의 핵심 관심은 어떤 영성적 성공, 말하자면 비교적 성공도 아니었던 것 같다. 그에게는 돈도 문제가 아니었던 것처럼 보이고, 의사 활동을 통해서 명성도 쌓을 수 있었다. 그렇기 때문에 그의 행태에 대해서 우리가 설명할 수 있는 것은 다음과 같은 가정밖에 없다. 즉 아르-라지는, 자연에 대한 실천적 접근을 알라에게서 그러한 일을 할 수 있는 영적 능력을 부여받은 사람들에게 던져진 종교적이고 관습적인 요구로 여겼다는 것이다. 그러나 그가 이 의무를 칸트적 못마땅함으로써 감수한 것이 아니라 기꺼운 자세로 임했다는 것은, 그가 직접 쓴 것으로 우리에게 알려진 다음과 같은 짤막한 이야기 — 그런데 유일하게 사적인 — 가 보여 준다.

"그는 아부 바크르(Abu Bakr)에게 말했다. '나는 어디를 가든 이 이

크시르(Iksir) 10미타칼(*Mithaqal*)이라는 양을 가지고 다니지 않은 일은 없었다. 그런데 나는 언젠가 바그다드로 어쩔 수 없이 여행을 떠나야만 했던 일이 있었다. 내가 거기에 도착했을 때, 그리고 내 소식이 알-하마다니(Al-Hamadani)라는 의사에게 전해졌을 때, 그와 그의 친구들이 나에게 평화의 인사를 하기 위해서 왔다. 그때 우리는 시장 구역의 직물상인 가게에 막 들어선 참이었다. 나도 그에게 환영의 인사를 했고 그를 친절하게 맞이했다. 그리고 우리는 거의 한 시간 가까이 이야기를 나누었다.

그다음에 우리의 대화는 예술[연금술]로 옮겨 갔고, 우리는 이 주제를 놓고 오랫동안 깊은 이야기를 나누었다. 마지막으로 그는 나에게 자기 집으로 가자고 청했다. 그러자 우리, 나와 우리가 있던 가게 주인인 직물상인은 그의 집으로 가서 먹고 마시고 즐기고 토론했다. 그런데 그가 주장하는 것에 대해서 내가 그의 증거를 반박하지 않거나 오류임을 입증하지 않고 넘어가는 적이 거의 없었다. 그와의 토론이 끝났을 때 그가 하인에게 '자루와 기구'를 가져오게 했다. 그[집주인]가 도가니에 주석을 넣고, 그것을 녹인 후 그가 가지고 있던 이크시르(Iksir) 1디르함을 첨가했다. 그것은 주석을 하얀 은으로 변환시켰고, 그는 이렇게 말했다.

'이제 당신이 뭐라고 말할지 모르겠소! 이와 비슷한 것을 나에게 보여 주시오!' 그리고 그는 자기 자신과 자기 작업을 추켜올리며 법석을 떨었다. 그러자 나는 손으로 소매를 쳐서 두건을 꺼내 펼친 후, 거기에서 단 한 개의 디르함[여기서는 동전]을 꺼냈다. 거기[두건]에 있던 것은 도토리 크기의 이크시르였다. 나는 디르함[동전]을 적시고 그것[도토리만 한 크기의 이크시르]으로 문지르고 가열했다. 그러자 그 것은 동전을 순금색으로 채색했고, 거기에 스며들어갔다. 그러자 사람들은 아주 크게 놀랐다. 그다음에 나는 하인에게 '네 주인이 만든 은을 녹여라'라고 말했다. 그러자 그는 그것을 녹였고, 나는 이 디르함을 첨가했다. 그러자 그것은 전체를 순수한 금으로 변환시켰다. 이제 그[집주인]와 사람들은 놀라서 몸이 굳어 버렸는데, 나는 그에게 이렇게 말했다.

'이것은 — 신이여 평생 이렇게 하게 하소서 — 정통한 현자의 작업이고, 저것은 초보자와 학습자의 작업이다.'"[Ruska (4) 81f., 212]

이야기 마지막에 나오는 제법에 들어가는 것들은 실망스럽게도 머리카락, 칼리암염, 흰 왁스, 석고, 그리고 노른자밖에 없다. 물론 이것들은 심하게 막 다루어졌다.

그런데 그토록 독립적인 인물인 아르-라지도 자기 자신이 어떤 전통에 속한다고 느꼈다. 게다가 그는 "옛 거장들과 일치한다는 증거로서" '옛 사람들'의 경구에 관한 책을 한 권 썼다.(Garb. 6) 그가 자기 행위의 합리성을 정당화할 필요성 때문에 이 증거를 내놓은 것은 분명히 아니었다. 아주 회의적인 우리조차도 연금술이 내적인 정당화 논리를 가지고 있지 않다고 말할 수는 없는 것이다.

이와 관련해서 위대한 아랍학 연구자이자 연금술 연구자인 율리우스 루스카(Julius Ruska)는 이렇게 말한다.

"우리가 물질의 합목적적 혼합과 결합을 통해서 속성들을 언제든지 강화할 수도 있고 소멸시킬 수도 있다는 기본 명제를 일단 인정하고 나면, 이 방법에 따라서 비천한 금속을 금과 은으로 변환시키거나 자갈을 보석으로 변환시킨다는 연금술의 목표에 대해서 진지한 반론을 제기하는 것은 불가능하다. 그런데 모든 연금술의 특징은, 아주 적은 양으로도 납을 은으로 또는 구리를 은과 금으로 변환시킬 수 있는 능력을 지닌 첨가물을 통해서 이 변환을 성취하려 한다는 것이다. 그러므로 이 변환을 가져오는 재료를 치료제(*Dawà, Medicina*)로 표현할 수도 있고 독(*Samm, Venenum*)으로 표현할 수도 있다는 것은 충분히 이해할 수 있게 된다."[Ruska (2) 75]

아르-라지가 전통을 불러온 이유는, 그가 자기 동시대인의 동의를 확보하기 위해서가 아니라 — 또는 그것만이 아니라 — 그 자신에게 연금술의 본래 의미를 확인시키려 했기 때문이다. 나는 지혜가 어떤 초시간적인 것을 가지고 있고 그렇기 때문에 그것이 '태곳적인 것' 속에서 발견될 수 있어야 한다는 확신을 아르-라지도 가지고 있었다고 보는데, 나는 이것이 과장된 해석이 아니었으면 좋겠다고 생각한다. 그러나 바로 그는, 연금술이 태곳적인 것이라는 모든 주장에도 불구하고 그 긴 역사 속에서 명백하게 발전이 일어났다는 것을 보여 주는 증거이다. 이 발전은 정신적인 것에서, 연금술의 상징세계에서, 그러나 무엇보다도 화학적인 것에서 일어났다. 아르-라지는 데모크리토스가 아니다. 그리고 다른 것으로 유명해진 17세기의 연금술사 아이작 뉴턴 또한 아르-라지가 아니다.

17. 연금술의 그림자들

연금술은 그것의 전통에 대한 의존에도 불구하고, 신뢰할 만하다고 하는 이론에도 불구하고, 그리고 성공적이라고 하는 실제 결과에도 불구하고 그 시작부터 위협적 그림자들에 쫓겨 다녔다. 내가 말하고자 하는 것은 소유욕으로 가득한 권력자의 그림자도 아니고, 호기심으로 가득한 시정잡배의 그림자도 아니다. 아르-라지는 제자들에게 이들로부터 거리를 두라고 분명하게 가르쳤다. 내가 말하려는 것은 사기꾼의 그림자와 의심꾼의 그림자이다. 왜냐하면 이들로부터 벗어나는 것은 간단한 일이 아니었기 때문이다.

물론 여기저기에서 아주 명암이 분명한, 화려한 사기 사건이 알려지기는 했지만, 사기꾼의 그림자는 별로 두드러지는 것이 아니다. 이들의 사기 사건에 대해서는 앞으로 또 이야기할 것인데, 그들의 그림자가 눈에 잘 띄지 않았던 이유는, 그들이 자기 자신을 숨기려 하지는 않았지만 자기 행위는 어두움 속에 감추어 두려고 했던 성향 때문이다. 이는 충분히 이해할 만하다.

그러나 '연금술이란 무엇인가'(Quid est alchymia?)라는 시각에서 볼 때 우리가 주로 주목해야 할 자는 사기꾼이 아니라 의심꾼이다. 왜냐하면 의심은 우리에게 연금술이 본래 무엇이었는지를 좀 더 잘 이해할 수 있게 해 주기 때문이다. 연금술은 불가능한 것, 키메라였을까? 그것을 근원적으로 비판하는 것은 정당할까?

공교롭게도 연금술은 의심과 비판을 위한 가장 중요한 도구들을 스스로 준비해 놓았다. 신의 예술을 두드러지게 특징짓는, 실천적 실험실 행위와, 책에 의존하는 철학적 지식과 신학적 지식의 결합은 늦어도 아랍인의 시대부터 금속의 변환이라는 연금술의 중심 가설의 비판을 위한 효과적 도구를 제공했던 것이다. 이때 아랍인들은 ― 사기라는 비판을 고려하지 않는다면 ― 금속변환의 문제를 두 개의 관점에서 언급했다.

첫 번째 논지는 아주 구체적이고 생활에 밀접한 것으로서, 물질변환에 대한 믿음이 본래 어떤 실질적 결과를 가져오는가에 대해서 물음을 던졌다. 주석자들은 연금술을 믿었던 자들과 금속변환의 가능성을 부정하는 자들을 나란히 놓고 비교했다. 그런데 그때마다 드러난 것은, 유명한 연금술사들은 곤궁과 가난 속에서 살았고, 반면에 의심꾼들은 영향력이 크고 부유했다는 사실이다. 결론은 물론 "연금술에 조금도 가까이 가지 말라!"였다.

두 번째 논지는 금속을 일반적 분류체계 안에서 배열하는 것과 관련된 것이었다. 이때 핵심 문제는 전통적 종(種) 개념이었다. 이 개념을 만든 아리스토텔레스에 따르면, 하나의 종은 최소한 하나의 본질적 속성 ― 종을 다른 종들로부터 구별되게 해 주는 ― 또는 그런 속성의 조합을 가지고 있어야만 한다. 그런데 금속들은 그것들이 지닌 금속광택과 ― 미심쩍은 금속후보 수은을 제외하면 ― 가단성(可鍛性) 때문에 모든 비금속으로부터 구별된다. 그러나 금속 내지 금속 가족은 무엇보다 색에 의해서 서로 구별된다. 그러므로 핵심적인 물음은, "금속의 색은 한 금속을 다른 모든 금속으로부터 구분되게 만드는 본질적인 속성인가?"이다. 색에 대한 물음이 결정적이었던 이유는, 연금술에서는 어떤 종도 다른 종으로 넘어갈 수 없기 때문이다. 이미 아리스토텔레스는 말이 말을 낳듯이, 소가 소를 낳듯이, 밀알이 밀알을 낳듯이 오직 동일한 종의 구성원만이 자기 자신으로부터 자기를 만들어 낼 수 있다고 말했다. 종의 항상성은, 3개의 자연계에서 모두 도그마로 여겨졌다.(37) 그리고 이에 따라 각각의 금속 가족의, 가령 납의 가족이 하나의 독자적 종을 형성한다면, 다른 가족 — 예를 들어 은의 가족 — 으로의 물질변환은 원칙적으로 불가능하다. 그것이 가능하지 않은 이유는 이때 종에 고유한 본질적 속성들이 사라지기 때문이다. 사람들이 종을 바꾸는 시도에서 이룩할 수 있는 것은 고작해야 외적 유사성의 변화이다. 그런데 이 외적 유사성은 핵심적인 것이 아니다. 그런데 무엇이 '핵심적인 것'인가? 금속의 경우 핵심적인 것은, 우리 눈에 특정한 색채효과가 나타나도록 조작하는 색혼합은 분명히 아니다. 그것은 특정 금속에 자연으로부터 부여된 색이다.

그리스-이집트 연금술 대가와 관련해서 우리는 자연으로부터 부여된 색은 각 금속의 본질적, 본원적 속성이었다고 주장했다. 그렇지만 그때 우리가 잘못 생각한 것은 아닐까? 색은, 그것이 각각의 금속에 자연으로부터 부여된 것이라고 해도, 이집트 연금술사들이 생각한 그런 의미에서 — 금속들을 서로 갈라놓고 그럼으로써 정말 고유하게, 즉 종을 형성하도록 작용한다는 의미에서 — 정말 본질적인 것일까? 그렇기도 하고 아니기도 하다(sic et non).

나는, 옛 사람들에게 색이란 본질적이고 그럼으로써 본원적이었을 뿐만 아니라 밖에서 부여되는 것이고 따라서 우연적이었다고 추측하고 싶다. 그것은, 이 소마(Soma) 또는 저 소마가 본래 어떤 금속인지 결정하는 것이 핵심 문제일 때는 본질적 속성이었다. 그러나 모든 금속을 서로 물질변환될 수 있는 종으로 파악할 때 그것은 우연적이었다.

도가니와 레토르트를 가지고 씨름했던 '필로소포이'들은 스스로를 그렇게 불렀음에도 불구하고 우리가 생각하는 그런 철학자들이 아니었다. 그리고 그들은 문헌학적 훈련을 받은 아리스토텔레스 전문학자도 분명히 아니었다. 그런데 ― 명쾌하지 않은, 앞뒤가 썩 잘 들어맞지는 않는 사변의 경우에 종종 그렇듯이 ― 바로 이것이 그들의 행운이었다. 그러나 이 행운은 아랍인들 속에 철학적으로 정말 근거 있는 비판이 들어왔을 때 사라져 버렸다.

이때 물질변환의 문제를 탐구했던 인물들은 실험적으로 결정 가능한, 다시 말하면 시험 가능하고 반증 가능한 견해를 둘러싸고 갈라진 것이 아니라, 철학적 문제를 놓고 갈라진 것이다. 이러한 종류의 물음들을 놓고 벌어지는 논쟁은 쉽게 끝날 수 있는 것도 아니고, 그렇기 때문에 높은 수준에서 전개될 수 있는 것도 아니다. 그런데 논쟁은 어디에서나 벌어졌고, 아무런 거리낌 없이 이루어질 수 있었다. 왜냐하면 실천으로부터 나온 논거들은 미심쩍은 경우에는 철학 뒤로 물러나야만 했기 때문이다. 이는 화학적 실천을 가지고 깊이 따지고 들었던 연금술 비판자들에게도 해당되었다.

그들 중에서 가장 유명한 사람은 980년 무렵에 현재 우즈베키스탄의 부카라(Buchara)에서 태어난 아부 알리 알-후사인 이븐 압달라 이븐 시나(Abu Ali Al-Husain ibn Abdallah ibn Sina)인데, 그는 그의 타이틀에서 추측할 수 있듯이 '장관 자리에서 죄수의 형틀로 갔다가 다시 장관 자리로 돌아온' 삶을 산 후 1037년에 하마단(Hamadan), 즉 옛 에크바타나(Ekbatana)에서 사망했다. 파란만장한 삶에도 불구하고 이븐 시나는 신플라톤주의로 둘러싸인 아리스토텔레스주의의 정신 속에서 모든 가능한 학문 영역에 관해서 광범위한 연구를 했다. 특히 그는 광범위한 내용의《의학 전범》을 출판했는데, 이로써 그는 아르-라지와 함께 위대한 아랍 의사가 되었고, 이 책은 또한 수백 년 동안 동방에서뿐만 아니라 서방에서도 의학 수업의 기초서적으로 사용되었다.

서방에서도 이븐 시나는 아비센나(Avicenna)라는 이름으로 매우 높은 명성을 누렸다. 이븐 시나는 또한 후기 연금술 전통에서 연금술 대가로 여겨졌지만, 이와 반대로 그는 연금술의 반대자였고, 이 점을 다음과 같이 아주 분명히 했다.

"연금술사들이 예술을 이용해서 황 종류를 가지고 수은의 응집 상태를 감지할 수 있을 정도로 단단하게 만드는 수단을 고안하려 한다는 것은 명백하다. 물론 이때 예술의 상태가 자연의 지혜와 무오류성의 수준을 지닌 것이 아니라, 그것과 유사한 정도일 뿐이라고 해도 말이다. … 연금술의 추종자들이 그들 자신이 할 수 있다고 주장하는 것과 관련해서 우리가 알아야 할 점은, 종의 진정한 물질변환을 완수하는 것은 그들의 능력 안에 있지 않다는 것이다. 그들의 능력 중에는 오히려 특출한 모방 능력이 있는데, 따라서 그들은 붉은 것[구리]을 희게 만들어서 은에 아주 가깝게 만들 수 있고, 그것을 노랗게 색 입혀서 금에 아주 가깝게 만들 수 있다.

… 그러나 종별 구분이 제거되거나 조정될 수 있다는 주장에 대해서 생각할 때, 나에게는 그 가능성이 떠오르지 않는다. 오히려 나는

그럴 가능성은 아주 멀리 있다고 생각한다. 왜냐하면 하나의 결합물을 다른 것들로 분리하는 [변화시키는] 방법은 존재하지 않기 때문이다. 그 이유는 감각을 통해서 인지 가능한 이 상태에서는 그러한 차이 ― 이것에 의해서 이 금속들이 [서로 다른] 종이 되는 ― 가 문제 되는 것이 아니라, 오히려 본래의 차이는 알려지지 않은 상태에서 우연성과 속성이 문제되기 때문이다."(Garb. 36)

이 말은, 600년 후 근대 경험과학의 위대한 선전가인 프랜시스 베이컨에 이르러서는 다음과 같이 된다.

"노란색, 무게, 연성(延性), 강성(剛性), 용융성, 용해성, 그리고 나머지 모든 것과 같은 형상과 방식을 알고 있고, 또한 그것들의 등급과 양태가 어떻게 거기에 더해질 수 있는지 아는 자는, 저 속성을 임의의 물체 속에 집어넣는 것 ― 이로부터 금으로의 변환이 일어날 수 있는 ― 을 이해하게 되고 그럴 능력을 갖게 된다."[(Nov. Org. Ⅱ. Aph. 5) Bacon 287]

이와 반대로 황-수은 설의 추종자였던 이븐 시나는 아리스토텔레스 학설에 기초한 종-속성 관련성에 근거해서 이렇게 전제한다. 즉, 금속은 그 전체로서 하나의 고유한 종(種)을 형성하는 것이 아니며, 그렇기는 하지만 또한 우리 눈에 보이는 색이 금속 종 사이의 고유한 차이를 만들어 내는 본질적인 속성도 아니라는 것이다.

알-이라키(Al-Iraqi)라는 13세기의 연금술사는 이와는 정반대의 주장을 펼친다.

"알아 두거라 ― 그리고 신의 은총이 너에게 있기를 ― 연금술이라고 [표현되는] 예술이 본래는 단 하나의 종을 대상으로 한다는 것을.

그런데 이 종을 사람들은 가단성 금속이라고 부르고, 이들 금속 중에는 개개의 동물과 식물처럼 확정된 것이 아닌 여섯 개의[!] 고유한 종의 자연적인 개별 금속이 있다. 이것은 금, 은, 구리, 철, 납, 그리고 주석이다. 이 [여섯 개의] 표현 형태들은 각각 서로 다른 우연성에 의해서 다른 것들과 구별된다."(Garb. 34)

이미 언급했듯이 이 두 개의 양극단 외에 타협적 입장도 있었다. 그렇지만 연금술사들에게 이런 입장은 마치 귀신을 쫓아내는 바알세불처럼 보였다. 왜냐하면 이 입장은 더 비천한 금속을 더 귀한 금속으로 연속적으로 변환하는 것이 자연에게는 전적으로 가능하다고 보았지만 인간에게는 여러 가지 이유에서 성취될 수 없다고 주장했기 때문이다. 그 이유 중에서 가장 비중이 크고 가장 절망을 안겨 주는 것은, 자연이 그 자신의 연금술을 위해서 일반적으로 필요로 하는, 그러나 인간에게는 주어지지 않은 영겁(Äon)만큼이나 긴 시간이었다. 연금술 추종자들은 일반적으로, 연금술에서 인간이 자연을 모방하는 것은 불가능하다는 반론에 대해서 이 반론의 바탕이 되는 모든 논거들을 단순히 부정함으로써 대응했다.

연금술의 여러 옹호자들은, 자연이 그다지 신속하게 수행하지 못하고 따라서 자주 성공하지 못하는 것을 인간은 해낼 수 있다고 지적했다. 유리가 바로 그런 사례이다. 그런데 그러한 주장은, 유리가 자연에서도 출토된다는 것이 널리 인정받고 있는 지식이라고 전제했다. 그리고 아르-라지의 경우에도 이미 분명한 것은, 그가 천연의 광물, 인공 광물 그리고 유리를 근본적으로 구분하지 않았다는 것이다.

아담부터 플라톤과 데모크리토스를 거쳐서 조시모스에 이르기까지 신뢰할 만한 연금술 대가들에 대한 모든 부가적 언급에도 불구하고, 연금술을 둘러싼 논쟁은 승부가 나지 않았다. 물론 중세에 이 논쟁은 다시 격렬하게 불붙었지만 그때도 승부는 나지 않았다. 이 새로운 논쟁, 부분적으로는 문헌학적 오류로부터 기인한 논쟁을 우리는 나중에 다시 다루어야 한다. 여기서는 단 한 가지만 언급하고 넘어갈 것인데, 그것은 두 차례의 시끄러운 논쟁에서 연금술을 위한 논거 중 하나는 어떠한 반향도 얻지 못했다는 것이며, 이는 그것이 소리가 너무 작았기 때문이 아니라 어떤 논쟁 참여자들의 입에서도 흘러나오지 않았기 때문이라는 것이다. 이 논거는 오늘날 우리가 여러 문명을 비교하는 가운데 끌어내는 것이다.[19] 물론 이제 그것은 논쟁 속으로 들어올 수 있게 되는 경우에도 다른 작용을 한다.

우리가 "연금술이 오랜 기간에 걸쳐서 전통을 형성하는 작용을 할 만한 힘을 가졌을 뿐만 아니라, 그에 더해서 서로 아주 다른 정신적 아비투스를 가진 아주 다른 문화들을 사로잡는 힘도 내놓았다면, 연금술에 무언가가 있었음에 틀림없다"고 말한다고 해 보자. 그렇다면 그 말은 인공적 물질변환 가능성에 대한 증거는 더 이상 될 수 없다. 그 대신에 그것은 우리에게 바로 '인간에 대한 경탄'이라는 감정을 불러일으키는데, 이 감정은 역사적 연구를 통해서 우리에게 주어지는 것이다.

---

[19] 독일어에서는 문화와 문명을 분명하게 구분하지 않는다. 여기서는 문명(Hochkultur)이라고 번역했지만 뒤에서는 모두 문화(Kultur)로 번역했다.

18. 현자의 길

그렇지만 '전혀 다른 문화' — 유라시아 대륙에서는 본래 중국과 인도를 의미할 수 있는 — 는 어떠한가? 그곳에도 연금술 같은 것이 있었을까?

이에 대해서는 그냥 간단하게 대상(隊商)들의 숙소와 바그다드와 바스라의 장터에 있는 상인들에게 물어보자. 아랍 제국의 동쪽 나라는 인도와 경계를 이루고 있기 때문이다. 16세기에 이슬람은 무굴 제국을 통해서 인도 깊숙이 뻗어 갔고, 그 밖에도 매년 수백 개의 무역선, 즉 삼각돛을 단 선복(船腹)이 두툼한 배들이 무역풍(貿易風)을 이용해서 인도의 말라바 해안을 오고 갔다.

중국과 관련해서는 이미 714년에 아랍의 무역선단이 광동(廣東)에 도착했다는 것만 언급하자. 중국 땅에 있는 무함마드의 어느 조카의 무덤은 이 이른 왕래를 뒷받침한다. 그 밖에도 우리는, 그 유명한 무역로, 즉 비단길이 중국으로부터 지중해 지역까지 이어져 있었다는 것을 학생 시절부터 알고 있다. 이 길을 통해서 동아시아의 상품은 일련의 무역단계를 거쳐서 6년에서 8년 안에 중국 중앙으로부터 바그다드와 콘스탄티노폴리스에 도달할 수 있었다. 그렇기 때문에 상인들의 대답은 놀라운 것이 아니다.

그렇다, 아랍 연금술이 최고조에 달했을 때 중국과 인도에도 연금술 같은 것이 있었다. 물론 우리는 이어지는 물음, 즉 이 연금술들 중 어떤 것이 다른 것에 영향을 미쳤는가, 그리고 어떻게 영향을 미쳤는가라는 물음은 전혀 건드리지 않는 것이 좋다. 그것은 결론까지 이르는 끝장 토론의 주제로는 다루기가 너무 어려운 것이다.(38) 그리고 그것이 얼마나 흥미로울지는 모르겠지만, 그보다 더 흥미로운 것은, 어떤 기획, 우리가 알기로는 '금(金)과 불사(不死)'라는 화려한 약속을 지키지 못한 이 기획이 그럼에도 불구하고 완전히 다른, 독자적 문화에서도 뿌리를 내릴 수 있었다는 명백한 사실이다.

그런데 '명백한 사실'이란 무엇을 의미하는가? 중국과 인도의 원형 화학 기술에 우리의 상당히 협애(狹隘)한 정의에 의해서 규정된 '연금술'이라는 이름을 붙이는 것이 정말 합당할까? 우리는 모든 소문을 넘어서, 이 세 연금술에 공통의 이름을 정당화할 수 있는 규정물들이 충분히 존재한다고 말할 수 있을까?

이것이 우리의 호기심을 자극하는 것이다. 그러나 우리가 이제 연금술에 대한 호기심(Curiositas alchymica)을 가슴에 품고 중국과 인도로 관심을 돌리더라도, 그곳으로 가지 않는 편이 더 나을 것이다. 아니 오히려 그래서는 안 된다. 그런데도 만일 간다고 하면, 우리는 단순히 관광을 간다는 비판을 받아 마땅할 것이다. 나는 중국이나 인도의 연금술 대가들을 제대로 이해하면서 어깨너머로 바라볼 수 있을 만큼 극동의 연금술에 대해서 충분히 알지 못한다. 달리 말하면, 우리가 중국 연금술 — 우리가 실제로 존재했다고 전제하고 있는 — 을 우선 한번 들여다본다면, 좁게 제한된 이차문헌에 의존할 수밖에 없다.

대체로 연단(鍊鍛)이라고 불리는(39) 중국 연금술은, 아마 샤머니즘 의식과 명상수련의 결합, 대장장이와 야금쟁이 형제회 속에서 흐르는 아랍-야금술적 전통과 명상수련의 결합, 그리고 물론 불로초(不老草)와 모든 삶의 고통 저편에 있는 나라에 대한 태곳적 갈구와 명상수련의 결합 속에서 탄생했을 것이다. 기원전 3세기에 이미 그러한 불사의 의학에 관한 기록이 나온다. 기원전 3세기에 진시황(재위기간 기원전 221~210년)은 방사(方士), 즉 마술사 서복(徐福)이 이끄는 탐험대를 전설에 휩싸인 세 개의 산악섬 ― 신비하고 사물을 변환시키는 물질이 있으며 불사자들이 산다고 하는 ― 을 찾도록 파견했다는 것이다. 그러나 관련된 많은 흐름의 결합은 도가(道家)에 와서야, 그리고 기원전 2세기부터 고취되고 제대로 생명력을 갖게 되었을 것이다. 도가 자체는 더 오래된 것으로, 기원전 4세기나 3세기에 노자 ― 글자 그대로는 '노(老)스승'을 의미하는 ― 의 가르침으로부터 생겨났다. 도가의 사고세계도 마찬가지로 깊이 태고로 거슬러 올라간다. 무위(無爲)를 통한 위(爲)에 관한 사상, 존재의 차이를 논리적으로 파악하려는 논리학의 모순 ― 파르메니데스적인 것을 연상시키는 ― 에 관한 사상, 그리고 인간의 '길', 즉 도(道)를 우주의 '길'에 순응시키고 그럼으로써 우주의 자연적, 순환적 리듬에 순응한다는 사상을 지닌 도가는 상당히 난해하다.[40]

그에 더해서 도가는 연금술의 번성기, 즉 육조 시대(220~589년)에 외부의 요소와 결합하는 모습을 보여 주는데, 이 요소들은 도가의 상을 더 혼란스럽게 만든다. 봉건영주의 싸움과 봉건영주 지배로 점철된 이 시대에 살았던 많은 식자들의 세계상 속에는 말하자면 도가적 특성과 유가적 특성이 섞여 있었다.

이에 대해서 특징적인 것은 현학(玄學)이라고 칭했던, 사상의 흐름이다. 이 흐름의 추종자들은 변화의 세계 뒤편, 다시 말하면 '작용'의 세계 뒤편에 근본물질인 기(氣)가 있으며, 이 기로부터 모든 현상, 즉 모든 명명될 수 있는 것이 생겨나고 유지된다고 믿었다. 이것은 헨 토판을 연상시킬 뿐만 아니라, 또한 소크라테스 이전 철학자인 아낙시만드로스(기원전 6세기)의 아페이론(Apeiron, '경계 없는 것'), 그러니까 근본물질 또는 아르케(Arche)를 연상시킨다. 그리고 그것은, 서로 전혀 다른 문화들이 서로 비교 가능한 상태에 도달하게 되면 곧, 이들 문화 속에서 표현되는 근본적이고 인간적인 것처럼 보이는 투시방식들이 존재하게 된다는 것을 시사한다.

3, 4세기에 살았고 '중국 연금술의 조시모스'라고 할 수 있는 갈홍(葛洪) 같은 현학의 추종자들은 스스로를 충실한 유학자로 여겼다.[41] 물론 그들에게 공자는 새로운 헤르메스 트리스메기스토스 같은 존재가 되었는데, 말하자면 그는 국가와 사회 속에서의 행동에 관한 공개적 가르침을 펼칠 뿐만 아니라, 세계 지식에 관한 비밀의 가르침 ─ 평범한 언어로는 전혀 표현할 수 없는 깊은 비밀을 담고 있는 ─ 도 펼치는 지혜로운 스승이 된 것이다.

이러한 종류의 헤르메스주의적, 도가적 영감을 지닌 그노시스는 불교적 관념과도 훌륭하게 결합될 수 있었고, 따라서 중국의 육조 시대에 우리는 그리스-로마의 고대 후기를 연상시키는 혼합주의와 마주하게 된다.

그러나 통상적으로 도가라고 불린 것은 항상 도주로를 가지고 있었는데, 그것은 세계의 혼란으로부터의 구원이었다. 이 구원은 선인(신선)이라는 '불사의 인물', 세상사의 움직임으로부터 완전히 독립해서 자연의 도와 합일되어 있고, 그럼으로써 대우주 속에서 완성된 소우주로서 영원히 살아가는 인물 속에 상징화되어 있다.

우리가 연금술이라고 이해하는 것, 즉 영성적 활동과 실험실 화학 활동의 결합은 일반적으로 외단(外鍛) 또는 '외적 연금술'로 불렸다. 당나라(618~907년) 전후에 이미 '외적 연금술' 외에 내단(內鍛)이라고 불렸던 '내적 연금술'이 나타났다. 내단은 오늘날에도 실행되고 있는데, 그것은 연금술의 메타포와 유비들을 사용하는 명상 기술이었다. 여기서 실제적 실험실 작업은 아무런 역할도 하지 않는다. 주로 호흡 수련과 특정한 식사법을 지키는 것을 포함하는 이 기술은, 샤머니즘 전통의 태곳적 뿌리로 거슬러 올라가는 외단 연금술 수행의 한 부분으로부터 발달해 나왔다. 물론 외단은 그 후로도 수백 년간 그 누이와 함께 계속 존재했다. 내단의 추종자들은 장수를 추구한다. 그런데 그 수련의 마지막, 말하자면 형이상학적 목표는 모든 인간이 가지고 있는 남성적 혼과 여성적 혼의 합일을 통해 일종의 정신적 헤르마프로디토스 — 머리에서 탄생한 — 를 만드는 것이었다. 이 탄생 행위는 주체와 객체, 인간과 우주의 우선순위의 해소를 통한 자기구원으로 인도하게 된다고 한다.

내가 보기에 내단 연금술은, 인간이 자기 안에서 그리고 그럼으로써 질료 안에서 신비적으로 발전할 가능성 — 기독교 권력이 연금술에 대해서 감정적으로 관용을 갖게 만드는 데 기여한 것이 분명한 — 에 관한 기독교적 견해와 멀기는 하지만 부합한다. 그럼에도 불구하고 우리의 정의에 따르면 내단은 연금술이 아니거나 더 이상 연금술이 아니다. 반면에 우리는 외단을 어느 정도는 정당성을 가지고 진짜 신의 예술이라고 부를 수 있다 — 적어도 시도로서는.

그런데 중국 연금술이 진짜라는 것과 그것의 아랍 연금술과의 친연성을 보여 주는 가정이 하나 있다. 물론 이것은 엄밀하게 증명할 수 있는 것은 아니지만, 이 가정에 의하면 엘릭시에르를 만드는 행위와 엘릭시에르 자체를 의미하는 '알-키미아'라는 아랍어 단어가 중고한어(中古漢語) 단어인 진약(Jin-Yak, 金液)으로부터 나왔고, 이 단어는 본래 금을 만드는 식물 즙을 나타내는 것이었다고 한다. 'Jin'은 방언에서는 김, 금 또는 겜이라고 발음되었는데, 이것은 금을 의미한다. 실제로 엘릭시에르의 작용력을 뒷받침하는 것은, 거기에 금속을 넣으면 이 금속이 금으로 변환되고 이때 스스로도 금으로 변환되는 능력이다. 이 가정이 만일 더 잘 증명된다면, 그것은 모든 태곳적 문화에 등장하는 불사(不死)를 부여하는 식물의 신화만을 시사하는 것이 아니다 ― 길가메쉬 서사를 생각해 보라. 그것은 또한 중국이 아랍 연금술에 대해 직접적 영향을 미치고 있었다는 데 대한 모든 의심을 제거할 것이다. 분명히 근본 원리에서는 중국의 연금술과 구별되지 않는 한국과 일본의 연금술도 존재했다.

19. 외적 연금술과 위백양(魏伯陽)의 개

'외적 연금술'이 탄생한 시기는 전한(前漢)과 후한(後漢)이 중국을 지배했던 기원전 206년부터 기원후 220년까지로 여겨진다. 어쩌면 기원전 4세기의 추연(鄒衍)이라는 사람이 이미 연금술사였는지도 모른다. 그러나 최초의 고전적 저작들은 기원후 첫 몇 세기에 나왔다. 물론 100여 년 전에 이미 연금술은 처음으로 황제실록에 등장했고, 그럼으로써 역사 속으로 들어왔다. 효경 황제는 기원전 144년에 그보다 400년 뒤의 디오클레티아누스와 똑같이 금 조작에 대한 칙령을 내렸다. 이유는 연금술 금은 금이 아니고, 연금술사 지망생들은 금을 찾는 동안 시간과 돈만 허비하고 결국에는 강도 짓에 빠진다는 것이었다.

이 칙령은 선견지명을 보여 준다. 왜냐하면 여기 중국에서도 연금술의 역사는 실패의 역사이기 때문이다. 기원전 60년 무렵에 황실관헌 유향이 황제의 명으로 연금술 금을 만들려고 시도했지만 실패했다는 이야기도 있다. 그러나 물론 정말 믿는 사람들 중에서는 어느 누구도 그러한 인간적 실패의 증거 때문에 자기 믿음을 버리지 않았다. 이 실패는 정말 인간적인 것이다. 게다가 우리가 이 사건을 중국 연금술 대가의 눈으로 보면 이해할 만한 것이다. 그런데 대가 갈홍은 그의 동료를 실패로 이끈 원인에 대해 다음과 같이 말한다.

"연금술사는 먼저 100일간 단식하고 향물로 목욕해야 한다. 유향 같은 높은 관헌은 필요한 단식을 수행할 수 없다. 물질변환 작업에는 두세 명의 사람만 있어야 한다. 그것은 유명한 큰 산에서 수행되어야 한다. 왜냐하면 작은 산에서 하는 것은 불충분하기 때문이다. 물질 변화를 궁전에서 수행하는 것은 불가능하다. 게다가 연금술사는 이 예술에 정통한 사람으로부터 방법을 직접 배워야 한다. 책은 충분하지 않다. 책에 쓰여 있는 것은 초보자에게나 충분하다. 나머지는 비밀이고 구두의 가르침으로만 전해진다. 적당한 신에게 기도하는 것도 필요하다. 게다가 예술은 특별히 은총을 받은 사람만이 배울 수 있다. 사람은 그에 알맞은 운세를 갖고 태어나기도 하고 알맞지 않은 운세를 갖고 태어나기도 한다. 무엇보다도 믿음이 필요하다. 믿지 않는 사람은 실패를 가져온다." 그런데 "변화는 하늘과 땅의 본성이다. 금과 은이 다른 물질과 그토록 크게 달라야 할 이유가 있겠는가?" (Huang 723)

그러므로 연금술에 대해 반증하는 것과 같은 일, 즉 개별 사례를 통해서 반증하는 일은 전혀 불가능하다. 게다가 그 밖에도 성공 가능성뿐 아니라 성공으로 가는 길까지도 도가(道家)의 세계상에는 분명하게 미리 그려져 있다.

이로써 우리는 중국 연금술의 본래의 목표와 실천을 알게 된 셈이다. 그러나 여기서 우리는 외단 전통의 옛 시기와 새 시기를 구분해야 한다. 이미 암시했듯이 옛 전통은 주로 마술적으로 세계를 유지하는 의식의 영역과 분명히 태곳적 야금(冶金) 행위 속에서 움직인다. 옛 전통은 그 행위를 자연철학적으로 뒷받침할 줄도 몰랐고 그럴 필요도 없었다. 진정한 의식은 신화가 그 자체로부터 온 것임과 마찬가지로 그 자체로부터 나오는 것이고, 따라서 물음이 던져지기 전에 답이 이미 존재하는 것이다. 더욱이 진정한, 자연스럽게 인정받은 의식 ─

그 목표도 함께 추구될 수 있는 — 을 따르는 것은 그 자체로서 일상과 시간성으로부터의 해방, 즉 구원을 의미한다.

이소군(李少君)이라는 마술사와 한무제(漢武帝)의 이야기는 이를 뒷받침할지 모른다. 마술사는 황제에게 화로를 어떻게 첨가물 — 진사(辰沙)가 가장 중요한 역할을 하는 — 로 채우는지 설명했다. 그러면 황제는 화로에 희생물을 바치고, 그러한 방식을 통해서 혼령을 불러내야 한다. 그리고 나면 화로에서 진사가 금으로 변환하는데, 황제는 이것을 가지고 식기와 잔을 제작하도록 해야 한다. 이것을 사용하면 그는 생명이 연장되고, 불사의 사람들과 접촉할 수 있게 된다. 마지막으로 한무제는 죽음으로부터 영원히 벗어나기 위해서 거대한 통치자의 의식을 수행해야 한다.(42)

마술사가 가슴속에 불사의 갈망을 지닌 다른 어떤 사람이 아니라 황제에게 그런 지시를 한 것은 이유가 있었다. 이소군은 어느 정도는 마술적 의식 — 초월적인 것과 본원적인 것의 연결을 만들어 내야 하는 — 을 위한 전문 관헌이었던 것이다. 그런데 하늘과 땅 사이의 이 연결을 가능하게 하고 보증하는 것이 바로 하늘의 아들, 즉 황제의 가장 중요한 임무였다.(43)

새로운 전통은 물론 다양한 방식으로 옛 전통과 섞였는데, 이 전통은 주로 추연(鄒衍)에 의해서 발전된 자연철학적-우주론적 관념의 지배를 받았다.(44) 이 개념에 따르면 '최고의 최종의 것', 즉 태극(太極)은 두 개의 우주적 원리인 음과 양으로 갈라진다. 그런데 태극은 신플라톤주의의 '하나'를 연상시키고, 또한 초기 그리스 자연철학의 근본

물질도 연상시킨다.(45)

음(陰)은 달과 지구에 속하는 것으로 여성적이고, 어둡고, 수동적이고, 흡수성이며, 짝수, 즉 나뉘는 숫자와 계곡과 강 속에 존재한다. 그리고 호랑이, 주황색, 그리고 풍수에서 사용되는 점선(點線)으로 대표된다. 양(陽)은 태양과 하늘에 속하고, 남성적이고, 밝고, 능동적이고, 뚫고 들어가며, 홀수, 즉 나뉘지 않는 숫자 속에서 그리고 산에서 나타난다. 그것은 용, 하늘색, 실선(實線)으로 대표된다. 피타고라스주의에서와 마찬가지로 짝수는 여성적이고, 홀수는 남성적이다.(46) 양과 음은 산과 계곡처럼 서로 떨어질 수 없는 것이지만, 계곡 없는 산, 산 없는 계곡도 생각할 수 있다. 그리고 같은 것도 동시에 다를 수 있다. 예를 들어서 계곡 쪽에 해가 비치면, 그것은 양을 더 많이 갖게 되고, 그것이 그림자 속에 들어가게 되면 음을 더 많이 갖게 된다. 양 속에는 음이 있고, 음 속에는 양이 있다.

이것들의 상호작용과 융합은 그 자체로부터 5개의 변환 단계(五行), 즉 불, 흙, 금속, 물, 나무라는 '원소'를 낳는다.(47) 이것들로부터 결국은 만 개의 사물, 즉 만물(萬物)이 생겨난다. 하늘로 가는 교량으로서의 공기는 본래의 원소가 아니라 프네우마 같은 것이었다. 그런데 그것은 모든 조야한 물질적 사물들의 조야한 물질적 구성 성분 같은 것은 아니었다.

우주를 향한 연금술적 노력 속에서 도가(道家)의 대가들이 지향했던 목표는 금을 만들고 그것을 가능하다면 판매하는 것이 아니었다. 그렇다고 해도 그것이 제일의 목표는 아니었다. 목표는 불사(不死)를 얻는 것이었다. 이 높은 목표에 도달하기 위해서 현자는 양과 음의 상호작용, 말하자면 자연의 상호작용에 적응하는 것을 추구했다. 그러나 그는 자연의 완성도 추구하고, 결국은 자연의 초월까지도 추구했다. 그러나 이 추구는 진정한 추구가 아니다. 모든 정신적, 육체적 활동에도 불구하고, 명상과 실험에서의 모든 실천에도 불구하고 도가에게는 계몽적이고 필사적인 유럽-미국식 행복 추구는 지극히 낯선 것이다. 그런데 이는 중국에도 사기와 금 조작이 잔뜩 있었다는 것을 배제하지는 않는다.

그런데 불사자(不死者), 즉 신선(神仙)은 무엇인가? 이에 대한 답 속에서 중국인들은 그들의 실용주의, 그들의 가장 내적인 갈망과도 관련되는 실용주의 전체를 드러냈다. 말하자면 지상의 불사자와 천상의 불사자가 존재했는데, 이때 육체적 탐닉 능력을 완전히 소유한 지상의 불사자가 언제나 더 선호되었던 것이다. 그렇지만 달리 길이 없으면 자기 육체의 형태를 모두 가지고 천상의 불사자로서 하늘로 올라가는 길로 들어가야 했다. 그러나 여기에도 지상에서와 똑같은 규율이 기다리고 있었고, 위계질서의 가장 아래쪽에 도달한 자에게는 하늘에서도 웃을 일이 전혀 없었다. 불사자의 다른 형태는 어느 정도 '시체로부터 해방된' 시해(尸解)였는데, 이것은 아마 먼저 제대로 사망한 후에 그의 육체와 함께 시체로부터 자기 스스로를 해방시킨 자였을 것이다. 그렇기 때문에 그의 관 속에는 대부분 옷만 남아 있었다.

어떻게 시해가 되는지는 현자 위백양(魏伯陽)의 재미있는 이야기가 말해 주는데, 우리는 그가 2세기에 살았고 가장 오래된 중국 연금술

논문 〈주역참동계〉(周易參同契)를 썼다는 것 외에는 그의 삶이 어떠했는지 모른다. 《셋의 친연관계》로 번역할 수 있는 이 책은 비밀단어들과 신탁 같은 금언을 너무 많이 사용하고 있기 때문에 이미 당시에도 이해가 거의 불가능했다.20(48) 그렇지만 그런 것이 연금술이다. 이 책은 '문학적 신비'로서 이미 그 자체가 엘릭시에르로 여겨졌고, 바로 그렇기 때문에 높이 평가받았고 여러 차례 주석이 쓰였다. 위백양의 종말과 시해에 관해서는 4세기에 나온 《신선전》(神仙傳)에서 다음과 같이 전하고 있다.

"위백양[과 그의 하얀 개]은 신통한 약을 만들기 위해서 산으로 올라갔다. 그에게는 제자 셋이 있었는데, 그는 그들 중 둘은 완전한 믿음을 가지고 있지 않다고 생각했다. 약이 만들어졌고, 그는 제자들을 시험해 보았다. 그가 말했다. '황금약이 다 되었다. 그러나 먼저 개를 가지고 시험해 보아야겠다. 개에게 어떤 고통스러운 일도 일어나지 않으면, 우리도 그것을 먹어도 될 것이다. 그러나 개가 죽으면, 우리는 그걸 먹으면 안 된다.' 위백양은 개에게 약을 주어서 먹게 했고, 개는 즉시 죽었다. 그러자 그는 말했다. '우리가 엘릭시에르를 만들었을 때 성공하지 못하면 어쩌나 하는 걱정이 있었다. 그러나 이제 우리가 약을 완성했는데 그걸 삼킨 개가 죽었다. 그것이 신명의 뜻에 부합하지 않은 것은 아닌지 우려스럽다. 우리 자신이 그것을 먹으면, 개와 같은 길을 가지 않을지 염려스럽다. 우리가 무얼 해야 할까? 제자들

---

20 주역참동계는 '주역과 이치가 통하며 뜻이 합함'으로 풀이할 수 있지만 여기서는 '셋의 친연관계'라는 서양식 번역을 따른다.

이 대답했다. '스승님, 그걸 드시면 안 됩니다.' 그러나 위백양이 대답했다. '나는 세상의 길을 떠났다. 나는 처자를 버리고, 산속으로 은둔했다. 도를 얻지 못하면, 집으로 돌아가는 것이 부끄럽다. 내가 그걸 먹고 죽든지 살든지 [상관없다], 나는 어떻든 간에 그걸 마셔야 한다!' 이 마지막 말과 함께 그는 엘릭시에르를 자기 입 속에 넣었고, 그 순간에 죽었다. 제자들은 그를 보고 서로 말했다.

'스승님은 생명을 연장하기 위해서 약을 만드셨는데, 드시고 돌아가셨다. 이걸 어떻게 보아야 할까?'

제자 중에서 오직 하나만 이렇게 생각했다. '우리 스승은 비범한 분이다. 그분은 이[엘릭시에르]를 삼키고 돌아가셨다. 그분은 어떤 확실한 의도를 가지고 이 행위를 하셨음에 틀림없다.' 그리고는 그도 엘릭시에르를 삼키고 마찬가지로 죽었다.

그러자 다른 두 제자가 서로 말했다. '엘릭시에르를 얻는 자들은 장수하려는 소망을 가지고 있다. 그러나 이제 그들은 그걸 먹은 후에 죽었다. 그렇다면 거기에 동참하는 것이 무슨 소용이 있겠는가? 우리가 약을 먹지 않으면, 우리는 아직 수십 년은 충분히 잘 살 수 있다.' 약을 먹지 않은 채 그들은 스승과 죽은 동료제자를 위해 장례를 준비하려는 생각을 하며 함께 산을 떠났다.

두 사람이 길을 떠나자마자 위백양은 다시 살아났다. 그는 잘 조제한 엘릭시에르를 제자의 입과 개의 주둥이에 조금 흘려 넣었다. 잠시 후 둘도 다시 살아났다. 그는 성이 우씨인 제자와 개를 데리고 불사의 길을 떠났다.

그들이 산속 깊숙한 곳에서 길을 가고 있을 때 나무꾼들을 만났다.

그러자 그는 [두 제자에게 보내는] 편지를 써서 마을 사람들에게 주었다. 그는 제자들에게 [장례 준비를 해 준 것에 대해] 고맙다고 말했다. 이 편지를 읽고 나서 두 제자는 크게 후회했다."(Holm. 34)

이것이 "이야기의 교훈이다." 즉 제자들은 죽음을 두려워해서는 안 되었던 것이다. 그렇다, 그들은 그것을 스승의 작은 실수가 아니라 신선, '육체로부터 벗어난' 존재의 상태에 도달하기 위해서 불가결한 준비 단계로 해석해야 했던 것이다. 그렇기 때문에 아마 세 명의 황제까지 포함해서 많은 중국인들이 믿음을 가지고 죽음을 무릅쓰면서 수은 약재를 삼켰고, 그로 인해서 고통 속에서 망가져 갔던 것이다.

그런데 위백양의 엘릭시에르, 제자들도 그 비밀을 몰랐던 이 엘릭시에르 속에는 무엇이 숨겨져 있었을까?

형이상학적으로 볼 때 엘릭시에르의 비밀은 태초로 돌아가는 것에 관한 비밀이었다. 도가의 대가인 장자(莊子)는 다음과 같이 말한다.

⑦ 하나의 시초가 있다. ⑥ 시초 전에 하나의 시간이 있다. ⑤ 시초 전의 시간 전에 하나의 시간이 있다. ④ 존재가 있다. ③ 비존재가 있다. ② 비존재 전의 시간이 있다. ① 비존재 전의 시간 전의 시간이 있다.

1세기에 아마 초기 형태가 만들어진 것으로 보이는 비밀로 가득한 《황제구정신단경》(黃帝九鼎神丹經)과 그 주석들을 참조하면, 우리는 그 전체를 다음과 같은 '화학'의 내용으로 번역할 수 있다. 연금술의 제자가 자기 자신을 정화의식에 바치고, 그 행위의 바탕이 될 텍스트에 관해서 구두로 지시를 받고, 점성술적으로 올바른 작업의 날을 선택한 후에, 사악한 악마를 막는 특정한 단계를 따라서 자신의 대업적의 장소에 다가가서(49) 거기에서 불을 피움과 동시에 특정한 신에게 도움을 요청함으로써 그 과정을 시작한다. 그다음에 그는 두 물질을 만들어 내는데, 이것들은 '신비로운 것 — 노란 것'과 '여섯과 하나'의 접착제 또는 '신의 접착제', 즉 신니(神泥)이다. 신니는 아마 우리에게 낯익은 '철학자의 흙'(Lutum philosophorum)이라고 부를 수 있을 것이다.(50)

처음에 말한 화합물에서 '신비로운 것'은 양(陽)을 의미하고, 이로써 하늘을 의미하며, 동시에 화학적으로 말하면 수은을 의미한다. 반면에 '노란 것'은 음(陰), 즉 땅과 납을 의미한다. 그런데 내가 추측하기에 노란 것이 납인 이유는 지상의 지배자인 황제의 색이 노란색이기 때문일 뿐만 아니라 밀타승(密陀僧, 일산화 납)이 붉은 노란색이기 때문일 것이다.

양극성에 대한 중국의 사상에 따르면 두 개의 '상극'은 상대를 포함하고 있다. 나는 경험도 이것을 뒷받침한다고 생각한다. 납의 단면은 밝게 반짝이고, 곱게 퍼진 수은 내지 칼로멜은 검기 때문이다. 수은과 납이 이제 불 속에서 정화되면 최고의 완성에 도달한다. 우리는 물론 그것들이 중국 연금술사들이 순수한 우주적 원리를 나타낸다고 생각한 '우리의 수은'과 '우리의 납'으로 정화되었다고 말할 수도 있다. 이어서 그것은 함께 녹여져서 음-양 조합인 아말감이 되는데, 이 조합은 음과 양을 모두 포괄하는 '우주적 하나'인 일종의 태극을 연상시킬 뿐만 아니라,(51) 동시에 일종의 제일질료를 연상시킨다.

실제로 이제 그것을 위해서 따로 제작된 반응용기인 부(Fu, 釜) 속에서 본래의 작업과정이 시작된다. 이 용기는 대단히 중요하기 때문에, 그것을 만들 때 실수가 있으면 작업과정 전체가 망쳐지게 된다. 그것은 진흙으로 만든 두 개의 반구로 이루어져 있고, '신니' 또는 이 신니와 음-양 아말감의 혼합물에 의해 서로 접착되어 있다. 이에 의해서 두 개의 단순한 질그릇이 '호박' 내지 우주적, 철학적 알, 달리 말하면 소우주가 된다. 이는 다시 조시모스의 꿈속에 나오는 반응 용기의 구조를 연상시킨다.

유감스럽게도 우리는 여섯-하나의 신니가 무엇으로 이루어졌는지 모른다. 그러나 그것이 우주적 의미를 지니고 있고, 무시간성으로, 다시 말해서 불사로 인도해 줄 것이라는 점은, 아주 분명하게 암시되어 있는 7이란 숫자에 의해서 드러난다. 장자의 7개의 문장에 의거해서 작업과정은 7개의 단계로 전개된다.

장자는 우리에게 그럼으로써 육신이 일곱 번 관통되었을 때 '잠시' 사망한 신화적 혼돈 황제의 죽음이 되돌려진다고 설명한다. 황제의 죽음은 이제 만물의 생성이라는 결과를 가져오는데, 이는 우리가 인간의 머리에 붙은 7개의 창을 통해서 경험하는 이 세계가 다음과 같이, 즉 감각에 의해서 파악되지 않는 기본물질이 감각 가능한 것 속으로 들어가는 것으로 이해되어야만 한다는 말이다. 이 감각 가능한 것 속으로 들어감을 되돌리는 것, 즉 황제의 창들을 닫고 그를 다시 '생명'을 갖게 깨우는 것이 작업과정의 목표이다. 그것은 모든 분화의 근원에 놓여 있는 무시간성과 무공간성, 즉 헨 토 판으로의 회귀이다. 그럼으로써 제일질료로서의 태극은 세계를 제거하고, 동시에 세계를 만들어 낸다. 극과 극은 서로 통한다.

이 과정을 수행하기 위해서 우주의 알은 보통 음양 아말감과 다른 첨가물로 덧입혀지고, 신니로 밀봉되고, 건조되고, 마지막으로 불 속에 넣어진다. 이때 알은, 위로 향하고 아래로 향하는 — 그리스인들이 '아노 카이 카토'(Ano kai kato)라고 말하듯이 — 내적 증류가 이루어지도록 하기 위해 여러 차례 뒤집힌다. 이때 중국의 연금술 대가들은 순환 속에서 자기를 드러내는 자연의 작용을 모방하고 '탈취'하려는 시도를 했다. 위백양은 불사의 엘릭시에르와 금 변환 엘릭시에르의 숙성 시간을 4,320년으로 잡았는데, 이는 한 해가 360일로 이루어져 있고 하루는 12시로 이루어져 있기 때문이다. 계절은 반응을 일으키는 불의 온도 속에서 하루 안에 모사될 수 있다. 즉, 밤 23시와 1시 사이의 두 시간 동안 불은 아주 부드럽게, 즉 음은 많지만 양은 거의 없는 상태로 시작하고, 늦은 오전 시간인 9시부터 11시 사이에 가장 높은 온도로 가장 높은 양의 상태에 도달하며, 21시부터 23시 사이의 두 시간 사이에 순수한 음으로서 소멸한다.(52)

온도조절은 연료 주입의 변화를 통해서 이루어지지만, 또한 등급구분이 있는 물 냉각을 통해서도 이루어진다. 물 냉각은 어떤 때는 위에서 내려오는 물로 채워진 냉각관을 통해서도 이루어지고, 또 어떤 때는 불이 반응 용기 위에서 타고 있는 동안 아래에 놓인 물 용기에 의해서도 이루어진다. 이는 연금술 대가들이 꽤 의미 있는 장치 제작을 통해서 그들의 목표에 도달하려고 했음을 보여 준다. 외단 예술이 수행되었던 장소에는 용융도가니, 플라스크, 용융화덕, 모르타르, 유봉, 다양한 화로, 증류 도구, 승화 도구, 그리고 우리가 조시모스나 아르-라지의 실험실에서도 본 일반적인 작은 실험장치들이 있었다.(53)

우리가 연금술 대가들이 명확하게 구분되는 물질을 얼마나 많이 알고 있었는지 묻는다면, 우리는 이미 이집트 연금술사의 경우에서 경험한 바 있는 동일한 언어의 문제들과 부딪친다. 예를 들어서 음의 원리인 수은은 20개 이상의 암호명을 가지고 있다. 이들 이름 중에는 '달', '흰 호랑이', '흰 토끼', '예쁜 여성', '흰색 눈' 등이 있었다. 그리고 양의 원리인 황은 '태양', '녹색 용', '금 까마귀'(金烏), '금 소년', '노란 아이' 등으로 불렸다. 그래도 사람들은 무기 물질만 가지고도 50종류 정도를 구분할 수 있었는데, 그중에는 산화물, 황화물, 명반(明礬), 그리고 모두 서로 아주 가까운 다양한 규산염들이 있었다.

예를 들어서 중국의 어떤 연금술 대가는 현자의 돌을 진사, 황, 계관석, 포타쉬, 붕사, 웅황, 보석 하나, 그리고 탄산 구리를 가열함으로써 얻을 수 있다고 주장한다. 그 후 이 돌을 천한 금속에 문지르면, 금속은 금으로 변환된다. 금을 만드는 데 사용되는지 죽음을 치유하는 데 직접 사용되는지 알 수 없는 다른 금 약제도 아마 지독한 혼합물이었을 것이다. 그런데 그것은 '많을수록 좋다'는 방법에 따라서 함께 섞이게 되었고, 또한 수십 개의 동물성, 식물성 물질도 포함할 수 있었다.

이따금 그러한 실험행위는 놀라운 결과를 초래하기도 했다. 예를 들어서 갈홍(葛洪)은 아마 역사상 처음으로 채색금, 즉 SnS_2의 생산방법을 제시하는데, 오늘날 이것은 살미아크의 존재하에 주석이나 주석 아말감을 유황화(硫磺花, 승화된 황 — 옮긴이)로 가열해서 만든다. 유럽에서 그것은 14세기의 필사본에서 처음으로 등장한다.

물질을 반응시킬 때 질료 속에서 어떤 일이 벌어지는지는 화학적으로 상당히 단순한 과정에 대한 다음과 같은 서술로부터 대강 짐작할 수 있다.

"끓임과 증류는 통 속에서 일어난다. 아래에서는 불꽃이 쉭쉭거리며 타오른다. 앞에서는 흰 호랑이가 길을 인도한다. 그 뒤를 녹색 용이 따라간다. 보라색 새(紫鳥)가 다섯 개의 색으로부터 도망친다. 새가 그물의 줄에 걸리자 아무 힘도 못 쓰고 눌려서 꼼짝하지 못한다. 그리고 아이가 엄마를 부르는 것처럼 구슬프게 울어 댄다. 좋은 것인지 나쁜 것인지 모르지만 새는 뜨거운 액체가 들어 있는 통 속에 빠지고 깃털이 상한다. 시간이 절반 지나기 전에 아주 빠른 속도로 많은 용이 나타난다. 다섯 개의 눈부신 색은 쉬지 않고 변한다. 괴물이 용기(鼎)에서 액체를 끓인다. 색들은 개의 이빨처럼 아주 불규칙적인 배열을 차례차례 갖게 되는 것처럼 보인다. 한겨울의 고드름 같은 종유석이 수평과 수직 방향으로 튀어나온다. 분명한 규칙성을 갖지 않은 암석산들이 나타나는데, 이것들은 서로서로 기대고 있다. 음과 양이 제대로 된 방식으로 결합되면, 고요가 지배한다."(Holm. 38)

여기서 일어나는 일은 진사가 증류되고, 증류물이 앞쪽 용기에 들어 있는 액체 — 아마 식초거나 소금으로 포화된 — 속으로 포획되어 들어가고, 이어서 증발을 통해서 결정으로 되는 것이다. 아세트산 수은은 희고, 염화 제이수은도 마찬가지로 희다. 염화 제이수은은 다른 제법에서는 거친 서리로 표기되고 있다. 이에 대해서 연금술사 에릭 홀먀드(Eric Holmyard)는 "실험화학의 교과서가 이보다 얼마나 더 다채롭게 쓰일 수 있을 것인가?"라고 부드럽게 탄식한다.(Holm. 38)

그러나 옛 연금술 대가들은 우리와 다르게 썼을 뿐만 아니라, 다르게 보았다. 그들은 자연의 상호작용을 보았고, '원소들의 날뜀' 뒤편에 있는 비밀에 찬 질서 내지 무질서 — 제의의 질서를 통해 제어할 수 있었던 — 를 보았다. 그러나 그들은 그 모든 것의 뒤편에서 어떤 특정한 시간, 특정한 장소 밖에 있는 태초의 어느 정도 충족된 고요를 보았다. 그들은 동요하지 않고 항상 동일하게 유지되는 생명을 보았고, 그들은 모든 변화, 모든 생성과 소멸 뒤에서 진짜 감각 가능한 불사(不死)를 보았던 것이다.

비슷한 이야기를 우리는 서양의 연금술 대가에 대해서도 말할 수 있다. 그리고 우리가 서양 연금술의 몇몇 중심개념에 대해서 묻는다면, 마찬가지로 우리는 동양 연금술과 비교해서 실제로 중요한 어떤 차이도 확인하지 못할 것이다.

동양에서도 주된 관심사는 질료와 그것의 반응이었을 뿐만 아니라 인간과 그 존재의 변환이었다. 동양에서도 스승-제자 관계는 결정적 역할을 했고, 이는 동양에서도 연금술의 언어가 베일에 싸여, 생략과 다의성 — 동시에 아직 분석적으로 파악되지 않은 자연에 대한 인간의 관계에서의 다의성을 반영하는 — 으로 가득 차 있는 하나의 원인이기도 하다. 동양에서도 주된 관심사는 화학적 과정이었고, 또한 동시에 은총받은 자 — 갈홍(葛洪)이 강조하듯이 그의 행동이 도덕적으로 흠잡을 데 없다면 — 만이 통과할 수 있는 길이었다.

동양에서도 위대한 작업이 수행되는 기간에 중요한 의미가 부여되었고, 때때로 시작할 때 점성술의 별자리에도 중요한 의미가 부여되었다. 그리고 마지막으로 동양에서도 서양에서와 같이 주된 관심사는 모든 알려진 질료와 상태 너머에 있는 질료와 상태였고, 자연 속의 초자연이었고, 그럼으로써 존재의 조건으로부터의 구원이었다. 그리고 서양에서와 같이 동양에서도 종 개념과 인공적인 것에 의한 새로운 것의 제조를 둘러싼 자연철학적 논쟁이 있었다. 간단히 말하면, 우리는 중국에도 '연금술'이라는 이름이 붙을 만한, 원칙적으로 성공하지 못한 불가능한 기획이 있었다는 놀라운 사실을 받아들여야만 한다.

이로 인해서 우리의 차이에 대한 시각이 흐려져서는 안 된다. 동양에서와 같이 서양에서도 연금술 과정이 일어나는 반응 장소는, 그것이 화로이건, 철학적 알이건 상관없이 소우주에 해당한다. 그러나 나는 서양 텍스트 어디에서도 이 소우주가 있는 자연적 장소가 어디여야 하는지에 대해서 말해 주는 규정은 발견하지 못했다. 이것은 분명히, 유일자, 즉 초월적 신의 종교인 두 개의 유일신교, 그러니까 기독교와 이슬람교에는 성스러운 정원, 성스러운 샘, 성스러운 산 정상과 같이 자연의 특정한 구역 속의 성스러움으로 가득 찬 곳이 없다는 것과 관련이 있다.

메카의 카바(Kaaba)가 그에 대한 반대증거일 수 있지만, 나는 그것이 유일자의 상징과 힘의 중심이라는 특이성 때문에 결정적 반대증거로는 보지 않는다. 물론 카바의 검은 돌의 성스러움은 성스러운 자연의 장소라는 옛 사고방식에 부합하기는 하지만 말이다. 그러나 어쨌든 더 명백하고 더 중요하고 더 흥미로운 것은, 중국의 우주론적 연금술이 창조 이전 상태로 돌아가는 길, 바로 그 길을 찾고 있었다는 것을 목격한 것이다. 이것은 서양에는 없었던 것처럼 보인다 — 물론 질료의 원시상태로 그렇게 돌아갈 수 있었다면 서양에서도 어렴풋이 감지되고 있던, 밑에 잠긴 제일질료와 철학자의 돌의 정체가 밝혀질 수도 있었지만 말이다. 여기서 반드시 제기될 만한 물음에 대한 대답은, 전능한 신에 의한 무로부터의 창조가 질료적이면서 동시에 신에 의한 것과 유사한 구원을 가져오는 이 창조 이전 상태를 조금도 알지 못한다는 데 있을 것이다. 그러나 나는 이런 방향의 예감 — 서양의 연금술사들에게 현자의 돌이 어디에나 있다(유비쿼티)는 생각을 갖도록 밀어붙인 — 이 많은 서양의 연금술 대가들을 이단의 벼랑 끝까지 강하게 밀고 갔을 것이라고 가정한다.

그러나 중국 연금술 대가들의 도구는 모두 서양의 연금술사들은 전혀 알아서는 안 되었던 바로 그것을 위한 것, 즉 태초로의 귀환을 위한 것이었다. 실제로 최고의 엘릭시에르는 환단(還丹)이라고 불렸는데, 이것은 '귀환의 엘릭시에르'로 번역될 수 있을 것이다.(54)

그런데 환단을 '귀환의 진사'로 번역하는 것도 똑같이 가능하고, 그렇게 하는 것도 맞을 것이다. 진사는 의심할 바 없이 중국 연금술의 두 번째 명약이었기 때문이다. 초기에 사람들은 진사를 돌 또는 엘릭시에르 자체로 생각하기까지 했다. 왜냐하면 진사는 양(Yang)을 많이 포함하고 있고, 피와 생명과 같이 붉고, 그런 이유로 종종 시체를 보존하는 데 사용되기도 했으며, 또 — 이것이 중요한데 — 수은이 잡히는 것은 무엇이든 파괴해 버리는 불 — 의 열기 속에서 '살해된 메르쿠리우스'(진사)로부터 완전히 순수하고 회춘된 형태로 다시 얻어질 수 있기 때문이고, **그럼으로써 불사라는 것이 증명되었기 때문이다.** 그러나 불행하게도 이 불사는 인간에게 적용될 수는 없었다. 그리고 앞에서 언급한 사고들이 유독한 황화 수은에 의한 것이라고 추정할 수 있을 터인데, 이는 중국 연금술 대가들에게 불사에 도달하는 다른 길을 찾아보도록 했을 것이다. 그런데 진사-이론으로부터 일반적 황-

수은-질료 이론이 전개되지는 않은 것 같다. 중국인들이 가지고 있던 다른 원소개념이 이를 막았을 것이다.

연금술사들의 금으로 제작한 잔으로 마신다는 이소군의 이상한 규칙은 아마 '고전적' 진사 엘릭시에르의 독성과 연관 지어서 볼 수도 있을 것이다. 어쩌면 이소군은 ― 중국인은 항상 매우 실용적인 감각을 지니고 있기 때문에 ― 장수나 영생을 주는 것이 아니고 단순히 위장을 압박하고 소화 장애를 일으킬 수 있는 위험한 것들을 경구용으로 처방하는 일을 꺼려했을 수도 있다. 그러나 우리는 여기서 태곳적 전통과 신화적 대장장이의 성스러운 무기 ― 그것을 손에 쥔 옥황상제에게 밤의 그리고 죽음의 괴물에게 승리할 힘을 부여하는 ― 를 떠올릴지도 모른다.

그런데 이소군은 어째서 황제의 음료 용기를 만드는 데 천연의 금을 택하지 않았을까? 그 이유에 대해서 갈홍은 서양의 연금술 대가들에게서도 똑같이 발견되는 깊은 믿음을 가지고 인공의 금이 천연의 금보다 훨씬 더 효과가 좋다고 말한다. 실제로 금은 진사와 신비적 관계를 가지고 있을 뿐만 아니라, 계관석(鷄冠石)이나 황 같은 엘릭시에르의 다른 구성 성분과도 그러한 관계를 가지고 있다. 마찬가지로 '황색 수은'과도 신비적 관계를 가지고 있는데, 이것은 수은과 부분적으로 산화된 납의 혼합물이었을 것이다.

더 나아가서 금은 그 자신의 본래 매장지인 지구의 중심과 관련이 있고, 노란색으로 상징된 황제와도 연관이 있으며, 또한 미래 생명의 노란색 샘과도 관련이 있다.

20. 금욕주의자와 연금술사

그러나 우리가 잊지 말아야 할 것은, 중국 연금술이나 인도 같은 다른 동방 연금술에서는 항상 금도 관심사이기는 했지만 그래도 금이 관심의 중심에 서 있지는 않았다는 사실이다. 그리고 이는 금 너머에 있는 질료를 추구하는 서양의 연금술에도 똑같이 해당된다. 하지만 인도의 연금술은 인간을 소유와 지식의 부족에서 해방하는 것이 아니라 죽음에서 구원하는 것을 최고 목표로 삼고 있었다는 점에서 중국의 연금술과 아주 가깝다.

인도에서도 '연금술' — 여기서 우리는 이 용어를 중국 연금술에서도 그랬던 것과 똑같이 사용할 수 있다 — 의 뿌리는 태곳적 생의 감정의 층위로까지 내려간다. 그리고 이는 태고세계 어디에서나 그랬던 것과 같이 여기서도 불사(不死)의 약초 신화와 성자들의 도달할 수 없는 세계에 관한 신화가 널리 퍼져 있었음을 의미한다.

기원전 10세기에서 8세기 사이에 나온 인도의 《아타르바베다》에는 불사의 영약으로 사용될 수 있는 마약 이야기가 나온다. 그리고 7세기에 쓰인 《사타파타 브라마나》(Satapatha Brahmana)에는 "금은 실제로 불, 빛 그리고 불사이다"라는 말이 나온다.(Shepp. 73)[21] 수은은 기원전 4세기에서 3세기 사이에 언급되었고, 기원후 2세기에서 5세기의 불교 문헌은 천한 금속을 식물의 즙을 가지고, 그리고 수은을 가지고 금으로 변환하는 시도에 대해서 기술한다.

---

21 Shepp.는 Sheppard의 약어이다.

이런 전 단계 때문에 연금술 탄생의 세기를 충분히 정확하게 제시하는 것은 아주 어렵다. 정확한 세기에 조금이라도 가까이 다가가기 위해서 우리는 우리의 연금술 정의에 하나의 새로운 관점을 삽입해야만 한다. "연금술이란, 무기물을 이용한 금 변환이라는 문제를 특수하게 다루고 있는 문헌이 나온 때에 존재한다"고 가정해 보자. 이렇게 보면 고전적 인도의 연금술은, 탄트리즘(Tantrismus)과 물질변환 시도의 연결 속에서 처음으로 생겨났다고 할 수 있는데, 탄트리즘은 5세기 이래 힌두교와 불교에 대해 커다란 영향력을 획득한 종교적 흐름이다. 이 연결은 아마 7세기와 8세기에 최고조에 달했던 것 같고, 그 결과 연금술 내용이 담긴 상당수의 고전적 문헌들이 탄생했다. 이들 문헌은 산스크리트어와 타밀어로 쓰였고, 저자들의 이름도 대부분 알려져 있다.

도가(道家)의 경우와 마찬가지로 우리는 탄트리즘의 존재와 의도 앞에서 너무 오래 머무를 수는 없다. 그래서 여기서는 탄트리즘이 카스트와 문벌의 위계를 제거하고 인간의 구원을 마술적이고 광란적이기까지 한 행위에 의존하는 의례적 방법을 통해서 도달하려고 했다는 점만 언급하겠다. 여기서는 비밀 의례와 숭앙할 만한 스승, 즉 구루, 그리고 요가 수행이 큰 역할을 한다. 구루의 초인간적 힘은 특정한 능력, 즉 시디(Siddhi)의 결과였다. 그래서 니트야나타(Nityanâtha)와 나가르주나(Nâgârjuna)라고 불린 구루들은 특정한 엘릭시에르를 가지고 금속을 금으로 변환할 수 있는 능력이 있었다.

연금술 작업, 비교적(秘敎的) 음절의 낭송, 그리고 요가 수행의 목표는 어떤 한 상태에 도달하는 것이었는데, 이 상태는 생명의 흐름이 끊긴다는 면에서 죽음과 유사한 것이고 그럼으로써 동시에 의식의 영원한 존속, 즉 영원한 생명으로의 구원을 의미하는 것이다. 이곳은 자연적으로 주어진 연금술의 장소였다. 그러나 인도에서는, 그리고 그 이웃 나라인 버마와 네팔, 아니 티베트에서조차도 연금술은 중국에서와 아주 똑같이 명상 기술 — 요가 기술 — 과 공중부양 — 공기 속으로 날아오르는 시도를 통한 샤머니즘적 수행 — 과 원형화학적 실험실 행위의 합금으로 나타난다.

밖에서 보기에는 이 연금술이라는 특수한 합금은 두 얼굴을 가진 로마의 신 야누스와 커다란 유사성을 가지고 있다. 즉, 그것의 한쪽 얼굴은 영의 변환을 바라보고, 다른 얼굴은 질료의 변환을 바라보고 있다. 이 양면성이 인도의 연금술을 외단과 정확하게 유사한 것으로 만든다. 그리고 이 외적 연금술 외에 또한 내단 수행이라는 의미에서의 내적 연금술, 즉 탄트라 요가가 있었다.

탄트리즘의 중심에는 시바(Schiwa), 즉 '자비로운 이'와 파르바티(Parwati) 또는 샥티(Schakti), 즉 '힘'[55]이 자리하고 있는데, 파르바티는 시바의 신적 파트너로서 일종의 성적 생명에너지를 나타낸다. 두 신의 질료적 표현형으로 여겨지는 것은 황과 수은이다. 이것이 우리 흥미를 끄는 이유는, 우리가 두 물질을 아랍과 중국에서도 만날 수 있기 때문이 아니라, 그 역할이 바뀌었기 때문이다.[56] 황은 여성이고 수은은 남성이다. 왜냐하면 수은은 시바의 정자로 여겨지기 때문이다. 그러므로 고전 연금술이 동쪽으로부터, 아니 5세기에(!) 서쪽으로부터 인도로 왔다고 한다면, 그것은 철저하게 '인도화'된 것이다. 그리고 인도의 연금술 사상이 이슬람 세계로 뻗어갔다고 하면, 그 반대가 맞을 것이다.

황과 수은이 본래 무엇으로 이루어져 있는지에 대해서 인도의 연금술 대가들은 더 이상 관심을 기울이지 않았던 것처럼 보인다. 인도의 연금술에는 분명히 세밀하게 다듬어진 원소이론도 없었고, — 적어도 힌두 연금술, 즉 산스크리트 연금술에는 — 테트라소마나 몰리브도칼코스(Molybdochalkos) 같은 것이 나타냈던 구체성 있는 제일질료도 없었다. 물론 타밀인의 경우는 근본물질에 대한 표상을 가지고 있었는데, 그것은 '무푸'(Muppu)라고 불렸으며, 그 자체로서 비범한 힘을 지닌 것으로 여겨졌다. 무푸는 3가지 염, 즉 암염, 탄산 칼슘, 알칼리금속 탄산염의 결합물로 여겨졌다.

그러나 타밀인뿐 아니라 힌두인들은 모든 물리적 질료와 심신상관적(psychosomatisch) 물체들 뒤에는 프라크리티(Prakriti)라는 원물질이 있다는 것을 의식하고 있었다. 그런데 이 원물질은 푸루샤(Puruscha)라는 영과 결합되어 있었다. 그리고 여기서 탄트라 요가, 프라나야마(Pranayama)라는 호흡조절술 그리고 그것의 육체 훈련은 '외적 연금술'과 만나고 이 연금술의 노력 — 질료를 완전하게 만들어서 마침내 자유롭고 구원받은 불사의 질료인 금으로, 심지어는 초질료로 변환시키려는 — 과 만난다.

"연금술사는 자신의 금욕을 질료에 '투사'하면 요기가 얻은 결과와 동일한 결과에 도달할 것이라고 기대한다. 연금술사는, 물질의 세계에 속한 모든 경험으로부터 영을 해방시키기 위해 자기 육체와 자기의 심리적 정신적 생명을 힘들고 가혹한 요가에 굴복시키는 대신, 금속들을 '정화'와 금욕적 '고문'에 해당하는 화학적 과정 속으로 던져

넣는다. 왜냐하면 물질적 질료와 인간의 심신상관적 육체 사이에는 완전한 연관성이 존재하기 때문이다. 둘은 원물질의 산물인 것이다. 가장 천한 금속과 가장 연약한 심신상관적 경험 사이에는 어떠한 연속성의 단절도 존재하지 않는다. … 상캬(Samkhya) 요가의 관점에서는, 자신의 독립성을 획득한 영은 모두 동일한 순간에 원물질의 일부를 해방시킨다. 왜냐하면 그것은 자기 육체, 자기 피시스(Physis), 자신의 정신적 생명을 구성하고 있는 질료가 다시 흡입될 수 있도록 해 주고, 자연의 원초상태, 달리 말하면 절대적 고요를 다시 얻도록 해 주기 때문이다. 그런데 이제 연금술사들에 의해서 이루어진 변환은 자연의 서서한 재구성의 리듬을 빠르게 만들고, 그럼으로써 자연이 자신의 운명으로부터 해방되는 것을 돕는다. 이는 신성한 육체에 도달하기 위해 수행하는 요기가 자연을 그 법칙으로부터 구원하는 것과 같다. 실제로 그는 자연의 존재론적 지위를 바꾸고, 자연의 끊임없는 생성을 수수께끼로 가득 차고 상상할 수 없는 정지 상태로 변환하는 데 성공한다(왜냐하면 정지 상태는 영의 존재형식에 속하지 생명과 생명 없는 질료의 존재방식에 속하지 않기 때문이다)."[Elia. (I) 137ff.]

그러므로 푸루샤를 프네우마로 이해해서는 안 된다. 하나의 관점에서만 그렇게 이해할 수 있는데, 이 관점은 자비르(Gabir)가 금에 프네우마가 적게 들어 있다고 표현할 때 가졌던 관점이다. 그러나 나는, 여기 인도에서는 우리가 질료와의 작용의 명상적 면에 더 유의해야 한다고 생각하는데, 이 작용의 핵심은 식물성 및 광물성 약제를 이용한 자기치료였고, 따라서 우리는 푸루샤를 인간의 관점에서 더 많이 바라보아야 한다. 그런데 파르메니데스와 헤라클레이토스라면 아마

방금 인용한 엘리아데의 문장들을 경청했을 것이고 즉각 어느 편에 가담했을 것인데, 파르메니데스는 요기들 편에, 헤라클레이토스는 당면한 과제와 마주친 사람들 편에 섰을 것이다. 인도의 사상도 영원히 동일하면서 영원히 변화하고, 영원히 하나이면서 영원히 많은 존재의 모순적 단일성의 신비를 중심으로 순환하는 것이다.

인도 연금술의 그 자신과 질료를 구원하려는 활동에 있어서 기본이 되는 질료는 신의 씨앗인 수은이었다. 인도 연금술은 다른 모든 연금술보다 더 분명하게 '수은의 예술'이다. 연금술을 가리키는 산스크리트 단어에는 원래 '즙'이라는 의미의 '*Rasa*'라는 단어가 들어 있는데, 그러나 여기에서는 수은을 나타내는 것으로 사용되었다. 라사야나(Rasayana)는 '수은의 길'(또는 수레)을 의미하는 것이다. 연금술 대가들의 과제는 수은을 죽이는 것, 즉 단단하게 만들고, 고정하는 것, 그러니까 그것의 운동능력을 빼앗는 것이다. 그런데 이것은 연금술 대가 나가르주나가 《라사라트나카라》(Rasaratnakara)라는 그의 저작에서 이야기하듯이 죄 없고 자신의 열정을 제어할 줄 아는 사람만이 할 수 있다.(57)

어떤 다른 저작에서는 '살해된' 수은이 광택이 없고 흐르지 않으며, 수은보다 덜 무겁고 색을 지닌 것으로 기술되고 있다. 동일한 저작은 수은을 어떻게 죽이는가 하는 연금술의 비밀은 시바에 의해서 계시되었고 연금술 대가들에 의해서 은밀한 스승-제자 관계를 통해 한 세대에서 다른 세대로 비밀리에 전달되었다고 말한다. 이는 우리에게 아주 낯익은 것이다.

황-수은 이론은, 그 뿌리가 어디에 놓여 있든 간에 '수은의 살해'를 통해서 어렴풋이 모습을 드러낸다.(58) 인도의 연금술 소논문에는 다음과 같은 이야기가 나온다.

"수은이 동일한 양의 정화된 황에 의해 살해되면, 그것은 백 배나 더 효력이 있다. 그것이 두 배 많은 황에 의해서 살해되면, 그것은 나병을 낫게 하고, 세 배 많은 황에 의해서 살해되면 흰 머리를 검게 만들고 주름을 제거한다. 다섯 배 많은 양에 의해서 살해되면, 그것은 어지럼증을 낫게 한다. 그리고 여섯 배 많은 황을 통해서 살해되면 인간의 모든 고통을 위한 만능치료약이 된다."[Ray Ⅱ, 55f; Elia. (1) 144]

생성된 것은 일종의 진사(辰沙)일 것이다. 그러나 우리가 여기서 '양'을 무게로 생각한다면, 제시된 것은 화학적으로 아무 의미도 없다. 왜냐하면 가장 많은 황을 함유한 수은 화합물인 HgS, 즉 진사는 무게로 따질 때 황보다 6.25배나 더 많은 수은을 포함하고 있기 때문이다. 부피를 나타내는 것이라면 사정이 다르다. 그러나 그렇다고 해도 여기서 원래 이야기하는 것은 '우리 수은'과 '우리 황'일 것이라고 하는 의혹을 없애 주지는 못한다.

연금술 과정의 의미와 결과는 영성적 빛 속에서도 고찰되어야만 한다. 수은의 액체적 상태를 제거하는 연금술 대가는 동시에 자신의 의식의 흐름을 어떤 변화에도 속박되지 않고 그러므로 영원히 존속하는 '정태적 의식'으로 '고정'하는 것이다. 이는 또한 '살해된 수은'(Nasta-pista)의 작용에서도 드러난다. 왜냐하면 그것은 인간 육체 속 생명의 갈팡질팡(*Hin und Her*)으로부터의 구원을 가져다줄 뿐만 아니라, '살아 있는' 모든 것, 즉 육신 바깥의 질료를 지배하는 힘도 의미하기 때문이다. 따라서 '살해당한 수은'의 두드러진 속성은 생물 영역뿐만 아니라 광물 영역에까지 엄청난 — 그리고 불특정적인 — 영향을 미칠 수 있다. 《수바르나 탄트라》(Suvarna Tantra)에 따르면 '살해된 수은'은 그것을 먹는 자를 모두 불사로 만든다. 그리고 그렇게 된 불사의 인간은, 만일 그가 아직 삶의 각종 자질구레한 일에 얽매여 있다면 이제 그런 일을 처리하는 데 어떠한 어려움도 겪지 않을 것이다. 왜냐하면 그의 '살해된 수은'은 그것이 그 자신의 오줌이나 똥에서 나왔다고 해도 수은의 수십만 배 되는 양을 금으로 변환할 수 있기 때문이다.

이렇게 과대망상에 가까운 상상이 아랍 문화의 영역에도 존재한다는 것을 우리는 이미 알고 있다. 물론 인도의 과대망상적 상상은 비잔티움의 사기행각이 아니라 심사숙고를 거친 세계관에 바탕을 두고 있기는 하지만 말이다. 인도 연금술의 목표는 연금술사를 크로이소스로 만들고 동시에 므두셀라로도 만드는 것이 아니다. 살해된 수은을 먹는 목적은 육체를 건강한 상태로 유지함으로써 인간의 해방, 즉 구원에 도달하는 것이다. 시바 신의 수은 제재 — 치유작용을 하는 성질이 잠복해 있는 — 를 복용함으로써 인간은 자신의 이전 존재 속에 들어 있는 죄에 의해서 유발된 병들을 피하고 신의 육신을 얻는다.

그런데 시바가 연금술-탄트라의 세계 전체를 위한 해방의 신이기 때문에, 질료적 물질의 변환은 자유의 획득에 대한 상호작용성 상징, 즉 능동적 상징으로 나타난다. 그리고 그렇기 때문에, 바로 이 상호작용 때문에, 연금술사는 — 물론 무의식적으로 — 더 높은 존재단계로의 도약으로서의 구원을 얻기 위해서는 요가의 명상행로 중에 견뎌 내야만 하는 혼의 드라마와 고통을 질료에 투사하기만 하면 된다는 공상을 하게 될 수 있다. 우리는 가볍게, 그러나 상당히 아리스토텔레스식으로 이렇게 말할 수 있을 것이다. "연금술사는 자기 자신이 스스로 관객이 되어 카타르시스, 즉 혼의 정화를 체험하기 위해서 자기 자신의 극장에서 드라마를 공연한다."

연금술의 영성적 측면에 관한 우리의 모든 사변을 넘어서 우리는 야누스 머리의 또 다른 얼굴을 잊어서는 안 된다. 그런데 이 얼굴은 처음 볼 때 이미, 다시 말하면 고전적 텍스트를 펼칠 때 이미 인도의 연금술도 중국의 연금술과 똑같이 실험실 지식을 전제로 하고 있고 아주 인상적인 상당한 실험장치를 이용해서 수행되었음을 드러낸다. 인도의 연금술은 우리가 다른 연금술로부터도 알고 있는 모든 화학적 기초 작업에 충분히 숙달되어 있었으며, 따라서 그에 해당하는 기구를 보유하고 있었다.

이것들은 대부분 질그릇으로 이루어져 있었고, 드물게는 유리로도 되어 있었다. 흥미로운 도구는 파타나 얀트람(*Pâtana yantram*)이라는 것이었는데, 이것은 물질의 승화와 그 후 이 물질을 즉시 물에 녹이는 것을 가능하게 해 주었다. 이것은 물로 채워진 용기와 그 위를 덮고 있는 용기로 이루어져 있었으며, 그 내벽은 승화될 물질이 발려 있었다. 두 용기의 연결부는 석고, 흑설탕, 물소 젖으로 만들어진 접합제로 접착되었고, 그 후 위의 용기는 불타는 쇠똥으로 가열되었다. 이와 반대의 승화도 있었는데, 이때 위의 용기는 축축한 헝겊으로 냉각되었다. 위로 그리고 아래로 승화시키려는 노력은 물론 중국 연금술 대가들의 원형의 증류를 연상시키지만, 무엇보다도 이집트 연금술사들의 '아노 카이 카토'(Ano kai kato)를 연상시킨다. 장치 중에는 '두파 얀트람'(Dhupa yantram)이라고 불린 일종의 케로타키스도 있었고, 그 밖에 화로, 모래탕기, 그리고 우리가 잘 알고 있는 것과 상당히 비슷한 증류 도구들이 있었다.

잘 갖추어진 인도 연금술사의 실험실에서 제조된 제재들은 위에서 이야기된 '살해된 수은'의 예처럼 그렇게 간단한 것은 아니었다. 물론 그들은 이 수은의 제조법에 대해서는 침묵하거나 자명한 것으로 전제하였다. 연금술 제재의 모든 원재료들은 정화되었다. 황의 정화는 그것을 가루 형태로 아마자루에 넣어서 파타나 얀트람의 위 용기 속에다 걸고 밖에서 가열한 후, 녹은 황을 용기 아래에 있는 우유 속으로 떨어지게 하는 등의 작업을 통해서 이루어졌다. 분쇄된 운모(雲母)도 종종 사용되었다. 이것은 귀리점액, 암소 오줌 그리고 다른 첨가물을 이용해서 정화했는데, 이때 그 과정은 일곱 번 반복되어야 했다. 수은은 예비정화를 위해서 다양한 식물 즙과 마늘 및 식염 등으로 문질러졌다.

분명히 인도의 연금술 대가들도 수은의 증류에 대해서 알고 있었다. 그러나 그들은 수은 속에 깃들어 있는 신적인 힘이 먼저 식물성 '의약제' 처리를 통해서 각성되어야 한다고 생각했다. 현자의 돌을 향해서 나아가는 도정에서 수은은 18종류의 각각 다른 처치를 받았는데, 이것은 가장 좋은 진사로부터 시작되면 10개로 줄어들 수 있었다. 이때 진사는 산성의 귀리점액 속에서 끓여졌고, 운모에 갈려 부수어졌고, 다른 금속과 아말감화되었고, 반죽되고 증류되는 등의 처치를 거쳐서 마침내 수은이 18번째 단계에서 기름 및 몇몇 다른 물질들과 반응하여 육체를 젊게 해 주는 작용을 증명할 준비가 갖추어질 때까지 실컷 고통을 당했다.

이 최고의 능력을 지닌 수은으로부터 사람들은 탄트라의 주장을 뒷받침하는 사례에 대한 견본을 제공하는 제재들이 나올 것도 기대했다. 물론 기대한 바와 다르지 않게 여기서도 텍스트는 불분명하다. 예를 들어 수은을 포함한 승화물을 같은 무게의 금, 황 및 수은과 함께 문지르면 엘릭시에르로 변환되는데, 이것은 그 천 배나 되는 무게를 금으로 변환할 수 있고, 게다가 그것을 먹는 사람에게는 부패하지 않는 육신을 보장한다고 되어 있다. 금속변환에 대한 또 다른, 조금 덜 이상한 축에 속하는 제법은 〈라사프라카사수드하카라〉(*Rasaprakâsa-sudhâkara*)라는 소논문에 나오는 것이다. 여기에는 수은, 진사, 금빛 황철광(*Pyrit*) ― 아마 구리 황철광일 것인데 ― , 납, 황, 계관석 및 금을 취해서 이것 전체를 갈아 부수고 사카(*Saka*, 티크나무) 즙 속에서 오랫동안 가열하라는 말이 나온다. 연고가 생겨나면 그다음에는 이것을 은에다 바르는데, 그러면 은은 금이 된다.

그런데 이 제법과 다른 모든 제법에서 눈에 띄는 것은 엘릭시에르가 거의 항상 ― 드물게 잘못 해석되었을지도 모르는 예외를 제외하면 ― 수은을 포함하고 있을 뿐만 아니라, 식물성 물질의 도움 없이 실현되는 일은 결코 일어나지 않는다는 것이다.

우리가 모든 명상적 유사행위를 무시하고 제법들을 냉철한 화학의 눈으로 바라보면, 여기서도 그 전체가 다른 많은 경우와 마찬가지로 '많을수록 좋다'는 모토에 따라 이것저것 잔뜩 섞여진 상태에서 제조되고, 또한 디플로시스도 연상된다는 말을 하고 싶은 유혹에 빠질 것이다. 그러나 바로 이 냉철한 눈길은 자리를 잘못 잡은 것이다. 왜냐하면 우리는 인도 사람들의 순수한 화학 지식도 과소평가해서는 안 되기 때문이다. 예를 들어서 아가스티야(Agastya)의 "아무다칼라이나남"(Amudakalaijnanam)이라는 타밀 텍스트에는 단도직입적으로 인공적 금인 에맘(*Emam*)과 자연의 금인 랑감(*Rangam*)을 하소(*Calcination*)를 통해서 구분할 수 있다는 말이 나온다. 여기서도 자연의 산물과 연금술사의 산물을 다른 모든 차이에도 불구하고 하나의 동일한 가족으로 만드는 것은 무엇보다 분명히 색채이다.

  인도 연금술사들은 수십 개의 서로 다른 물질을 알고 있었고, 통상적으로 — 항상은 아니지만 — 이 금속 중에서 열 개를 다투스(*Dhatus*)라고 불렀다. 이것들은 일곱 개의 고전적 금속과 세 개의 합금, 즉 청동, 황동 및 다섯 금속의 용융물이었다. 그리고 인도 사람들이 관찰도 훌륭하게 수행할 줄 알았다는 것은, 그들이 불의 색을 금속의 구별에 이용했다는 것 — 그것도 유럽인보다 먼저일 뿐만 아니라 아랍인보다도 먼저 — 에서 드러난다.

21. 철학자들의 총회

내가 아는 한, 실제로 아랍인들은 분석적 도구로서의 불꽃의 색채를 알지 못했다. 그러나 이는 물론 그들이 인도인들로부터 아무것도 배우지 않았다는 것을 말하지는 않는다. 이는 우리가 '0'이라는 숫자를 포함한 인도 수학의 전수에 대해서 생각하기만 해도 알 수 있다. 그러나 역사 연구는 아랍의 연금술 대가들이 인도나 중국의 연금술, 인도나 중국의 금욕주의자들, 인도나 중국의 방식을 원용하지 않았고, 만일 그렇게 한 경우에는 단지 무의식적으로 했다는 것을 보여 준다. 아랍인들은 그리스인들, 그들의 연금술사들, 그들의 사상가들, 그들의 신화적 형상들을 원용했다. 물론 이 그리스인들은 아랍 중세에 오독과 왜곡 속에서 사라질 처지가 되기는 했지만 말이다.

그런데 이는 나중에 기독교-서양 중세에 아랍 연금술사들도 똑같이 겪었던 일이다. 겹쳐지는 혼란 중에서 **유일한**, 이른바 순수한 전통이 지켜진 훌륭한 사례는 《투르바 필로소포룸》(*Turba philosophorum*), 즉 《철학자들의 총회》라는 책[이하 《투르바》]이다 — 물론 이 책에도 인도 저자인 카우틸리야(Kautilya)의 《독극물들의 책》에 대한 간접적 언급이 나오기는 하지만.

《투르바》의 저자는 자비르의 시대에 살았던 것 같다. 왜냐하면 자비르는 자신의 어떤 책에서 헤르메스, 피타고라스, 소크라테스와 데모크리토스가 포함된 고대 철학자들이 예전에 연금술의 문제에 대해 토론하기 위해 모임을 가졌다고 주장하기 때문이다. 10세기 초에는 《투르바》의 일부가 이븐 우마일(Ibn Umail)에 의해서 인용되는데, 이는 13세기에 나온 라틴어 번역본으로만 완전한 형태가 알려져 있는 이 저작이 원래 아랍에서 유래한 것임을 증명한다.《투르바》의 저자는 아마 '파나폴리스'(Panapolis)라는 도시 출신의 우트만 이븐 수와이드(Uthman ibn Suwaid)일 것이다. 그런데 조시모스도 이 도시 출신이다.

이 문헌은 피타고라스에 의해서 소집된 아홉 철학자의 종교회의(Synode)에 관한 보고서 형태로 되어 있는데, 회의의 목표는 연금술에서 암호명이 과도하게 사용된 결과로 나타난 혼란을 제거하는 것이었다. 만일《투르바》의 첫 번째 중심 주제가 우주론이 아니고 올바른 물질 표기라는 실용적 문제가 두 번째 주제로 다루어지지 않았다면, 우리는 여기서 근대적 명명법 회의가 연상된다는 인상을 받을 것이다.

피타고라스뿐만 아니라 다른 모든 참가자들도 널리 알려진 그리스 우주론자들의 이름을 가지고 있는데, 그러나 이 이름은 그리스어로부터 아랍어를 거쳐서 라틴어로 오는 도중에 알아볼 수 없을 정도로 훼손된 형태가 되었다. 아낙사고라스(Anaxagoras)가 실제로 아낙사고라스를 의미한다는 것은 피타고라스(Pitagoras)가 실제로 피타고라스(Pythagoras)를 가리킨다는 것이 명백하듯이 명백하다. 그러나 익시미드루스(Iximidrus)가 아낙시만드로스(Anaximandros)를 의미하고, 엑스움드루스(Exumdrus)가 아낙시메네스(Anaximenes)를 의미하며, 판돌푸스(Pandolphus)가 엠페도클레스(Empedokles)를, 아리슬레우스(Arisleus)가 아르켈라오스(Archelaos)를, 루카스(Lucas)가 레우키포스(Leukippos)를, 로쿠스토르(Locustor)가 에크판토스(Ekphantos)를, 엑시메노스(Eximenos)가 크세노파네스(Xenophanes)를 의미한다는 것은 우리 시대의 아랍학자인 율리우스 루스카(Julius Ruska)에 의한 아랍어로의 재번역을 통해 비로소 드러났다.

이 베일로부터 벗어난 철학자들은 모두, 그들의 전혀 가능하지 않은 회의에 관한 보고서가 저술된 시점보다 천 년도 더 이전 시기에 살았던 소크라테스 이전 철학자들이다. 그러므로 더욱 놀라운 것은, 연금술사가 된 철학자들의 발언들 속에서 그들의 우주론적 사상들이 종종 적어도 단초적으로는 올바르게 제시되고 있다는 것이다. 그렇게 아주 놀라운 것은 아니지만 그래도 주목할 만한 것은 또한 **아랍**의 철학자나 연금술사는 청중석에 앉아 야유를 던지는 것을 통해서도 이 토론에 참여하지 않는다는 것이다. 우트만 이븐 수와이드는 《투르바》가 대상으로 삼고 있는 그의 모든 동료들을 말없는 청중의 역할 속으로 몰아넣었다.

그러나 이제 인용문의 보고, 서양 연금술의 진정한 '뷔흐만'[22]이 될 터인 텍스트 자체로 들어가 보자.

피타고라스의 지시에 따라 익시미드루스는 모든 사물의 시초는 자연이라는 문장으로 연설대회를 시작한다. 이로써 그가 말하려는 것은 그의 '한계 없이 존재하는 것'의 개념, 즉 아낙시만드로스 철학의 원물질, 헨 토 판(Hen to pan)을 이루는 아페이론(Apeiron) 개념이다. 이렇게 파악된 자연은 영원하고, 모든 사물을 자기 자신으로부터 내놓는다. 모든 생성과 소멸은 별들의 운행에 의해서 결정되는 주기와 시점

---

22 Georg Büchmann. 인용문의 보고로 불리는 독일어 인용문집 *Geflügelte Worte*를 19세기 중엽에 편찬·출간한 인물.

에 의존한다. 익시미드루스는 이 주장에다 우주에 대한 서술을 덧붙인다. 그의 우주에서 원소의 배열은 불로 이루어진 별들과 태양이 가장 바깥에 놓인 불의 구를 차지하고, 그다음에 신이 지구의 구와 별들의 구 사이에 일종의 보호 덮개로 얹어 놓은 공기의 구가 오고, 마지막으로 지구 자체가 오는 식이다. 공기의 구는 그 임무를 수행할 때 물의 지원을 받는데, 물이 지닌 습기는 태양열에 의해서 공기 속으로 솟구쳐 올라간다. 그러나 이와 동시에 태양은 공기로부터 더 미세한 물질인 영, 즉 창조물 속으로 생명을 부여하며 스며들어 가는 프네우마를 뽑아낸다.

이로써 아낙시만드로스가 아직은 그다지 명확하게 제시하지 못한 프네우마 관념에 대한 언급도 이루어졌다. 그러나 동료 철학자들은 익시미드루스의 주장을 아무런 유보 없이 받아들일 수는 없었다. 세계가 영원히 있고, 영원히 있었고, 영원히 있으리라는 견해는 코란과 양립될 수 없는 것이다. 그래서 아낙사고라스는 그 견해에 대해 지혜로운 예지를 가지고 "신이 만든 모든 사물의 시초는 신앙과 이성이라고 말하겠다"라는 고백으로 대응한다.[Ruska (2) 176]

로쿠스토르는 지구를 그 아래에 있는 물로부터 분리하는 공기층, 산과 비교할 수 있는 지구의 형상, 그리고 4개의 자연 — 이것을 가지고 신이 모든 것을 만든 — 에 관한 후속 논의 후에, 정신적으로 인지 가능한 세계와 감각적으로 인지 가능한 세계의 대립에 대해서 논하고, 이어서 태양의 빛은 감각적 인지의 원천이고 반면에 이성은 신에 대한 깨달음의 원천이라고 언급한다. 다른 모든 회의 참석자들이 자신의 의견을 발표한 후에 마지막으로 피타고라스의 이야기가 회의의 정점을 이룬다. 참석자들의 요청에 따라 그는 신이 어떤 원소를 가지고 천사, 하늘, 태양, 별을 만들었는지, 왜 여러 가지 다른 원소로 이루어진 창조물들은 모두 죽음에 종속되어 있는지, 그리고 왜 천사는 먹을 것과 마실 것이 필요 없는지에 대해서 논한다. 첫 번째 회의, 즉 천문학 회의의 최종 발표에서 엑시메노스, 즉 크세노파네스는 회의 참가자들 앞에서 우트만 이븐 수와이드도 알려고 했던 것처럼 보이는 최종의 — 이슬람과 일치하는 — 지혜로 여겨지는 것에 대해서 다음과 같이 논한다.

세계를 만든 이는 신이고, 그는 말로써 그 일을 했다. 그리고 자연은 다양성 속에서 단일성을 형성하고(Hen to pan), 전체 자연, 그러니까 달 천구 위의 자연도 잘 알려진 4원소로 이루어져 있다. 마지막으로 신의 모든 창조물은 생성된 후 부패 또는 발효(Putrefactio)를 거쳐야만 한다는 자연의 순환과정에 관해 논평함으로써 자신의 언급을 그들의 또는 우리의 본래 주제인 연금술 쪽으로 가져간다.

회의의 연금술 부분에서는 63개의 발표가 이루어진다. 그중에는 판돌푸스(Pandolphus)의 얼음의 상징에 관한 것도 있고, 루카스의 연금술 메타포로서의 탄생과 죽음에 관한 것도 있다. 전체회의에서 참석자들은 금속변환이라는 대작업은 4원소를 올바르게 혼합함으로써만 가능하다는 데 합의한다. 그리고 여러 가지 연금술 실험에 관한 이야기가 나오는데, 이때 《투르바》의 저자가 중요하게 생각한 것은 과정들의 알기 쉬운 설명, 도구들에 관한 서술 등이 아니다. 그의 목표는 오히려 '질투자'들이 수많은 별명 속에 숨겨 놓은 그 모든 것을 분명하게 드러내는 것이다. 여기서 본래 '질투자'가 의미하는 것은 이슬람권에도 상당수 존재하는 다른 연금술사들일 수 있다.

연금술의 언어혼란에 대한 비판이 아주 적절한 것이기는 했지만, 그렇다고 해서 우리가《투르바》에 나오는 지시(Vorschrift)23들이 오늘날의 사람들이 이해할 만할 것이라고 쉽사리 믿고 싶어 해서는 안 된다. 왜냐하면《투르바》전체는 전형적인 연금술적 사고방식의 기운으로 덮여 있기 때문이다. 분명히 회의는 연금술 문헌에서 흔히 발견할 수 있는 요구, 즉 감추어진 것을 드러내고, 그러면서 동시에 예술의 진정한 제자들에게만 접근이 허용된 숨겨진 것은 남겨 둔다는 요구가 전제된 상태에서 소집되었다.

우트만 이븐 수와이드는 연금술의 제자들을 위해서《투르바》를 썼는데, 이들이 모두 이른바 은밀하게 밝혀진 것을 정말로 밝은 곳으로 끌고 나왔을 것인지에 대해서 나는 회의적이다 — 물론 그들 중에서 여럿은 은밀하게 가리는 손을 보았고, 의도를 감지했고, 그리고 기분이 저기압 상태도 아니었지만. 연금술사 집단 속의 사람들이 근심, 걱정에서 벗어나기는 참으로 어려웠던 것이다.

이로써 우리는 이미 수백 년 앞으로 나아왔다. 말하자면 전체회의장 단상의 허구적인 그리스인들로부터 마찬가지로 허구적인 청중석의 아랍인들로 온 것인데, 이는《투르바》의 독자들에게 다가온 것을

---

23 독일어의 Vorschrif는 규정, 지시 등 여러 의미를 가지고 있다. 여기에서 저자가 말하려는 것은 독일어의 화학실험 과정을 지시한다는 의미로서의 Vorschrift 이다.

의미하기도 한다.

회의장 단상 주변의 의자를 채우며 앉아 있던 연금술사들은 어떤 사람들이었을까? 우리는 '아랍' 연금술사들이 모두 아랍어를 읽고 쓸 줄 알기는 했지만 분명히 이슬람의 영향하에 있던 나라들의 여러 지역에서 왔고, 또한 모두 무슬림은 아니었다는 사실을 발견하게 될 것이다. 우리는 스페인인, 북아프리카인, 시리아인, 이라크인 그리고 여기저기에 있는 진짜 메카와 메디나 지역 출신의 아랍인을 본다. 게다가 우리는 그들이 입은 옷의 빈부 차이로부터 아랍의 연금술 대가들이 아주 다양한 계층에 속했다는 것도 발견한다. 이를 위해서 우리는 칼리드(Khalid) 왕자 같은 아주 찬란한 인물을 가리킬 필요도 없다. 의사부장 아르-라지처럼 서 있는 남자들을 보는 것으로 충분하다. 다른 국민계층, 힘들고 어렵게 사는 사람들의 대표들은 찾을 필요도 없다.

나는 연금술의 진정한, 정직한 제자들은 분명히 어느 시장에서나 마주칠 수 있었던 꾀죄죄한 금속 위조자들이나 기적약 조제자들과 거의 구분되지 않았다고 생각한다. 이들 중에서 어떤 사람들은 아마도 오른쪽 손이 없을 텐데, 이에 대해서는 여행자 레오 아프리카누스 (Leo Africanus)가 '페스'(Fes)[24]라는 도시를 방문한 후인 1526년에 그의 《아프리카 이야기》에서 다음과 같이 아주 인상적으로 기술한 바 있다.

"그들의 수는 많다. 그들은 더럽고, 황과 그 유사물질들을 다루기

---

24 모로코 북부에 있는 도시.

때문에 악취가 난다. 그들 중 많은 이는 주화 위조를 한 대가로 손이 잘리는 벌을 받았다. 그들 중 많은 사람은 거의 매일 저녁 토론하기 위해서 대사원에 모인다. 그들은 두 그룹으로 나뉜다. 한 그룹은 엘릭시에르를 만들기 위해 노력하고, 다른 그룹은 금을 다른 물질들과 섞음으로써 금을 늘리려고 시도한다.

그들은 또 책도 가지고 있는데, 이것들은 자비르, 아트-투그라이(At-Tugra'I), 알-무가이리비(Al-Mugairibi)의 책이고, 거기에다가 다마스쿠스의 맘루켄(Mamlucken)의 주석도 하나 있다. 그런데 이 주석은 텍스트 자체보다 더 이해하기 어렵다."(Stroh. 175f)

연금술사들의 활동은 분명히 그들이 헤르메스주의적 방향을 따르든 원형화학의 방향을 따르든 상관없이 사회의 주변현상이었다. 이는 그들이 이 주변을 어떤 혁명적 의미에서 부수려고 시도했음을 의미하지는 않는다. 그들의 의도와 행위는 한편으로는 그런 대중적 운동을 만들어 내기에는 너무 동떨어져 있었고, 또 한편으로 그들은 그러한 운동을 하기에는 너무 그들 자신에게만 초점을 맞추었다. 그래서 국가도 기껏해야 그들의 위조된 금에 위협받는다고 느꼈지, 정치적 집단으로서의 연금술사들로부터 위협받는다는 느낌은 한 번도 갖지 않았다. 연금술사들이 그들을 둘러싼 사회의 공식적 이데올로기에 대해 가지고 있던 어떤 잠재적 적대감이 이 사회의 안정화에 기여했다는 말까지 할 수 있다. 이는 분명히 이슬람과 기독교라는 두 유일신 문화에도 해당된다.

연금술은 은밀하게 범신론과 양극적 조화의 세계로 기울어지는 사람들을 끌어당겼고, 그들의 갈구에 대해 어느 정도는 원형으로 순환하며 항상 자기 자신을 가리키는 방향 ─ 국가와 사회 속 관계들의 붕괴를 목표로 하지는 않은 ─ 을 제시했다. 이때 연금술 대가들의 갈망은 주변을 깨부수고 경계를 넘어서는 쪽으로 나아갔지만, 이 경계는 어떤 면에서 보다라도 그들 자신의 존재의 경계였다. 연금술의 열정에 사로잡힌 사람의 핵심 관심사는 약간 부하게 되는 것이 아니었다. 그는 어마어마하게 부자가 되려고 했다. 그리고 그의 관심사는 조금 영리해지는 것이 아니었다. 그는 대단히 현명해지려 했다. 그리고 그의 관심사는 이런저런 병에 대해 강해지는 것이 아니었다. 그는 모든 병에 대해 강해지려고 했다.

진정한 갈망으로부터 나온, 어떤 경계도 부숴 버리는 망상은, 특정한 전통, 특정한 자연철학적 '진리들', 특정한 부분적 성공들, 질료를 다룰 때의 특정한 정신적 체험에 기초했을 가능성이 있다. 그런데 그것은 많은 사람들, 그것도 교육받은 사람들에게 자석처럼 작용했을 것이 틀림없다. 그러나 이에 대해서는 이미 11세기에 위대한 수학자이자 물리학자인 알-비루니(Al-Biruni)같이 비판적인 인물이 "많은 분별력 있는 사람들이 연금술에 푹 빠져 있고, 반면에 많은 바보들은 연금술과 연금술 대가들을 조롱한다"고 평가한 바 있다.(Stroh. 177)

그리고 《투르바》에는 이런 말이 나온다.

"우리 책 위에 등을 구부리고 머물러 있으면서도 허황된 생각 속으로 빠져 들어가지 않고, 마지막에는 신에게 기도하는 자는 죽을 때까지 결코 허물어지지 않는 제국을 지배할 것이다."(Ganz. 114)[25]

---

25 Ganz.는 Ganzenmüller의 약어이다.

22. 신사들의 동업조합

그러나 애석하게도 중국, 인도, 이집트 어디에나 경건하지 않은 생각을 가지고 도가니와 팬 위에 등을 구부리고 위가 아니라 아래를 향해서 절박한 기도를 하는 사람들이 항상 있었다. 모든 연금술의 중요하면서도 곤혹스럽게 하는 공통적 특징은 그 주변에서 벌어졌던 사기행각과 위조기술이다.

가장 간단한 사기행각에 속하는 것은 비밀리에 금을 첨가하는 속임수이다. 사람들은 금을 약간 취해서 그 위에다 납을 덮어씌운다. 그러고 나서 그 전체를 순수한 납이라고 하고, 그것을 비밀로 가득한 김이 솟아오르는 반응혼합물 속에다 집어넣는다. 거기에다가 숯가루와 금의 출현을 감추는 물질을 끌어당기는 다른 물질도 첨가할 수 있다. 이때 왁스도 항상 도움이 된다. 예를 들어서 사람들은 작은 금 구슬을 취해서 속이 빈 막대 속에 집어넣고, 그 밑 부분을 왁스로 막은 후 전체를 녹은 납이나 뜨거운 납죽 속에서 이리저리 젓는 것이다. 적당한 막대가 없으면 왁스로 금박 한 조각을 안쪽에 붙인 뚜껑을 도가니와 함께 강하게 가열하는 것만으로도 충분하다.

1830년에 나온 리유첸(Li Yu-chen)의 《파고다의 소녀들》(*Die Mäd-chen der Pagode*)이라는 소설집에 등장하는 불쌍한 판키엔셍(Pan Kien-sheng) 역시, 이와 유사한 간단한 방법에 속아 자기 재산을 날렸다.26 19세기에는 아직도 있었을 법한(59) 부자 판은 사람을 쉽게 믿고, 인

---

26 이 책은 청대 말 이여진의 경화연 중 한 부분일 가능성도 있다.

색하고, 연금술에 미친 사람이었는데, 그는 가짜 연금술사의 다음과 같은 인상적이면서도 복잡하지 않은 물질변환의 성공에 속아 넘어갔다. 가짜 연금술사는 먼저 중국 연금술에서 흔히 그렇게 하듯이 화덕 속에 납과 수은을 넣었다. 그리고 그 전체를 조금씩 흔들면서 가열했다. 그러자 변환 가능한 은이 남았다. 작가는 물론 은밀하게 납과 수은은 증발되었고 은은 이미 그 전에 화덕 속에 슬그머니 넣어져 있었다고 우리에게 알려준다. 그의 순진함과 아름다운 여성 사기꾼의 눈길은 이 고귀한 지혜의 가련한 초보자를 바보가 되고 눈이 멀게 만들었다.

가짜 연금술사들과 다른 사기꾼들 — 가짜-성공에 정신이 흐려진 판 같은 사람이 계속해서 유혹당한 — 은 특별한 노력을 하거나 위조 주화의 기술에 대한 증거를 제시할 필요가 없었던 반면, 연금술 역사에는 아주 높은 수준의 사기꾼도 등장한다. 예를 들어서 헤지라 후 400년 무렵에 다마스쿠스와 바그다드의 시장 사람들은 어느 한 사기꾼에 대해서 이야기하는데, 그는 모든 신도들의 통치자 — 신이여 그를 만수무강하게 하소서 — 까지도 속였다고 한다.

사기꾼은 어느 날 시장에 가난한 이슬람 승려(Derwisch)로서 나타났고, 거기에서 어느 약장사에게 돈 몇 푼을 받고 회색 오지처럼 보이는 구슬 몇 개를 팔았다. 그는 이것이 모든 종류의 통풍에 좋고, 또한 그것이 호라산의 타바르마크(Tabarmaq)로 만들어졌다고 주장했다. 사실 그것은 그가 알고 있었듯이 금가루, 목탄, 여러 가지 허브 추출물, 밀가루, 그리고 부레풀(어교, Fischleim)을 섞은 후 말린 모조 구슬이었다.

매매가 이루어진 뒤 승려는 흔적도 없이 사라졌는데, 잠시 후 그는 아무도 모르게 훌륭한 옷차림을 한 아주 돈 많은 남성으로 대회당에 다시 나타났다. 사람들이 화제를 자기 쪽으로 끌어당기려고 할 때 흔히 그러듯이 그는 '그냥 지나가는 말로' 자신은 연금술 대가이고 자기 그릇들과 도가니들로 엄청난 양의 금을 빚어 낼 수 있다는 소문을 퍼뜨렸다. 베지르(Wesir, 관료)는 물론이고 그 후 칼리프까지도 그 소문을 들었고, 칼리프는 즉시 자신의 무너져 가는 제국을 연금술사의 금으로 다시 재건하려는 계획을 세웠다. 칼리프는 이 이방인을 궁전으로 불러 물질변환의 시연을 통해 그 능력을 증명할 것을 요구했다. 그러자 가짜지만 간교한 연금술 대가는 먼저 특정한 물질을 마련해야 하며, 그것 없이는 현자의 돌을 만들 수 없다는 것에 유념해야 한다고 말했다. 이는 아무런 문제도 안 되는 것처럼 보였다. 왜냐하면 연금술 대가의 구입목록에 나오는 것은 호라산의 타바르마크만 제외하면 모두 쉽게 조달할 수 있는 것이었기 때문이다. 사람들은 도시의 모든 시장을 뒤졌고, 마침내 승려로부터 그것을 산 약장수에게서 타바르마크를 찾아냈다. 칼리프의 궁전에서 이제 위대한 순간이 등장할 수 있게 된 것이다.

연금술 대가는 그를 위해서 구매된 모든 것을 도가니 속에 집어넣고, 가열한 후 냉각되게 두었다. 그러자 놀랍게도 도가니 바닥에 순정한 금 구슬 하나가 생겨났다. 칼리프는 깊은 인상을 받고 스스로 연금술 대가라고 칭한 이 사람에게 큰 상을 주고, 그 대신 연금술 실험실에서 더 많은 양의 금을 만들 것을 요청했다. 그것을 행하는 것은 말처럼 쉬운 일이 아니었다. 왜냐하면 시장에서 이제는 타바르마크를 찾을 수 없게 되었기 때문이다. 그러나 연금술사는 이때도 방법을 알고 있었다. 그는 타바르마크가 아주 많이 묻혀 있는 호라산의 어떤 동굴을 알고 있다고 말했던 것이다. 그는 칼리프에게 호라산으로 탐험대를 보낼 것을 요청했다. 그러나 영악한 칼리프는 비밀을 숨기려고 했기 때문에 자기 궁정 연금술사에게 혼자서 은밀하게 길을 떠나라고 명했다. 그에게 돈도 한 자루 가득 주고 다른 필요한 것도 모두 넉넉하게 마련해 준 것은 물론이다. 명령대로 연금술 대가는 아무도 모르게 길을 떠났고 이로써 이야기는 끝이 났다. 왜냐하면 그는 다시 볼 수 없게 되었기 때문이다.

기독교의 사기꾼과 그들의 아주 다양한 속임수는 나중 — 서양의 허영, 탐욕, 그리고 속음과 속임이 특별하게 판치던 시기[27] — 을 위해서 유보해 두자. 그런데 이 시기는 이성의 시대인 18세기이다.

이성의 시대까지 이르는 연금술의 길, 바그다드에서 파리로 이어진 이 길은 그러나 불가피하게 신앙의 시대를 거쳐야 했고, 따라서 먼저 이슬람과 기독교 사이의 거대한 정신적 환승지를 거쳐야 했다. 그곳은 바로 톨레도와 팔레르모였다.

---

[27] 원문은 Jahrmarkt der Eitelkeiten …(허영의 놀이공원 …)으로, 영국의 작가 윌리엄 새커리(William Makepeace Thackeray)의 소설 *Vanity Fair*를 빗댄 말이다. *Vanity Fair*의 독일어 번역본 제목이 *Jahrmarkt der Eitelkeit*이다.

원주

1장 피라미드의 그림자 속에서

(77) 무거운 것은 끌어당긴다. 보편인력의 원리는 사람들에게 느낌상 익숙한 것처럼 보인다.

(78) '필로소포스 크리스티아노스'(Philosophos Christianos)라고 불린 연금술사는 '스티미로 만든 검은 것'에 대해서 이야기하는데, 이것으로 그가 뜻하는 것은 휘안광(Grauspiessglanz)의 환원을 통해서 얻은 검은 납과 아주 비슷한 조(粗)안티몬이다.

(79) 덧붙여 조시모스는 이렇게 말한다. "유대인들만이 [신의 예술]의 실행에 대해서 정통하게 되었고, 이것을 숨겨진 상태로 기술하고 발표할 수 있게 되었다." 다른 한편, 연금술 책들은 프톨레마이오스의 도서관으로 들어갔는데, 이는 "헤르메스가 파견한 예루살렘의 대제사장 중 하나인 아세난(Asenan)이 히브리 성서 전체를 그리스어와 이집트어로 해석했기 때문이다."[Berth. (2) III, 98, 223]

(80) 이때 전제 조건은, 그녀가 재이주자 그룹에 속하지 않았거나, 연금술 비밀지식이 확산될 수 있는 다른 가능성 — 예를 들어서 유대종파인 에센파(Essener, 고대 유대종파. 바리새파, 사두개파와 함께 세 개의 종파를 이루고 있었다고 한다 — 옮긴이)를 통한 — 이 존재했으리라는 것이다. 에센파는 신피타고라스주의자들의 영향을 아주 깊이 받았고, 그들처럼 수도원 비슷한 공동체에서 살았으며, 그들처럼 화학 작업장을 운영했다. 그렇지만 이들과 달리 피타고라스가 아니라 모세를 그들 수도원의 창시자로, 모든 비밀 지혜의 원조로 숭상했다.

(81) 우리는 스토아, 연금술, 그노시스의 관계를 '스토아적 하부 구조'와 '비스토아적 상부 구조'의 단순한 도식이 암시하는 것과는 조금 다르게 볼 수도 있다. 예를 들어서 연금술 역사가 셰퍼드(H. J. Sheppard)는 무엇보다도 일종의 프네우마로서의 금속 씨앗이라는 연금술 콘셉트에 기초해서, 스토아가 많은 그노시스 학파에서 "지배적 역할"을 했고, 연금술의 기본입장이 그노시스적이었기 때문

에 스토아가 간접적 방식으로, 즉 처음에는 섞이는 식으로, 그다음에는 상부 구조로서 내부 구조를 만드는 식으로 연금술에 침투했을 것이라고 추측한다. 그러나 이 특별한 경우에는 모든 그노시스적 프네우마 관념이 지닌 근본적으로 다른 이데올로기적 배경이라는 문제가 남는다. 초기 그리스도교에서 성령 — Pneuma haigon — 을 물질적인 것으로 볼 것인가, 비물질적인 것으로 볼 것인가 하는 문제는 특별한 문제가 아니었다. 사도 바울이 생각하는 바와 같이 프네우마적 육신은 완전히 비물질적 육신이 아니라 보통의 물질적 성질과는 다른 성질을 지닌 육신이다. 왜냐하면 신의 영은 성서에 따르더라도 물질적인 것으로 생각될 수 있기 때문이다. 게다가 기독교인들은 감각적인 것과 영적인 것이 동등하게(homotimon) 서로 관통함을 알고 있었다.

(82) '헨 카이 판'(Hen kai pan)이라는 경구는 헤라클레이토스가 말했다고도 하고 그와 대립되는 파르메니데스가 말했다고도 하는데, 파르메니데스는 이 말을 그의 선생 크세노파네스로부터 넘겨받은 것이라고 이야기된다. 이 말은 레싱이 표어로 사용했고, 나중에는 헤겔, 횔덜린, 셸링 등이 사용했다.

(83) 고대에 대추야자나무는 명백하게 양성을 가졌다는 이유 때문에 동물로 여겨졌다.

(84) 만일 그렇지 않다면 말못함의 섬이 존재해야 할 것이다. 위대한 예술의 작업들조차도 어디에 소속되는지 명확하게 할 수 있는데, 바로 그 점 때문에 불충분의 감정을 남겨 놓는다. 그런데 이러한 감정은 가령 특정한 동물의 속성들 — 진드기의 뷰티르산 감각, 낙지의 평형감각 등 — 에 대한 기술에도 항상 따라다니는 것이다. 이 기술 중 어떤 것도 기술된 속성들을 감각적인 경험 속으로 온전히 번역해 들이지 못한다.

(85) 태곳적 사고에서 양극성을 만들어 내는 존재는 그의 '양극적 생산물'로부터 물러난다 — 창조신은 죽거나 그의 창조물 속에 녹아버린다. 그리스 최초의 자연철학자들인 밀레토스학파의 경우, 이 존재는 양극성 속에서 원물질 — Arche — 로 남는다.

(86) 리프만에 의하면 그녀는 그노시스 복음서에 나오는 인물인 마리아 클레오파스(Maria Cleophas)와 동일 인물일 수도 있다.[Lipp. (3), 51]

(87) 또 하나의 가능성은, 클레오파트라가 아르세니콘과 — 여성적 — 수은 또는 웅황의 결합, 즉 함께 증류하는 것에 대해서 생각한다는 것이다. 물론 그러면 이때 웅황은 여성적인 것으로 생각되어야 할 것이다.

(88) 헤르메스의 도시, 헤르모폴리스는 원신(元神)에 관한 가르침의 장소이기도 하다. 그런데 이 가르침은 이미 존재하는 비존재의 근원힘이 4가지 — 원 대양, 무

한, 암흑, 그리고 숨음 내지 길없음 — 있다고 가정한다.

(89) 파르메니데스와 용 — 그가 좋아하지 않았을 것이 틀림없는 — 에 관해서는 많은 말을 할 수 있을 것이다. 그러나 여기서는 파르메니데스가 비존재 및 존재의 변화 가능성을 배제한다는 것만 지적하자. 그렇지만 어떤 것이 어떤 때는 존재하고 어떤 때는 존재하지 못하게 되는 경우에는 이 둘이 전제로서 가정된다. 그런데 배제된 제3의 것 — 어떤 것이 존재하거나 존재하지 않는다, 어떤 제3의 것이 존재하지 않는다. 그리고 또 '어떤 때는 많다가 어떤 때는 적다', '어떤 때는 이렇다가 어떤 때는 저렇다'도 없다 — 에 관한 문장에 기초해서 우리 철학자는 이 가정을 거부한다. 파르메니데스와 함께 우리는 냉철한 논리의 나라에 발을 들여놓는다. 그러나 이 나라는 곧 앨리스의 이상한 나라보다 더 공상적이라는 것이 드러난다. 왜냐하면 파르메니데스는 그의 논리의 결과로 'To pan', 즉 현상들 — 모두 구별과 끊임없는 변화에 바탕을 두고 있는 — 의 세계가 그저 허구일 뿐이라고 가르치기 때문이다. 반면에 있을 수 없는, 끝없는, 그리고 다양성 속에서도 단일한 연금술의 용은 논리도 모르고 비존재의 존재하지 않음도 모른다.

(90) 나를 놀라게 하는 것은, 인간의 잠재의식 속에서 뱀(*Hoi drakonai*)과 우스꽝스러운 도마뱀(*Hoi sauroi*)이 비룡이나 용으로 거대화되고 있다는 것이다. 그런데 실제의 용인 공룡(*Hoi dinoi sauroi*, 어마어마한 도마뱀)은 원시 인간조차도 존재하지 않았던 주라기에 속하는 것이다. 어느 누구도 이 용들 중 하나를 보고 놀랄 수 없었을 것이고, 어느 누구도 이 용들 중 하나의 새끼를 중국 황제의 옥좌에 앉힐 수 없었을 것이고, 어느 누구도 성 게오르기우스가 되어서 이 용들 중 하나를 찔러 잡을 수 없었을 것이다.

(91) 그 밖에도 이시스는 이집트의 왕 신화에서 신에 의해서 잉태된 신의 아들 호루스의 어머니로서 결정적 역할을 한다. 즉, 파라오가 될 자는, 인간 아버지가 아니라 오시리스 신 자신과 여왕에 의해서 잉태된 것이다. 우리는 왕 신화에 대한 기억이 신의 어머니 마리아의 형상으로도 들어갔다고 가정할 수 있다.

(92) 아가토다이몬이 쓴 것으로 되어 있는 여러 문헌들이 있는데, 이것들은 여러 세기에 쓰인 것이고 모두 이집트에서 나온 것은 아닌 것처럼 보인다. 그러나 이는 아가토다이몬을 연금술의 상징인물로 배치하는 데 아무런 문제도 되지 않는다.

(93) 디오스코로스가 알렉산드리아의 세라피스 신전의 대제사장으로 표기되었고, 이 신전은 그러나 390년에 파괴되었으며, 이 주교는 379년에 태어났기 때문에, 우리의 시네시오스가 이 주교일 가능성은 거의 없다.

(94) 이렇게 해서 헤르메스 신은 때때로 헤르마프로디토스의 아버지로 여겨졌을 뿐만 아니라 헤르마프로디토스 자신으로도 여겨졌다.

(95) 기독교의 성유물 경배도 신의 지체에 대해 경배하는 오시리스 숭배에 뿌리를 둔 것처럼 보인다.

(96) 신플라톤주의자 포르피리오스(기원후 3세기)로부터 유래한 중세의 보편논쟁에서는, 예를 들어서 '장미'가 신의 생각, 즉 ante rem(사물보다 먼저)을 가리키는가, in re(사물 안에)를 가리키는가, 또는 아예 단순히 종의 개념인 post rem(사물보다 나중에)으로서 다시 말하면 인간의 두뇌에서 처음으로 생겨났는가라는 물음을 놓고 격렬한 논쟁이 벌어졌다. 셰익스피어는 이렇게 말한다. "이름 속에 무엇이 있는가? 우리가 장미라고 부르는 것 / 다른 어떤 이름으로 불러도 달콤한 냄새가 날 것이다."(로미오와 줄리엣, 제2막, 제2장, 43)

(97) 헤르베르트 질버러(Herbert Silberer)는 '가장 오래된 기독교인 문화단체들'과 관련해서 이 국가로부터 억압당한 교회들이 "허용된 조합, 즉 길드, 장례집단, 각종 단체"의 형태와 언어를 가지고 "법적 존속 가능성을 찾아냈다"고 말한다. (Silb. 116)

(98) 동의어들의 범성은 적어도 고대 이집트인들의 비원근다시각적인(aspektivisch) 사고에 기인한 것일 수 있다. 예를 들어서 의학 분야에서는 당시에 알려진 비교적 적은 수의 기관에 대해 200개 이상의 이름이 존재했다. 그런데 브루너-트라우트는 이에 대해서 이렇게 말한다. "이집트학자들이 '동의어' 또는 기관(Organ) 표기 용어들이 달라지는 것에 관해서 고심한 것의 결과는 종종, 동일한 기관이 의학적인 문제제기에 따라서 다르게 표기되고 있다는 단순한 인식으로 축소된다."(Brunner-Traut 72)

(99) 이때 잊어서는 안 되는 점은, 우리가 '아무런 영향도 받지 않고' 보는 것에 관해서 집단적으로 동의한다고 하더라도, 우리는 원자와 친화력이라는 미세물리학적 실제 앞에서는 단지 하나의 실제만을 본다는 것이다.

(100) 535~537년에 유스티니아누스 황제 치하에서 이집트 예배의 마지막 보루인 필레섬의 신전이 정복되었다. 수천 년 된 이집트 신들도 분명히 소위 명령에 의해서 죽은 것은 아니다. 이들 신이 전해 준 적어도 그토록 전형적인 태고의 생활 감정은 — 예를 들어서 비유와 암시의 형태로 — 연금술에 흔적을 남겼고, 이것은 연금술의 최후까지 가시적인 것으로 남아 있었다.

(101) 3세기에 이미 교부 오리게네스(Origenes)는 성서의 육체적 또는 축자적 의미, 심리적 또는 도덕적 의미, 그리고 프네우마적 또는 알레고리적-신비적 의미를

구분했다. 이런 모든 의미 해석은 시간이 흐르면서 더욱 화려하게 복잡화되었다. 이런 과정에서 어느 한 텍스트의 축자적 의미와 알레고리적 의미가 서로 갈라질 위험에 처하게 되었다. '모든 믿는 자들의 성직자화'라는 기치를 내걸고 성경을 성직을 가진 전문가들에게만 내맡기지 않으려 했던 루터가 성경 ― "그 스스로 쓰인 것"(se ipse scribsit)인 ― 의 알레고리화를 극구 반대한 것은 놀랄 일이 아니다.

(102) 이는 일반적으로 추상적인 개념의 의인화를 통해서 벌어진다. 중국 사람은 아마 우리 도시들의 어떤 특정한 건물의 정문 위에서 두 눈을 수건으로 가린 채 손에 저울을 들고 있는 여인이 무엇을 의미하는지 이해할 수 없을 것이다. 볼 수 있는 능력을 상실당했다는 점을 그토록 두드러지게 암시하는 바로 그 여인, 유스티티아가 정의라는 것을 누군가 그에게 이야기해 주어야 한다.

(103) 이 신비적인 말함과 바라봄은 그노시스적인 그림세계(Bilderwelt) ― 물론 결코 명확해지지 않는 ― 속에 깊숙이 들어가 있는 것으로 보인다. 가령 성경에서 천국을 의미하는 (마태복음, 13장, 45절) '진주'는 스테파노스(Stephanos)에게는 상실된, 숨겨진 그리고 결국 다시 발견되는 신비의 표식이다. 소위 성 토마스 문서 같은 데 나오는 진주에 관한 그노시스의 노래에서도 똑같이 진주가 숨겨져 있는 구원하는 프네우마의 표시 혹은 이 프네우마에 관한 지식의 표시인 것처럼. 이 노래에서는 한 왕자가 "증기를 뿜어대는 용[우로보로스(Ouroboros)]을 둘러싸고 있는 바다 한가운데에 존재하는 진주를 [찾기 위해]" 동방에서 이집트를 방문한다. 그러나 타국에서 이 왕자는 음식을 잔뜩 먹어 과식하게 되는데, 과식으로 인해 잠이 들고 진주를 찾는 것을 잊어버린다. 아버지의 집으로부터 날아 온 편지가 그를 구해줄 진주에 대해 상기시키고, 그는 그것을 가지고 아버지 나라에 금의환향한다.

(104) 만약 스테파노스의 '색소'가 독자적으로 존재하지는 않지만, 염료의 재료적 구성 성분으로 여겨졌다면, 이는 스토아철학의 물질이론과 모순되지 않는다.

(105) 여기서 41일은 40일을 의미한다. 왜냐하면 시간에 관한 그리스의 진술 양식에 의하면 마지막 날은 성공의 날로 간주되기 때문이다. 호머의 영웅들은 트로이아(Troja)를 9년간 포위했고 10년째 되는 해에 함락시켰다. ― 3월(Mechir), 즉 콥트어로 암히르(Amchir)는 오늘날의 2월이다. 유의해야 할 점은 이집트력에서 월은 1460년의 주기(Sotis Periode, Sothis Zyklus)로 1년을 통과한다.

(106) 연금술에 열심이던 많은 사람들 ― 아직 이름을 말할 수 있을 것 같은 ― 중에는 저명한 이름의 소유자들도 있었다. 대표적인 인물이 6세기의 유스티니아누스

원주 287

황제인데, 그는 연금술의 전통에서 열정적인 대가로 통한다. 또한 11세기의 철학자이자 왕실관리였던 미하엘 프셀로스(Michael Psellos)와 13세기의 니키포로스 블렘미데스(Nikephoros Blemmydes)가 그런 인물이다.

2장 낯선 세계에서

(1) 사비교도는 사비어(Ssabier) 또는 사베어(Sabäer, Sabaeans)라고도 불렸다. 여기서 마지막 호칭을 무함마드가 유대교와 기독교 외에 다른 경전종교의 추종자들에 관해서 행한 몇몇 잘못된 언급에서 의미했을 수도 있는 사바인들(Sabaer, Sabaean)의 그노시스 공동체와 혼동해서는 안 된다. 사비교도는 11세기와 13세기 사이에 있었던 몽골족의 침입으로 역사에서 사라졌다.

(2) 하란(Harran)은 로마 시대에 카르하이(Carrhae)로 불렸다. 학문의 다른 중심들은 특이하게도 모두 하나같이 제국의 경계지역에 존재했다. 네스토리우스파 학자들은 에데싸(Edessa), 단성론자들은 레사이나(Resaina), 유대인 그리고 네스토리우스 학자들의 경우는 페르시아의 니시비스(Nisibis)가 중심이었다.

(3) 플라톤의 대화편 〈알키비아데스〉의 한 구절을 연상시키는 "그 자신의 성격을 아는 자가 곧 신이 된다"는 명제는 그들의 회합장소 손잡이에 새겨져 있었다고 한다.

(4) 원고모음집에는 시리아 문자로 표기된 아랍어 텍스트들도 들어 있다. 그 외의 것들은 시리아 문자와 언어로 표기되어 있다. 이 텍스트들 거의 대부분은 16세기에 생산된 필사본으로 추정되는데, 원본은 9~10세기 것이지만, 더 오래전의 사상적 유산들을 담고 있다. 케임브리지 편찬본의 일부에는 조시모스 텍스트가 들어 있는데, 이것들의 그리스어 원본은 더 이상 존재하지 않는다.

(5) 숫자 7은 특히 이미 언급한, 연금술과 밀접한 관계를 맺고 있는 사비교도들의 그노시스 종파에서 중요한 역할을 한다. 그런데 이 텍스트에서 대부분의 언급들은 이른바 〈아리스토텔레스의 광물책〉으로 불리는 가짜 금석문으로 거슬러 올라간다.

(6) 물론 중국인들도 — 중국의 연금술사들? — 그 가루를 발명했을 것이다.

(7) 이를 엄정한 과학이론으로 번역한다면 다음과 같다. 우리는 시리아 저자들의 주장이 언제든 원리적으로 검증될 수 있고 또 반증될 수 있다는 것을 믿는다. 비례가 너무 복잡하지 않으면 우리는 우리들의 믿음을 실제로 신뢰할 수 있으

며, 속임수나 현저한 관찰오류들은 언젠가 드러나게 되고, 바로 그렇기에 각 사람은 그런 일을 저지르지 않으리라고 기대할 수 있다. 바로 이런 이유에서 우리는 모든 것을 검증하지는 않는 근대의 경험과학들에 익숙해져 있다. 그리고 이는 이 과학들의 발전에서 마찰손실을 현저하게 줄였다. 이러한 마찰손실 감소는 검증을 게을리하는 과학 고유의 성과일 뿐 아니라, 왜 화학 같은 분야가 발전이 더디게 이루어지다가 18세기 말부터 정말 폭발적으로 발전하게 되었는지를 설명해준다.

(8) 여기서 '아랍의 학자들'은, 이슬람 세력권의 학자들'을 뜻한다. — 이들의 출신 지역 — 이집트, 스페인 또는 페르시아 같은 — 에 상관없이, 그리고 무슬림인지 여부와도 상관없이.

(9) 그런데 유황은 여기서 여성적인 것으로 그리고 수은은 남성적인 것으로 기술된다. 이는 분명 베껴 쓰는 과정에서의 오류일 것이다.

(10) 이집트를 정복한, 오마르의 야전사령관 아므르(Amr)에 대해서는 그가 7세기 중엽에 놀랄 만큼 단순한 논리에 따라 다시 한번 알렉산드리아의 도서관들을 불태우도록 했다는 잘못된 주장이 펼쳐지고 있다. 이는 어떤 중요한 것이 그 모든 고서본들에 들어 있다면, 그것은 또한 코란에도 있어야 하며, 그렇지 않다면, 쓸데없는 것이라는 논리이다. 그런데 종교의 울타리 저편에서는 교부 요한네스 다마스케누스(Johannes Damascenus)가 마찬가지로 7세기에 두꺼운 성경 주해서의 서문에서 그가 정말 자신의 고유한 사상을 하나도 제시하지 않은 것을 자랑스럽게 여긴다고 주장한다. 유행창조자의 시대를 살아가는 우리에게 이와 같은 용기 — 아직 많이 이야기되어야 할 — 는 사라져 버린 것 같다.

(11) '기억문화'(Gedächtniskultur) — 얀 아스만(Jan Assmann)이 사용하는 — 의 문자성은 만약 그것이 존재했다면, 대체로 기억을 위한 지지물로 작용했지 새로운 의미부여의 운반수단으로 작용하지 않았다. 그러나 기억문화는 공동체 수립을 기념하는 대규모 축제에서 의미 있는 것들이 구술적으로 실행됨으로써 새롭게 갱신되었다. 옛 텍스트는 매번의 축제에서 다시 한번 의미 있는 것이 되었다. 다시 말해서 세계의 전체의미에 참여하는 성스러운 사물들과 세계의 전체의미에 참여하는 성스러운 사람들 — 사제이든, 국왕이든, 민족 전체이든 — 거기에 있음으로써. 이는 셰익스피어의 텍스트 같은 것이 공연을 통해서 새로워지는 것을 떠올려보면 그리 낯선 것은 아니다. 그렇지 않다면 그의 텍스트는 어떤 신문 문예란에서도 다루어지지 않을 것이다. 그러나 오래된 고급문화의 영역에서는 사람들은 어떤 새로운 것, 인정된 의미규범 외부에 존재하는 그 무엇

을 이미 확정된 텍스트 안으로 밀반입하는 것을 꺼려한다. 사람들은 공연을 엄격하게 확립된 제의의 단단한 틀 속에다 움직이지 못하게 가두어둔다. 제의와 그것의 재공연은 저작권이 없다. 태고의 축제에서는 예술적으로 독립적인 감독이 없었던 것이다.

(12) 그것은 그 어떤 세우거나 허무는 구성주의와는 아무 상관이 없다. 구성주의는 의미를 구하는 자가 그 자신의 의미를 텍스트 ― 의미 없는 ― 에 들여놓는 것을 돕는 도구로 사용된다. 연금술 대가는 결코 이런 종류의 새로운 것을 목표로 하지 않는다. 오히려 그 반대이다. 의미는 항상 거기에 있고, 그리고 그것은 변할 수 없다.

(13) 그래서 학생과 선생의 관계는 흔히 확실히 정신과 의사가 환자들과 맺는 관계와 유사했다. 이 관계에서는 ― 종종 서로 말이 오고가는 가운데 ― 말짱한 말 속에서 파악될 수 있는 것보다 훨씬 더 많은 일들이 벌어진다.

(14) 연금술이 크리소포이아(Chrysopoeia), 즉 '금 제조기술'의 영역으로 추방된 것은 1663년 화학자 크리스토프 글라저(Christophe Glaser)에 의해서였다. 그러나 그 자신도 크리소포이아를 넓은 범위의 화학(Chymie)에서 배제하는 쪽으로 마음이 기울지는 않았다.

(15) 전서는 통상적으로 여러 모음집으로 나뉘는데, 이들 중 연금술에 대해 의미 있는 것은 다음과 같다. (1) 연금술 실천에 관한 에세이들을 체계 없이 모아 놓은 모음집인 112개 책. 이 모음집에서는 조시모스, 데모크리토스, 헤르메스, 아가토다이몬 등 과거 저자들에 대한 많은 참조언급이 나온다. (2) 자비르의 연금술에 관한 견해들을 체계적으로 기술한 70개 책 또는 '70의 책'(Das Buch der Siebzig) (3) 144개 책들. '저울의 책들'(Kitab al-mawazin)이라고도 하는데, 여기에는 연금술과 비학들에 관한 이론적인 설명이 나와 있다. (4) D-책들. 이것은 144개 책들에서 뽑아낸 주제들에 관한 에세이들이다. (5) 그 외 여타의 작은 모음집들이 있다.

(16) 자비르는 그의 '가능태에서 현실태로의 이행에 관한 글'(Kitab al-Ihrag), 2장 260절에서 다음과 같이 새롭게 해석한다. 태양이 서쪽에서 떠서 동쪽으로 움직여가게 하는 것은 코란에서 말하는 것처럼 보이듯이 불가능한 것이 아니다. 그것은 코란에서 분명하게 말하는 것과 반대로 실제로는 항상 서쪽에서 떠서 동쪽으로 움직여 왔다 ― 그것도 1년 동안 12궁을 거치면서. 이는 입문자들만 알고 있다. 그러므로 진정한 지식은 이스마일파에서 설파하는 것과 똑같이 비밀 지식이다.

(17) 물론 '대마초를 피우는 자'인 아싸쎈(Assassin) 비밀결사도 이스마일파이다. 아싸쎈의 잔혹한 추종자들은 그들 각각의 종교적인 지도자 — 오늘날 무엇보다 모험서적을 통해 널리 알려진 산장로(山長老) — 의 명령에 따라 11세기부터 13세기에 걸쳐 창궐했다. 이들의 대단히 인상적인 행위는 프랑켄 기사단이 사용하는 어휘집에 영구히 모셔졌다. (to assassinate, assassiner, aseniar) 주로 동아프리카와 인도에 살고 있는 오늘날의 매우 평화적인 이스마일파는 아가 칸(Aga Khan)을 자신들의 종교적인 수령으로 인정하고 있다.

(18) 또한 사물의 실체는 가리켜질 수 있고, 다른 범주들의 도움으로 특징지어질 수 있다는 의미에서 아리스토텔레스의 제1범주로서.

(19) 14세기 초 월터 오딩턴(Walter Odington)도 4원소의 속성에 관해 비슷한 생각을 했고, 일종의 등급평가(Gradschätzung)도 했다.

(20) '자연'과 철자들의 서열은 다음과 같다.

	열기	냉기	건기	습기
제1서열 = 단계	alif	ba'	jim	dal
제2서열 = 도	ha'	waw	za'	.ha'
제3서열 = 분	ta'	ya'	kaf	lam
제4서열 = 초	mim	nun	sin	'ayn
제5서열 = 3도(1/3초)	fa'	.sad	qaf	ra'
제6서열 = 4도(1/4초)	shin	ta'	tha'	kha'
제7서열 = 5도(1/5초)	dhal	.dad	.za'	ghayn

낱말에서 철자의 '무게값'(danaq로 환산)

	I	II	III	IV
	1:	3:	5:	8:
제1서열 = 단계	7	21	35	56
제2서열 = 도	3	9	15	24
제3서열 = 분	2 1/2	7 1/2	12 1/2	20
제4서열 = 초	2	6	10	16
제5서열 = 3도(1/3초)	1 1/2	4 1/2	7 1/2	12
제6서열 = 4도(1/4초)	1	3	5	8
제7서열 = 5도(1/5초)	1/2	1 1/2	2 1/2	4

(21) 이 마방진은 목성 인장으로 불렸다. 이것은 아마 피타고라스학파가 아니라 중국으로부터 유래했을 것이다. 또는 그 둘 모두로부터 유래했을 것이다.

(22) 신플라톤학파의 창시자, 플로티노스가 보기에 본질적인 수는 이데아에서 관찰될 수 있다. 존재자 중에서 존재하는 사물들을 만들어 내는 것은 수이다. ─ 부언하자면 포르피리오스(Porphyrios), 이암블리코스(Iamblichos) 그리고 코마코스(Komachos) 같은 신플라톤주의자들은 신플라톤주의와 신피타고라스주의를 철저하게 혼합하는 작업을 했다.

(23) 저울이나 평형을 뜻하는 말인 미잔(Mizan)은 자비르의 경우 다양한 의미로 사용된다. (a) 비중 (b) 혼합물 속의 어느 한 물질의 무게 (c) 낱말에서 철자의 가중치 (d) 일반적 조화의 형이상학적 원리 (e) 최후의 심판과 관련된 코란 속 언급의 가중치 등으로.

(24) 이것은 멀리 있는 플로기스톤이론(Phlogistontheorie)을 연상시킨다. 이 이론에 따르면 연소와 연소성의 특수한 원인 물질은 금속에 상대적으로 조금 들어있으며, 귀금속에는 가장 적게 들어 있다. 왜냐하면 귀금속은 스스로 타지 않을 뿐만 아니라, 태워질 수도 없기 때문이다.

(25) 비스마르크(Bismarck)는 어디에선가 국가지도자의 사고방식과 관련하여 다음과 같이 말한 적이 있다. 30년 전쟁의 시작을 알린 전투인 백산전투(Schlacht am Weißen Berg)에서 만일 신교도들이 승리를 거두었다면 어떤 일이 일어났을지 골똘하게 생각해보지 않은 사람은 독일에서 정치가가 되어서는 안 된다.

(26) 화학적으로는 다음과 같은 일이 일어난다.
ⓐ PbO(일산화 납) + 2CH$_3$COOH(아세트산) → Pb(CH$_3$COOH)$_2$(아세트산 납) + H$_2$O(물). 아세트산 납 용액이 생성되는데, 여기에 소다용액을 첨가하면,
ⓑ 3Pb(CH$_3$COO)$_2$ + 2Na$_2$CO$_3$(소다) + 2NaOH(가성소다액) → Pb(OH)$_2$ + 2PbCO$_3$(백연) + 6NaCH$_3$COO(아세트산 나트륨).

(27) 18세기 말에 이르러 라부아지에(Lavoisier)는 물의 환류증류를 통해 실제로 반응 실린더의 안쪽 벽이 손상되었음을 확인했다. 그는 이를 물이 흙으로 변환한다는 주장에 대한 반증으로 여겼다.

(28) "물질과 관련해서는 알라가 너를 지켜주기를. 물질은 사이공간을 채우고 있는 것이다. 물질은 모든 성질을 받아들 수 있다. 모든 것은 그 안에 있고, 모든 것이 그것으로부터 만들어지며, 모든 것이 다시 그 속으로 녹아들어 간다. 이 말로도 네가 물질이 무엇인지 충분히 이해하지 못했다면, [나로 하여금] 그것은 먼지이고 그 색깔은 흰색이라고 설명하게 하라. 태양이 그것을 비추면 그것은 불타오르는 것처럼 되고, 보이게 된다. 너는 그것이 가장 높은 곳에서 빛을 발하는 천구의 재료임을 깨달아야 한다. 조물주여 찬양받고, 그의 이름이 거룩히 여김을

받을지어다. 그것은 세 개의 자연계, 다시 말해 동물(생명체), 식물 그리고 암석에 존재하는 물체(원물질)이다."(Haage 55)

(29) 플로티누스는 '그노시스주의자를 위해'(Pros tus Gnostikus)라는 글에서 무엇보다도 최초가 아닌, 사악하거나 멍청한 세계창조자라는 가정 그리고 그럼으로써 잘못된 세계라는 가정에 저항한다. "우주에 많은 불행이 있기 때문에, 그것이 잘못되게 되었다는 것도 받아들여질 수 있는 것이 아니다. 왜냐하면 만일 사람들이 우주가 영적인 세계와 동일하고 단지 그것의 모상이 아닐 것을 요구하려 한다면, 이는 우주에게 너무 많은 짐을 지우는 것이기 때문이다. 또한 우주보다 더 아름다울지 모르는 더 높은 세계의 모상을 상상할 수 없게 되기 때문이다."[(Enneaden II, 9, 4) Plot. IIIa, 115]

(30) 압데라(Abdera)의 데모크리토스는 철자의 배열이 낱말들을 만들어 내는 것과 마찬가지로 원자의 배열과 위치 그리고 모양이 성질을 만들어 낸다고 말한다. 근대에 로버트 보일과 같은 명석한 두뇌들은 이미 일찍이 원자론의 언어학적 가능성을 인식해냈다. 1661년 그는 자신의 "회의적 화학자"에서 다음과 같이 말한다. "모든 기본적인 물체들은, 언어에서 이러한 단어들이 모두 동일한 수의 철자로 이루어져 있어야 하는 것처럼 동일한 수의 원소들로 구성되어 있다." (Boyle, 34)

(31) 어쨌든 몇몇 저자들은 자비르를 알-수피(Al-Sufi)로 부른다. 이들은 세계와 신을 동일시했는데, 이들이 말하는 수피의 신비로운 운동은 이런 범신론적 경향을 말해 준다.

(32) 《에메랄드 판》의 텍스트는 그리스어 원본이 존재했을 가능성이 매우 높으며, 시리아어로 쓰인 판본도 분명히 있었을 것이다.

(33) '3개 한묶음'(Dreiheit)은 심리학의 역사에서 아주 커다란 역할을 하고 있다. 아리스토텔레스도 식물혼(생혼), 동물혼(각혼) 그리고 지성혼(영혼)을 서로 구분했다. 4세기에 교회학자 니사의 그레고리오스(Gregor von Nyssa)도 혼의 3부분 ― 프시케, 프네우마, 로고스 ― 에 대해 삼위일체의 소우주적인 상응의 관점에서 이야기했다.

(34) 4원소를 제외하면 일단 4방위, 4계절, 4풍향, 4기질, 4체액, 현악기의 4주현, 무지개의 눈에 보이는 4색 등이 있다.

(35) 중세 때 중국-철(Chinesisch-Eisen)은 아랍어로 비트룸(Vitrum), 즉 유리로 번역되었다. 아마 당시 아랍인들이 이 진기한 철에 대해 아무런 상상도 할 수 없었기 때문이었을 것이다.

(36) "암석은 다음과 같은 13개가 있다. 백철광[Marq(k)asit], 마그니시아(Magnisia), 다우스(Daus), 투티아(Tùtia), 청금석(Lasurstein), 공작석(Malachit), 청록석(Türkis), 강옥(Korund), 명반석(Alaun), 휘안석(Spießglanz), 운모(Glimmer), 석고(Gips) 그리고 유리. 비트리올은 5개가 있다. 검은 비트리올(Schwarze Vitriol), 칼카디스(Qalqadis), 칼라카타르(Qalqat.àr), 수리(Sùri), 칼칸트(Qalqant). 보라크(Boraq)는 다음 6개가 있다. [6개 모두 소다와 붕사 부근에서 구해질 수 있다. 특히 붕사, $Na_2B_4O_7 \cdot 10H_2O$는 쉽게 유리모양의 덩어리로 녹기 때문이다] 빵의 보라크(Boraq des Brotes), 나트론(Natron), 금세공사의 보라크(Boraq der Goldschmiede), 틴카르(Tinkàr), 자라반트의 보라크(Boraq von Zaràwand) 그리고 들판의 보라크(Boraq der Weide). 염은 11개가 있다. 좋은 염(das gute Salz), 쓴 염(das bittere Salz), 타바르차드 염(Salz T.abarzad), 안다라니 염(Andaràni-Salz), 나프트 염(Naft.-Salz), 인도 염(das indische Salz), 칼리-염(Qali-Salz), 하른 염(Harnsalz), 재-염(Asche-salz), 생석회-염(Ätzkalk-Salz) 마지막으로 알-염(Ei-Salz)."(Garb. 8. 10) 아르-라지(Ar-Razi)는 6개의 '아트라메트'(Atrament), 즉 검은, 흰, 녹색의, 노란, 붉은 아트라메트와 알루멘(Alumen, 명반)에 대해서 이야기한다. 우리의 시각으로 보면 "'아트라메트'는 금속 황화물[Glanze, 섬아연광(Blende)] 등이 공기 중에서 산화되어 형성된 황산염으로 이루어진 염혼합물이다.

(37) 동·식물학과 관련해서 말하면 종의 불변성이라는 가정은 잘 알려진 바대로 찰스 다윈에 의해 완전히 폐기되었다. 그리고 다른 자연계의 경우는, 오늘날 광물학에서의 종들은 개별 종들 간의 이행 가능성과 관련하여 아리스토텔레스주의에서 용인된 것보다 훨씬 더 실용적인 관점에서 파악되고 있다. 화학의 경우 개념들은 매우 약해져서 예를 들어 '물질집합'(Substanzklasse) 또는 '동족 계열'(homologe Reihe)을 위해 완전히 포기되었다. 반면에 이와 병행하여 원소 개념은 어느 정도 정의적으로 완전히 굳어져 하나의 원소에서 다른 원소로의 화학적인 이행을 이들 원소들에게 허용할 만큼 신축적이지 못하다. 잘 알려진 바대로 물리학에서는 원소개념이 다시 신축성을 갖게 되었다.

(38) 시리아를 목적지로 하는 교역로는 이미 로마시대 때부터 있었다. 그런데 이는 이집트인들까지도 중국의 연금술에 관해 알고 있었을 가능성이 있다는 추측으로까지 이어졌다. 이에 대한 반대논증도 있다. 중국인들에게 그토록 중요했던 신체의 불사에 대한 추구는 이집트인들에게는 전혀 또는 거의 의미 없었다는 것이다. 사실 동방으로부터 서방에 이르는 도정은 서방으로부터 동방에 이르는

것만큼이나 먼 것이었다. 정확하게 표현하면, 서양의 연금술이 동양의 연금술에 의해서 영향받았을 뿐만 아니라, 동양의 그것이 서양의 그것에 의해서도 영향을 받았다는 증거가 좀 있다는 것이다. 특히 인도의 연금술이 이에 해당될 것이다.

(39) 연(煉)은 '정화하다, 단련하다'를 뜻한다. 낱말의 구성소인 단(丹)은 마약, 의약품 그러나 또한 진사를 뜻하기도 한다.

(40) 우리는 '도'(Tao, 道)를 올바르게 기술할 수 없다. 왜냐하면 이 '도'는 정의내리는 것이 불가능하기 때문이다. 그것은 우주의 위계 속 어딘가에 그것을 위치시켜 줄 이름(名)이 없기 때문이다. 그러므로 '도'는 명명될 수 있는 성질을 가지고 있지 않다. 여기서 '도'는 모든 것을 아우른다. 모든 것에 들어있고 또 동시에 모든 것의 밖에 존재한다. 그것은 때때로 '길' 또는 — 유교의 틀 안에서는 — '모범이 되는 행위'로 표현되기도 한다. 간단히 말하면 '도'는 인간의 영역에서 '덕과 자연과의 합일에 이르는 왕도' 같은 것이다. 그런데 자연은 바로 '도'를 통해서 부각된다.

(41) 갈홍은 모범적 고전《포박자》(抱朴子)를 출간했다.

(42) 이 이야기는 중요한 출처인 사마천(기원전 190~110년)의 사기에 나온다. 사마천은 이소군의 주장에 대해 비판적인 입장을 취한다. 그런데 이미 기원전 80년에 염철론(鹽鐵論)에는 효과적인 엘릭시르로 금액, 즉 마실 수 있는 금(Aurum potabile)에 관한 이야기가 나온다.

(43) 천체운행에 관한 의식은 오직 호명된 사람들, 이를 테면 파라오나 황제만 수행할 수 있었다. 의식의 수행은 가장 세부적인 것에 이르기까지 통제되었다. 의식이 거행되는 동안 발생할 수 있는 가장 작은 실수라도 세계가 붕괴되는 것을 야기할지 모르기 때문이다.

(44) 대략 같은 시기에 — 기원전 4세기 — 위에서 언급한 마법의 연금술사 이소군은 회남(淮南)왕 유안(劉安)과 비슷한 시기에 살았는데, 회남왕은 회남자(淮南子)에 〈일만 개의 완성된 예술〉이라는 제목의 중국 최초의 연금술 논문을 썼다고 한다. 그러나 이것은 남아 있지 않다.

(45) 태극은 양(陽)이라고 불렸으며, 어느 정도 원초적-양을 나타낸다. — 잘 알려진 태극 그림에는 하나의 원 안에 음과 양이 합일되어 있다. 그런데 태극은 한국 국기의 주요상징이다.

(46) 이미 고대에 사람들이 피타고라스에 대해 그가 '동방 세계'에 간 적이 있다고 말하는 것이 전혀 엉뚱한 이야기는 아니다. 또한 그가 라파엘의 그림 '아테네

학당'에서 터번을 두른 모습으로 그려졌다는 것도 그럴만한 이유가 있다. 이미 언급한 바와 같이 중국인들 역시 마방진을 알고 있었다. 그리고 그들에게 단지 원소뿐만 아니라, 방위(동, 서, 남, 북, 중), 주요 색(황, 청, 적, 백, 흑), 그리고 다섯 개 금속(금, 은, 납, 동, 철) 등과 관련된 숫자 '5'가 이 마방진의 중심에 있는 것도 분명히 이유가 있다. 마방진과 그 해석은 중국인들에게는 '세계의 설명'이 피타고라스학파에게는 '세계의 조화에 정신적으로 순응함'과도 같은 것이었음을 보여 주는 하나의 예일 뿐이다. 그러나 조화는 사물들이 끊임없는 변화하는 가운데 서로 관계를 맺는다는 것을 의미한다.

(47) 변화국면은 '어떤 것과 관련된 형성 상태'로 표현할 수 있다. 그렇다면 흙은 금속을 만들어 낸다. 혹은 흙은 금속 생성의 전제조건이다 (금속은 흙속에서 숙성된다). 금속은 물을 만들고(금속은 액체가 될 수 있다), 물은 나무를 만들며(씨앗은 물과 접촉함으로써 싹이 튼다), 나무는 불을 만든다(나무는 불의 먹이이고 장소이다), 불은 흙을 만든다(재는 흙이다). 이런 변화 국면들은 그러나 동시에 어떤 것과 관련된 파괴 상태 내지 훼방 상태이다. 흙은 물을 저지하고, 물은 불을 끄며, 불은 금속을 녹이고, 금속은 나무를 쪼갠다. 그리고 나무는 흙을 파서 뒤집는다.

(48) 언제 그리고 어떻게 몇몇 세대 후에 오늘날 우리가 알고 있는 형태로 수정되었는지는 확실치 않다. 그리고 이 저작을 외단과 내단 연금술 중 어디에 속하는지 분류하는 것도 어려운 일이다.

(49) 여기서 나는 갈홍을 따르고 있는데, 갈홍도 귀신을 막기 위해서는 등에다 거울을 고정시키고 그 밖에 하늘, 지구, 화덕, 샘 등등의 신들을 위해 희생물을 바칠 것을 권고한다. 연금술적 이행 과정의 장소는 28개의 성스러운 산 중 단 하나일 수 있다.

(50) 과연 이 접합제와 무엇보다 그의 명칭이 실제로 서양과 동양의 연금술 사이의 연계가 있었다는 표지일 수 있는 것일까?

(51) 태극은 종종 근원물질을 뜻하는 기, 및 근본원리 혹은 근본이성을 뜻하는 이(理)와 동일시되었다.

(52) 이는 기원전 2세기에 나온 유명한 책, 《주역》, 즉 '변화의 책'의 64괘에서도 표현되고 있다. 이 책은 고대 중국인의 사상과 그들의 자연철학적 사상의 기초가 되었는데, 이는 이 책이 세계를 설명해 주기 때문이 아니라, 세계에 대한 인간의 체험을 연습할 수 있게 해 주기 때문이다.

(53) 증류기를 식히는 일은 물론 서양의 기구들에서와 똑같이 잘 이루어지지 않았던

것으로 보인다. 그래서 중국의 연금술사들은 농도가 높은 알코올을 발견했을지 모른다.

(54) 다른 표현은 '금액', 즉 '마실 수 있는 금'이다. 또 다른 표현은 '선단'(仙丹), '신선의 약', '신선의 진사'이다.

(55) 혼란스러운 힌두교 만신전에서는 시바와 파르바티가 모든 가능한 형상으로 나타난다. 이 형상들은 모두 신격화된 남성적인 것과 여성적인 것을 나타내는데, 이때 신격화의 모든 부정적인 또는 긍정적인 측면이 표현되고 있다. 질료를 다루는 연금술사들에게 이 두 신은 각기 브하이라바(Bhairava)와 브하이라비(Bhairavi)의 형상으로 등장한다. 그런데 인도인들의 사고에서 '나'는 항상 세계 속에 포함되어 있다. 우리는 이 세계를 우리의 정신구조에 의거해서 체험한다.

(56) 소동파(소식)가 12세기에 다음과 같이 말했다면, 최소한 내단 연금술의 한 텍스트에서는 역할이 서로 뒤바뀌어 버린 것으로 보인다. "용은 수은이다. 그것은 정자와 피로 이루어져 있다. 그것은 콩팥에서 나오며 간에 저장된다. … 호랑이는 납이다. 그것은 호흡이며 곧 체력이다. 그것은 영들로부터 나오며 폐에 저장된다."[Elia. (I) 129] — 용은 양이다. 호랑이는 음이다. 그러나 중국인들의 사고에서는 무한한 회귀와 끊임없이 계속되는 변화에 있어 하나가 '밖'이면 다른 하나는 항상 '안'이다.

(57) 나가르주나는 불명확한 날짜 때문에 인도 연금술의 역사적인 분류가 얼마나 어려워지는지를 보여 주는 사례이다. 셰퍼드(Sheppard)가 가정하는 것처럼 그가 기원후 2~3세기경에 살았다면 고전으로 칭송되는 그의 연금술은 분명 탄드라적이지 않았을 것이다. 설사 수은에 그 기초를 두고 있을지라도 말이다.

(58) 리프만(Lippmann), 스테이플턴(Stapleton), 루스카(Ruska)가 추측하는 것처럼 연금술이 아랍인들을 통해 인도로 유입되었다면, 지금까지 받아들여진 것과 달리 아랍의 연금술이 먼저 생겨났거나 인도의 연금술이 나중에 생겨났어야 할 것이다. 그런데 또 아랍과 인도 연금술은 북부와 중앙 인도의 문화보다 이들과 훨씬 적은 접촉을 가졌던 문화들, 즉 남부의 타밀 그리고 북부의 네팔 및 티베트 문화들에도 영향을 주었어야 한다. 그 밖에 이미 언급했듯이 수은의 성도 바뀌었어야 한다.

(59) 리유첸은 늘 그렇듯이 그의 이야기를 과거, 여기에서는 명나라 시대로 투사한다. 그런데 그는 책에서 놀랍게도 많은 고전적 연금술 지식을 드러낸다.

지은이 · 옮긴이 소개

지은이 _ 한스 베르너 쉬트(Hans-Werner Schütt, 1937~2023)

독일 베를린에서 태어났다. 김나지움을 마친 후 독일 북부의 킬대학에서 화학 공부를 시작해 1966년 물리화학 박사학위를 받았다. 그 후 파리의 파스퇴르연구소와 유니레버에서 수년간 화학연구를 했으나, 역사에 대한 강한 관심으로 함부르크대학 과학사학과로 옮겨 과학사, 특히 화학사 연구를 시작했다. 그 결과 1972년에 독일의 19세기 화학자이자 과학사학자 에밀 볼빌의 전기를 내놓았고, 1975년에는 교수 자격을 취득했다. 1977년 함부르크대학 교수로 임용되었고, 1979년에는 베를린공과대학의 과학기술사학과 교수로 취임하여 연구와 교수활동을 하며 2004년 정년퇴임할 때까지 재직하였다. 퇴임 후에도 연구활동을 계속하는 한편 투르나우라는 필명으로 어린이 책을 세 권 내놓았다. 주요 저서로는《에밀 볼빌 전기》(1972) 외에도《동형성의 발견》(1984),《아일하르트 미처리히 전기》(1992),《현자의 돌을 찾아서》(2000; 영어판·스페인어판 2002; 중국어판 2006) 등이 있다.

옮긴이 _ 이필렬

서울대와 베를린공과대학에서 화학을 공부했으며, 유니버시티콜리지 런던(University College London)과 임페리얼콜리지 런던(Imperial College London), 베를린공과대학에서 과학사를 연구했다. 1992년부터 2023년까지 한국방송통신대 교수로 재직했다. 현재는 30여 년의 교수생활을 마치고 글쓰기와 파시브하우스 건축 자문을 하며 지낸다.《에너지 대안을 찾아서》(1999),《석유 에너지》(2016),《생태적 삶을 찾아서》(2018),《과학, 우리 시대의 교양》(공저, 2004) 등을 썼고,《하이젠베르크》(1997),《지구환경정치학》(1999),《객관성의 칼날》(2005) 등을 우리말로 옮겼다.

옮긴이 _ 박진희

서울대에서 물리학을 공부했으며, 베를린공과대학에서 과학기술사를 전공해 박사학위를 취득했다. 가톨릭대와 국민대의 전임 연구원을 거쳐, 현재는 동국대 다르마칼리지 교수로 재직 중이다. 공저로《한국의 과학자사회》(2010),《녹색전환》(2020) 등이 있고,《테크노 페미니즘》(2009),《나노기술의 미래로 가는 길》(2022) 등을 우리말로 옮겼다.

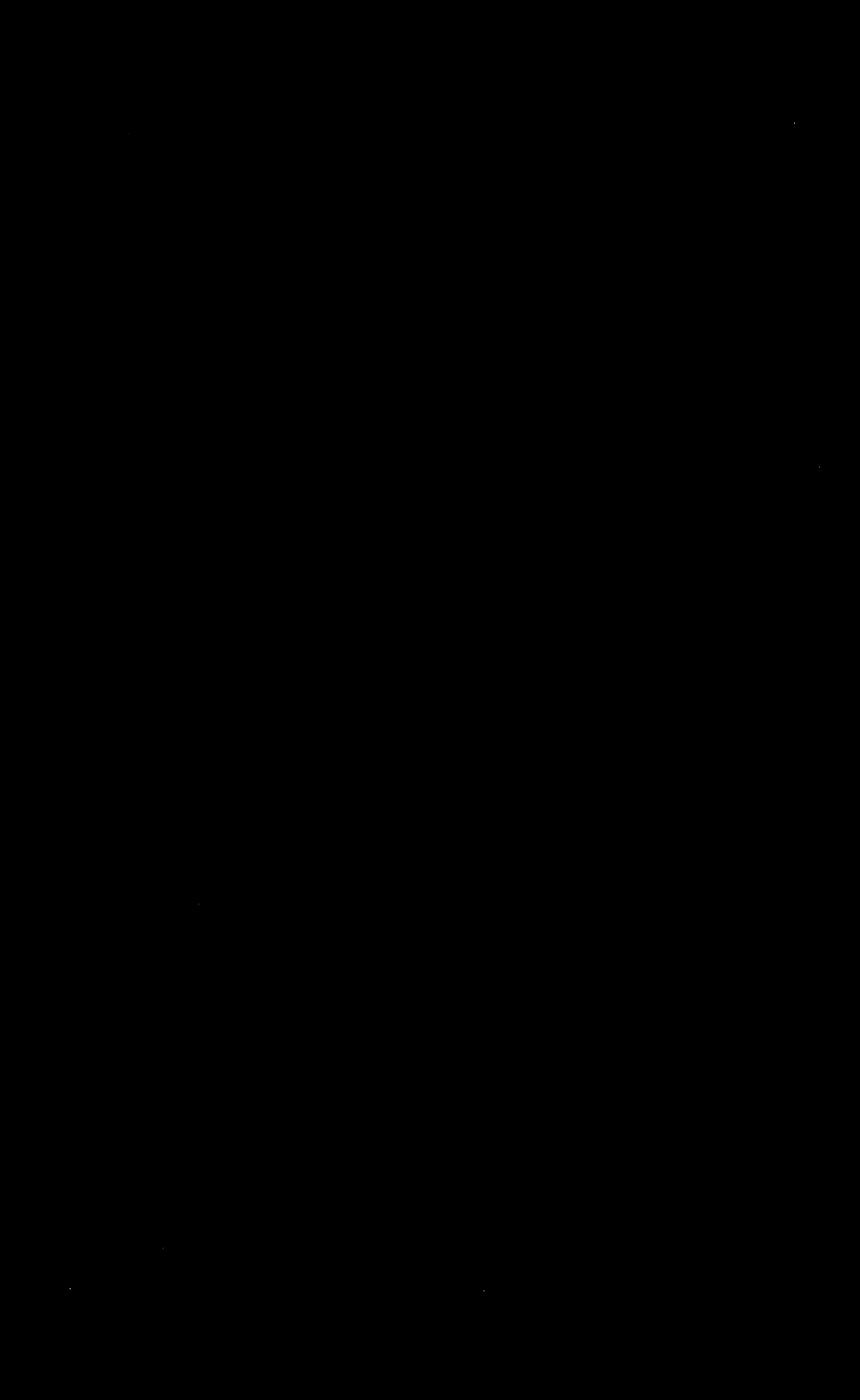